Assédio Moral
Organizacional

www.editorasaraiva.com.br/direito
Visite nossa página

Rodolfo Pamplona Filho

Juiz Titular da 32ª Vara do Trabalho de Salvador/BA. Professor Titular de Direito Civil e Direito Processual do Trabalho da UNIFACS – Universidade Salvador. Coordenador dos cursos de Especialização em Direito e Processo do Trabalho da Faculdade Baiana de Direito e dos cursos de Especialização on-line em Direito Contratual e em Direito e Processo do Trabalho do CERS Cursos on-line (em convênio com o grupo Estácio). Professor Associado III da graduação e pós-graduação (mestrado e doutorado) em Direito da Universidade Federal da Bahia (UFBA). Mestre e Doutor em Direito das Relações Sociais pela Pontifícia Universidade Católica de São Paulo (PUCSP). Máster em Estudios en Derechos Sociales para Magistrados de Trabajo de Brasil pela Universidad de Castilla-La Mancha/Espanha (UCLM). Especialista em Direito Civil pela Fundação Faculdade de Direito da Bahia. Membro e Presidente Honorário da Academia Brasileira de Direito do Trabalho. Membro e Presidente da Academia de Letras Jurídicas da Bahia e do Instituto Baiano de Direito do Trabalho. Membro da Academia Brasileira de Direito Civil (ABDC), do Instituto Brasileiro de Direito Civil (IBDCivil) e do Instituto Brasileiro de Direito de Família (IBDFAM).

Claiz Maria Pereira Gunça dos Santos

Mestra em Direito Público pela Universidade Federal da Bahia (UFBA). Especialista em Direito e Processo do Trabalho pela UFBA. Graduada em Direito, com Láurea Acadêmica, pela UFBA. Professora de Direito Constitucional e Direito do Trabalho. Professora convidada dos cursos de pós-graduação em Direito e Processo do Trabalho da Estácio/CERS. Advogada. Associada efetiva do Instituto Bahiano de Direito do Trabalho (IBDT). Primeira Presidente da Associação Baiana de Defesa do Consumidor (ABDECON). Ex-integrante do Centro de Estudos e Pesquisas Jurídicas da Faculdade de Direito da UFBA. Participante do Programa de Mobilidade Acadêmica com a Universidade de Coimbra, Portugal, em 2009.

Assédio Moral Organizacional

Presencial e Virtual

2020

Av. Paulista, 901, 3º andar
Bela Vista – São Paulo – SP – CEP: 01311-100

 sac.sets@somoseducacao.com.br

DADOS INTERNACIONAIS DE CATALOGAÇÃO NA PUBLICAÇÃO (CIP)
ANGÉLICA ILACQUA CRB-8/7057

Pamplona Filho, Rodolfo; Santos, Claiz Maria Pereira Gunça dos.
Assédio moral organizacional: presencial e virtual / Rodolfo Pamplona Filho, Claiz Maria Pereira Gunça dos Santos. – São Paulo: Saraiva Educação, 2020.
192 p.

Bibliografia
ISBN 978-65-5559-232-0 (impresso)

1. Ambiente de trabalho – Assédio moral – Direito do trabalho. I. Título.

20-0316   CDD 340

Índice para catálogo sistemático:
1. Ambiente de trabalho: Assédio moral:
Direito do trabalho   34.331.101.37

Direção executiva	Flávia Alves Bravin
Direção editorial	Renata Pascual Müller
Gerência editorial	Roberto Navarro
Gerência de produção e planejamento	Ana Paula Santos Matos
Gerência de projetos e serviços editoriais	Fernando Penteado
Planejamento	Clarissa Boraschi Maria (coord.)
Novos projetos	Melissa Rodriguez Arnal da Silva Leite
Edição	Eveline Gonçalves Denardi (coord.) Aline Darcy Flôr de Souza
Produção editorial	Fernanda Matajs (coord.) Luciana Cordeiro Shirakawa
Arte e digital	Mônica Landi (coord.) Amanda Mota Loyola Camilla Felix Cianelli Chaves Claudirene de Moura Santos Silva Deborah Mattos Guilherme H. M. Salvador Tiago Dela Rosa
Projetos e serviços editoriais	Breno Lopes de Souza Josiane de Araujo Rodrigues Kelli Priscila Pinto Laura Paraíso Buldrini Filogônio Marília Cordeiro Mônica Gonçalves Dias
Diagramação	Fabricando Ideias Design Editorial
Revisão	PBA Preparação e Revisão de Textos
Capa	Tiago Dela Rosa
Produção gráfica	Marli Rampim Sergio Luiz Pereira Lopes
Impressão e acabamento	Gráfica Paym

Data de fechamento da edição: 16-7-2020

Dúvidas? Acesse www.editorasaraiva.com.br/direito

Nenhuma parte desta publicação poderá ser reproduzida por qualquer meio ou forma sem a prévia autorização da Saraiva Educação. A violação dos direitos autorais é crime estabelecido na Lei n. 9.610/98 e punido pelo art. 184 do Código Penal.

| CL | 606570 | CAE | 727388 |

*La OIT conmemora su centenario en un momento en
que el mundo del trabajo se está transformando radicalmente
impulsado por las innovaciones tecnológicas, los cambios
demográficos, el cambio medioambiental y climático y la
globalización, así como en un momento de desigualdades
persistentes, que tienen profundas repercusiones en la
naturaleza y el futuro del trabajo y en el lugar y la dignidad de
las personas que se encuentran en dicho contexto.*

(A OIT comemora seu centenário em um momento de
profundas transformações no mundo do trabalho, impulsio-
nadas pelas inovações tecnológicas, pelas mudanças
demográficas, ambientais e climáticas e pela globalização,
bem como em um momento de desigualdades persistentes,
com profundas repercussões na natureza e no futuro do
trabalho, assim como no lugar e na dignidade das pessoas
nesse contexto.)

Declaração do Centenário da OIT para o Futuro do
Trabalho (2019)

Prefácio

O assédio moral consiste em uma das mais devastadoras agressões à dignidade dos trabalhadores. Dilacera sua integridade psíquica, sufoca seus relacionamentos e corrompe o ambiente de trabalho, convertendo-o de *locus* de realização pessoal em palco para sofrimento cotidiano.

A obra que Rodolfo Pamplona Filho e Claiz Gunça oferecem à comunidade jurídica constitui-se no mais aprofundado e analítico trabalho acerca do tema do assédio moral organizacional.

Após a apresentação, no *capítulo introdutório*, do objeto de estudo e a explicitação da metodologia e dos marcos teóricos acolhidos na investigação, os autores dedicam o *primeiro capítulo* da obra ao exame da tutela dos direitos fundamentais no ordenamento jurídico pátrio.

Acompanhando a visão proposta doutrinariamente pelo juslaboralista tedesco Hans Carl Nipperdey, na década de 1950, e concretizada inicialmente na jurisprudência do Tribunal Federal do Trabalho alemão nas décadas seguintes, os autores reafirmam que os direitos fundamentais são diretamente aplicáveis no âmbito das relações privadas, especialmente aqueles vinculados de maneira mais direta à concretização da dignidade humana.

A assertiva revela-se ainda mais eloquente no campo da relação de emprego, ante a indissociabilidade entre energia de labor e ser humano trabalhador, conforme adverte Alain Supiot[1]. Com efeito, a personalidade do empregado, em toda sua complexidade, está necessariamente implicada no desenvolvimento de toda e cada uma das suas atividades profissionais. É dizer: as organizações não contratam autônomos para a realização dos serviços, mas seres humanos, dotados de dignidade que lhes é inerente, que buscam na relação de emprego não apenas sua subsistência, mas um veículo para viabilização do livre desenvolvimento da sua personalidade.

O *segundo capítulo* da obra destina-se à apresentação, com elevado rigor metodológico, dos elementos configuradores do assédio moral.

---

1. SUPIOT, Alain. *Crítica del derecho del trabajo*. Madrid: MTSS, 1996, p. 49-50.

Após alentada revisão da bibliografia nacional e estrangeira sobre a matéria, ensinam os autores que o assédio moral estará caracterizado diante da ocorrência de condutas abusivas, intencionais e habituais consistentes em ataques à dignidade e aos direitos fundamentais do trabalhador.

Assentado o conceito do instituto, avançam à exposição e análise da sua tipologia, esclarecendo os contornos conceituais das modalidades vertical (descendente e ascendente), horizontal e mista.

No *terceiro capítulo*, os leitores encontrarão a contribuição decisiva de Rodolfo Pamplona Filho e de Claiz Gunça para a compreensão do complexo fenômeno do assédio moral organizacional, permitindo sua precisa identificação e afastando indesejáveis confusões com outras figuras. Constroem, assim, os autores o edifício da sua doutrina animados pela lição de acordo com a qual uma teoria deve desincumbir-se concomitantemente das tarefas de explicação e solução dos problemas, consoante observado por Karl Popper[2].

Analiticamente, conceituam o assédio moral organizacional como a "tortura psicológica perpetrada por um conjunto de condutas abusivas e reiteradas, que estão inseridas na política gerencial da empresa, dirigidas a todos os trabalhadores indistintamente ou a um determinado setor ou perfil de trabalhadores, cuja finalidade é exercer o controle sobre a coletividade e garantir o alcance dos objetivos institucionais, que atinge a dignidade, a integridade física e mental, além de outros direitos fundamentais do trabalhador".

A partir da sua proposta conceitual, desvelam-se os elementos caracterizadores do assédio moral organizacional: a) abusividade da conduta, b) habitualidade, c) contexto organizacional ou gerencial, d) natureza coletiva do público-alvo, e) finalidade institucional e f) ataque à dignidade e aos direitos fundamentais do trabalhador.

Aliando o brilhantismo acadêmico dos autores à preocupação com o oferecimento de caminhos seguros à atuação profissional dos operadores do Direito, reservam o *quarto capítulo* ao estudo do assédio moral organizacional em dois dos setores nos quais sua presença revela-se mais frequente: o bancário e o de *telemarketing*. A estrutura de divisão do trabalho, a natureza das atividades desempenhadas, o patamar de produtividade exigido e a lógica de funcionamento de tais setores tornam seus empregados, conforme demonstram Rodolfo Pamplona Filho e Claiz Gunça, vítimas potenciais da desastrosa prática.

---

2. POPPER, Karl. *Lógica das ciências sociais*. Trad. Estevão de Rezende Martins, Apio Cláudio Muniz Acquarone Filho e Vilma de Oliveira Moraes e Silva. Brasília: Editora Universidade de Brasília, 1978, p. 27.

O capítulo é encerrado com aprofundada reflexão em torno dos impactos da ampla utilização da tecnologia da informação nas relações de trabalho, especificamente no tocante aos riscos de caracterização da nova figura do assédio moral organizacional virtual, maximizados em razão do regime jurídico atribuído pela Lei n. 13.467/2017 ao teletrabalho.

O *quinto capítulo*, cuidadosamente construído, é dedicado ao exame da recente Convenção 190 da Organização Internacional do Trabalho (OIT), marco normativo com aptidão para promover verdadeira revolução no patamar de proteção dos direitos fundamentais no mundo do trabalho. Por intermédio do novo diploma, a OIT explicita o caráter prioritário do combate à violência e ao assédio no mundo do trabalho, evidenciando, mais uma vez, a relevância e a atualidade do trabalho oferecido pelos autores.

Para além do desempenho da importante missão de divulgação no meio acadêmico nacional da novel Convenção, o último capítulo explora os motivos que conduziram a Organização à utilização de um conceito único para os fenômenos da violência e do assédio, procedendo-se, na sequência, com rigor científico, à análise sistematizada e aprofundada de cada uma das suas modalidades de configuração.

Os leitores têm em suas mãos uma obra que nasce como referência indispensável em matéria de assédio moral organizacional. Seu estudo impõe-se a todos aqueles que desejam a compreensão do fenômeno em sua complexidade interdisciplinar e a apropriação do instrumental jurídico necessário ao seu enfrentamento na realidade das relações de trabalho.

Recife, 12 de janeiro de 2020.

Leandro Fernandez

Juiz do Trabalho no Tribunal Regional do Trabalho da Sexta Região (TRT-6). Professor. Doutorando e Mestre em Direito pela Universidade Federal da Bahia (UFBA). Especialista em Direito e Processo do Trabalho. Diretor de Prerrogativas da Amatra VI (gestão 2018/2020). Membro da Comissão Nacional de Prerrogativas da Anamatra. Coordenador Adjunto da Escola Judicial do TRT-6. Coordenador Adjunto da *Revista de Direito Civil e Processual*. Membro do Instituto Baiano de Direito do Trabalho.

Apresentação

A globalização econômica neoliberal tem na revolução tecnológica e na informatização dos processos produtivos seu principal instrumento de difusão, conquista de espaço e hegemonia doutrinária. Nesse cenário, ao imenso potencial criativo que a tecnologia da informação enseja à organização do trabalho, facilitando resultados, corresponde idêntico potencial de maximização do controle e da disciplina da mão de obra, forjando manifestações sutis de subordinação e tornando, com isso, ainda mais complexa a regulamentação das relações de trabalho.

Esse novo ambiente produtivo, marcado pela massificação dos procedimentos, com uso disseminado dos meios telemáticos de informação e comunicação, expandiu o tempo e o espaço de trabalho para além das clássicas divisas empresariais do modelo fordista (horário e local de trabalho), facilitando na mesma proporção e com a mesma rapidez o excessivo controle do trabalho e a intensa pressão empresarial para maximizar a produtividade, abrindo largo flanco para a prática do assédio moral como instrumento de gestão.

Daí a importância e atualidade desta obra para a reflexão de um dos temas cruciais do mundo do trabalho contemporâneo: o assédio moral organizacional virtual ou teleassédio moral organizacional, manifestação da mesma e velha violência que a história revela muitas vezes instrumentalizada pelo poder econômico como prática gerencial para maximizar a exploração do trabalho, com métodos de ameaça, constrangimento, perseguição, humilhação, discriminação etc., agora, no entanto, impulsionada pelo uso dos meios informáticos e do ambiente virtual.

Em pesquisa bibliográfica impecável, realizada com estrito rigor metodológico, os autores Rodolfo Pamplona Filho e Claiz Maria Pereira Gunça dos Santos conduzem o leitor com maestria à compreensão conceitual desse fenômeno, descortinando cada aspecto do objeto de estudo na medida e no tempo precisos, como categorias conceituais que se revelam na explicação logicamente estruturada de uma realidade laboral extremamente complexa.

Assim é que o arcabouço conceitual em torno do assédio moral organizacional, com o tratamento de categorias como a abusividade e habitualidade, o contexto gerencial do assédio, a natureza coletiva do público atingido, a finalidade institucional e a violação de direitos fundamentais, conduz o leitor à compreensão do fenômeno em situações concretas da vida laboral. É analisada a prática do assédio gerencial nas instituições bancárias, nas empresas de telemarketing e no teletrabalho, ambientes profundamente marcados pela vigília intensa dos movimentos do trabalhador, pelo controle abusivo de metas e resultados, pelo excesso de jornada e pela incitação permanente à competitividade, traços que resultam em ambientes de trabalho hostis e opressores, profundamente prejudiciais à saúde física e psíquica dos trabalhadores.

Nas instituições bancárias, em que o trabalho se reorganizou como um balcão de vendas de produtos, a pesquisa demonstra que o rigoroso controle de jornada e de produtividade pelos meios telemáticos tornou-se um forte instrumento de ameaça e terror psicológico, em um ambiente em que impera a luta pela manutenção do emprego; nas empresas de telemarketing ou teleatendimento, a excessiva standardização do trabalho aliada aos meios informatizados de fiscalização do tempo e da forma de execução do labor fomenta política de metas abusivas, punições, humilhações e constrangimentos.

Por sua vez, as novas formas de trabalho ancoradas em plataformas eletrônicas e sistemas informatizados, a exemplo do teletrabalho, constituem ambiente fértil para a prática de assédio moral organizacional virtual, mediante exigência de metas abusivas com imputação ao trabalhador da responsabilidade pelos riscos, inclusive ambientais, da atividade econômica. Esses fatores se potencializam com a flexibilização do controle de jornada no teletrabalho, promovida pela reforma trabalhista – Lei n. 13.467/2017 (art. 62, III, da CLT).

Sem controle formal de jornada e com variedade de meios virtuais de controle de resultados, o trabalho informatizado, formal ou informal, vem submetendo progressivamente o trabalhador a diversas manifestações de assédio por exigência de produtividade em escalas sobre-humanas e por abusiva cobrança de hiperconectividade, com urgência de reações e respostas a mensagens telemáticas em todos os tempos e lugares (telepressão).

A obra enfrenta com precisão tal fenômeno, demonstrando que essa invasão do tempo integral de vida do trabalhador pode configurar o denominado *cyberbullying* ou assédio moral digital, ferindo seu direito à desconexão, como manifestação do direito fundamental à saúde, ao lazer, à limitação da jornada e ao meio ambiente de trabalho equilibrado, em profundo prejuízo à sua saúde física e mental.

Para retratar a exata dimensão das violações a direitos fundamentais decorrentes dessas práticas, a obra oferece uma abordagem panorâmica essencial sobre os direitos fundamentais dos trabalhadores na Constituição de 1988, sua dimensão subjetiva e objetiva, suas funções e aplicabilidade imediata.

Por fim, ancorado em rica referência bibliográfica e dotado de elevada originalidade conceitual, a obra culmina na análise sobre a Convenção 190 da Organização Internacional do Trabalho (OIT), de 2019, que versa sobre e eliminação da violência e do assédio do mundo trabalho. Os autores capturam com precisão a importância para o mundo laboral da Convenção 190 da OIT, uma das mais abrangentes e eloquentes normas internacionais voltadas a coibir violação de direitos humanos no âmbito das relações de trabalho, ressaltando o enfrentamento do assédio moral e da violência em razão do gênero como preocupação integrante dos Princípios e Direitos Fundamentais no Trabalho, consagrados pela OIT em 1998.

Com essa análise, Rodolfo Pamplona Filho e Claiz Gunça conferem centralidade ao estudo e ao combate do assédio moral nas relações de trabalho, em defesa dos princípios e valores humanísticos do direito do trabalho, aliando à importância temática uma singular destreza na pesquisa científica, do que resulta uma obra cuja leitura se tornou essencial à pesquisa e compreensão do fenômeno nos dias atuais.

> Helder Santos Amorim
> Procurador Regional do Trabalho lotado em Minas Gerais. Mestre em Direito Constitucional pela Pontifícia Universidade Católica do Rio de Janeiro. Doutorando em Direito pela Universidade de Brasília. Diretor Pedagógico da Escola da Associação Nacional dos Procuradores do Trabalho.

Sumário

Prefácio 7

Apresentação 11

Introdução 19

1. A Tutela dos Direitos Fundamentais no Direito Brasileiro 23

  1.1 Delimitação terminológica e conceitual 23

  1.2 Direitos fundamentais na CF/1988 25

    1.2.1 Fundamentalidade formal e material 26

    1.2.2 Cláusula de abertura material dos direitos e garantias fundamentais 27

    1.2.3 Dupla dimensão dos direitos fundamentais 34

      1.2.3.1 Dimensão subjetiva 34

      1.2.3.2 Dimensão objetiva 35

        1.2.3.2.1 Função irradiante 35

        1.2.3.2.2 Função de defesa 37

        1.2.3.2.3 Função de prestação 38

        1.2.3.2.4 Função de proteção 38

    1.2.4 Aplicabilidade direta e imediata dos direitos fundamentais 39

  1.3 Direitos fundamentais nas relações de trabalho 42

2. Assédio Moral Laboral 47

  2.1 Assédio moral laboral: contornos conceituais 47

  2.2 Elementos caracterizadores 53

    2.2.1 Abusividade da conduta 53

    2.2.2 Intencionalidade 57

    2.2.3 Habitualidade 59

15

2.2.4 Ataque à dignidade e aos direitos fundamentais do trabalhador 59

2.2.5 Dano físico-psíquico? 61

2.3 Tipologia do assédio moral 62

2.3.1 Assédio moral vertical 62

2.3.1.1 Assédio moral vertical descendente 62

2.3.1.2 Assédio moral vertical ascendente 63

2.3.2 Assédio moral horizontal 64

2.3.3 Assédio moral misto 64

2.4 Violências psicológicas relacionadas ao trabalho que não configuram assédio moral............ 65

2.4.1 Estresse e *burn-out* 67

2.4.2 Gestão por injúria 69

2.4.3 Agressões pontuais............ 70

2.5 Violência sexual no trabalho: assédio moral *versus* assédio sexual 71

3. **Assédio Moral Organizacional** **75**

3.1 Modalidades de assédio moral 75

3.1.1 Assédio moral discriminatório............ 75

3.1.1.1 Assédio moral em razão do gênero 78

3.1.1.2 Assédio moral em face de pessoa com deficiência............. 82

3.1.1.3 Assédio moral em função de doença 84

3.1.1.4 Assédio moral por racismo 85

3.1.1.5 Outras modalidades de assédio moral discriminatório............. 87

3.1.2 Assédio moral individual e assédio moral coletivo ... 87

3.1.3 Assédio moral perverso e assédio moral estratégico 88

3.1.4 Assédio moral interpessoal e assédio moral organizacional 89

3.2 Assédio moral organizacional: uma proposta de conceituação 91

3.3 Elementos caracterizadores do assédio moral organizacional............. 93

3.3.1 Abusividade e habitualidade da conduta............. 93

3.3.2 Contexto organizacional ou gerencial............. 95

3.3.3 Natureza coletiva do público-alvo 96

3.3.4 Finalidade institucional 98

3.3.5 Ataque à dignidade e aos direitos fundamentais do trabalhador 99

4. As Inovações Tecnológicas e o Assédio Moral Organizacional 101

4.1 A tecnologia da informação e a nova organização do trabalho 101

4.2 O assédio moral organizacional nas instituições bancárias 104

4.2.1 A organização do trabalho nos bancos 104

4.2.1.1 Controle automatizado do trabalhador bancário: assédio moral virtual 106

4.2.1.2 Pressão por produtividade e cumprimento de metas abusivas 108

4.2.1.3 Perversidade e despreparo dos superiores hierárquicos 110

4.2.1.4 Excesso de jornada 111

4.2.1.5 Planos de Demissão Voluntária 112

4.2.2 O assédio moral organizacional e a saúde do bancário 114

4.2.2.1 Características do assédio moral organizacional nos bancos 114

4.2.2.2 A saúde mental do trabalhador bancário 116

4.3 O assédio moral organizacional no setor de teleatendimento 121

4.3.1 A organização do trabalho nas empresas de telemarketing ou *call centers* 122

4.3.1.1 Rigor excessivo na cobrança de metas abusivas 123

4.3.1.2 Sistema de premiação e punição 125

4.3.1.3 Controle do tempo de trabalho e restrição ao uso de banheiro 127

4.3.2 O adoecimento do trabalhador em teleatendimento . 130

4.4 O teletrabalho e o assédio moral organizacional virtual 132

4.4.1 Teletrabalho e Reforma Trabalhista (Lei n. 13.467/2017) 133

4.4.2 Telepressão e assédio moral organizacional virtual .. 140

4.4.3 Teletrabalho e direito à desconexão 145

17

5. Convenção 190 da OIT: Violência e Assédio no Mundo do Trabalho 149

5.1 Violência e assédio no mundo do trabalho: conceito 150

5.2 Terminologia e âmbito de aplicação 151

5.3 Abordagem integrada: violência e assédio como conceito único 153

    5.3.1 Contextualização 153

    5.3.2 Tipos de violência e assédio no mundo do trabalho .. 155

    5.3.3 Interdependência e único ato 161

5.4 Violência e assédio em razão de gênero no mundo do trabalho 163

    5.4.1 Violência e assédio contra as mulheres 164

    5.4.2 Interseccionalidade e violência de gênero 168

6. Conclusões 171

Referências 181

Introdução

O século XXI marca uma nova sociedade e uma nova organização do trabalho. O desenvolvimento da tecnologia da informação transformou as relações sociais e também o modo de execução do labor. Por meio da robótica e da informática, tornou-se possível o aumento da produção e a melhoria da qualidade dos produtos e serviços.

A nova organização do trabalho, balizada pelo desenvolvimento tecnológico e informacional, todavia, conquanto tenha ampliado a produtividade, não melhorou necessariamente as condições laborais. Ao mesmo tempo em que as inovações tecnológicas permitiram o aumento da produção de mercadorias com menos esforço, houve a intensificação de métodos de gestão abusivos.

Os trabalhadores submetidos a acelerados ritmos de produção sofrem constantemente com o estresse, com a exigência de metas excessivas, com o controle do modo e da forma de trabalho e com o comprometimento das relações interpessoais. Pressão para atingir metas, sobrecarga e ritmo intenso de trabalho, segregação dos empregados, sistema de premiações, divisão de tarefas, estratégias de controle e extrapolação da jornada de trabalho são alguns traços característicos dessa nova organização do trabalho. É nesse contexto que emerge o assédio moral organizacional.

A disseminação da internet e o desenvolvimento de aplicativos e plataformas digitais, no contexto de Quarta Revolução Industrial, acarretam o surgimento de um novo modelo de produção, cuja organização do trabalho, alicerçada no *crowdsourcing*, é controlada pela programação ou pelo algoritmo. Intensificam-se, desse modo, formas atípicas de execução e de fiscalização do labor, que, associadas à hiperconexão, telepressão e informatização do trabalho, potencializam a prática do assédio moral organizacional virtual.

Nesse cenário, o presente livro objetiva compreender o fenômeno do assédio moral organizacional, tanto em sua modalidade presencial quanto virtual, identificando seus elementos caracterizadores e a influência das inovações tecnológicas na sua configuração.

Para tanto, metodologicamente, considerando as particularidades do tema a ser desenvolvido, utilizou-se o método de abordagem hipotético-dedutivo, sendo realizada uma pesquisa exploratória. Como componentes do marco teórico desta obra, elegeram-se os seguintes autores: Marie-France Hirigoyen, Lis Andréa Pereira Soboll, Rodolfo Pamplona Filho, Adriane Reis de Araújo e Talita Camila Gonçalves Nunes, que, com valiosos ensinamentos, contribuíram para o desenvolvimento e aprimoramento desta obra.

No primeiro capítulo, considerando que o assédio moral é um fenômeno social abusivo que viola diversos direitos fundamentais do trabalhador, buscou-se apresentar uma visão geral da tutela dos direitos fundamentais no direito brasileiro, com especial enfoque para a cláusula de abertura material, dupla dimensão e aplicabilidade direta e imediata dos direitos fundamentais, abordando-se, ao final, os direitos fundamentais nas relações de trabalho.

No segundo capítulo, figurou-se necessário estudar o assédio moral laboral, abordando seus contornos conceituais, seus elementos característicos, sua tipologia, assim como as violências psicológicas e sexuais que não configuram assédio moral.

No terceiro capítulo, foram analisadas as modalidades de assédio moral, apresentando-se os principais traços distintivos, para, posteriormente – partindo do pressuposto de que o assédio moral é a *tortura psicológica perpetrada por um conjunto de ações ou omissões, abusivas e intencionais, praticadas por meio de palavras, gestos e atitudes, de forma reiterada e prolongada, que atingem a dignidade, a integridade física e mental, além de outros direitos fundamentais do trabalhador* –, conceituar o assédio moral organizacional.

No quarto capítulo, buscou-se examinar a influência das inovações tecnológicas na configuração do assédio moral organizacional, destacando, inicialmente, os contornos gerais da nova organização do labor operada pela evolução informacional, para, em seguida, analisar a manifestação do assédio moral organizacional nas instituições bancárias, no setor de telemarketing e no teletrabalho. Ressalte-se que foram examinados os principais mecanismos assediadores dessas organizações laborais, bem como o comprometimento da saúde física e mental dos trabalhadores diante das práticas moralmente assediadoras.

Ademais, considerando o surgimento de aplicativos e plataformas eletrônicas e a intensificação do teletrabalho, foram debatidos os principais pontos da regulamentação do teletrabalho operada pela Lei n. 13.467/2017, para, por conseguinte, estudar o assédio moral organizacional virtual e compreender a importância do direito fundamental à desconexão.

No quinto capítulo, identificaram-se as inovações conceituais e principiológicas trazidas pela Convenção 190 da OIT, que, aprovada na 108ª Sessão da Conferência Internacional do Trabalho, representou um importante marco para o combate dos atos de violência e assédio no mundo do trabalho.

1

A Tutela dos Direitos Fundamentais no Direito Brasileiro

O assédio moral, tanto em sua modalidade interpessoal quanto organizacional, é um fenômeno social abusivo que viola diversos direitos fundamentais do trabalhador. Nesse sentido, considerando a importância da compreensão do assédio moral à luz desses direitos, este capítulo objetiva apresentar uma visão geral da tutela dos direitos fundamentais no direito brasileiro, com especial enfoque para a cláusula de abertura material, dupla dimensão e aplicabilidade direta e imediata dos direitos fundamentais.

1.1 DELIMITAÇÃO TERMINOLÓGICA E CONCEITUAL

A Constituição da República Federativa do Brasil de 1988 (CF/1988) elenca, no Título II do art. 5º do art. 17, os "Direitos e Garantias Fundamentais", considerando-os gênero das demais espécies ou categorias de direitos fundamentais, quais sejam: direitos e deveres individuais e coletivos (Capítulo I), direitos sociais (Capítulo II), nacionalidade (Capítulo III), direitos políticos (Capítulo IV) e partidos políticos (Capítulo V).

A CF/1988, entretanto, utiliza diferentes expressões em seus dispositivos, como, *v.g.*, "direitos humanos" (art. 4º, II; art. 5º, § 3º; art. 7º do ADCT), "direitos e liberdades fundamentais" (art. 5º, XLI), "direitos e liberdades constitucionais" (art. 5º, LXXI), "direitos civis" (art. 12, § 4º, II, *b*) e "direito público subjetivo" (art. 208, § 1º)[1]. Desse modo, considerando os variados termos cunhados ao longo da evolução histórico-constitucional mundial[2], aliados à ausência de precisão terminológica no texto constitu-

---

1. DIMOULIS, Dimitri; MARTINS, Leonardo. *Teoria geral dos direitos fundamentais*. São Paulo: Revista dos Tribunais, 2011, p. 47-48.
2. COSTA, Marcelo Freire Sampaio. *Eficácia dos direitos fundamentais entre particulares*: juízo de ponderação no processo do trabalho. São Paulo: LTr, 2010, p. 31.

cional pátrio, verificou-se o surgimento de diversas nomenclaturas acerca desses direitos.

Com efeito, são observadas expressões como "direitos humanos", "direitos do homem", "direitos fundamentais", "direitos humanos fundamentais", "direitos subjetivos públicos", "liberdades públicas", "liberdades fundamentais", "liberdades individuais", "direitos individuais", "direitos constitucionais", "direitos do cidadão", entre outras[3].

Nesse sentido, considerando o estágio atual da evolução dos direitos fundamentais e a moderna doutrina constitucional[4], será utilizada nesta obra a expressão "direitos fundamentais". Como bem preleciona Ingo Wolfgang Sarlet:

> Não é, portanto, por acaso, que a doutrina tem alertado para a heterogeneidade, ambiguidade e ausência de um consenso na esfera conceitual e terminológica, inclusive no que diz com o significado e conteúdo de cada termo utilizado, o que apenas reforça a necessidade de se adotar uma terminologia (e de um correspondente conceito) única e, além disso, constitucionalmente adequada, no caso, a de direitos (e garantias) fundamentais[5].

Antes de examinar os contornos conceituais dos direitos fundamentais, convém, em breves linhas, apresentar a distinção entre direitos fundamentais e direitos humanos.

Os direitos humanos, como bem ensina Valerio Mazzuoli, são "direitos protegidos pela ordem internacional (especialmente por meio de tratados multilaterais, globais ou regionais) contra as violações e arbitrariedades que um Estado possa cometer às pessoas sujeitas à sua jurisdição"[6].

De acordo com Ingo Sarlet, os direitos humanos são compreendidos como os "direitos da pessoa humana reconhecidos pela ordem jurídica internacional e com pretensão de validade universal", ao passo que os direitos fundamentais são concebidos como os direitos reconhecidos e

---

3. José Joaquim Gomes Canotilho, em busca da precisão terminológica, apresenta distinções entre diversos termos (CANOTILHO, José Joaquim Gomes. *Direito constitucional e teoria da Constituição*. 7. ed. Coimbra: Almedina, 2011, p. 393-397).

4. Nesse sentido, José Joaquim Gomes Canotilho, Ingo Wolgang Sarlet, Dimitri Dimoulis e Leonardo Martins, George Marmelstein, André de Carvalho Ramos, Fábio Konder Comparato, Antonio Enrique Pérez Luño.

5. SARLET, Ingo Wolfgang. *A eficácia dos direitos fundamentais*: uma teoria geral dos direitos fundamentais na perspectiva constitucional. Porto Alegre: Livraria do Advogado, 2011, p. 27.

6. MAZZUOLI, Valerio de Oliveira. *Curso de direitos humanos*. Rio de Janeiro: Forense; São Paulo: Método, 2014, p. 22.

positivados na esfera do direito constitucional. Além disso, segundo o autor, as noções de direitos humanos e direitos fundamentais não são excludentes ou incompatíveis, estando cada vez mais relacionadas entre si, o que não afasta a circunstância de serem expressões reportadas a esferas distintas de positivação[7].

Conclui-se, dessa forma, que o principal traço distintivo entre os direitos fundamentais e os direitos humanos diz respeito à esfera de positivação, na medida em que os direitos fundamentais se encontram consagrados no texto constitucional de determinado ordenamento jurídico, e os direitos humanos protegidos e previstos nas normas internacionais.

Sendo assim, os direitos fundamentais podem ser conceituados, conforme lição de George Marmelstein, como "normas jurídicas, intimamente ligadas à ideia de dignidade da pessoa humana e limitação do poder, positivadas no plano constitucional de determinado Estado Democrático de Direito, que, por sua importância axiológica, fundamentam e legitimam todo ordenamento jurídico"[8].

Em semelhante sentido, os direitos fundamentais, para Antonio Enrique Pérez Luño, correspondem ao "conjunto de valores o decisiones axiológicas básicas de una sociedad consagrados en su normativa constitucional"[9].

Convém pontuar, por fim, que, com o advento do neoconstitucionalismo, a Constituição, compreendida como norma suprema e fundamental, passa a ser dotada de impositividade e força normativa, assumindo posição de centralidade no ordenamento jurídico. Sendo assim, os direitos fundamentais possuem força normativa e, alicerçados na dignidade da pessoa humana, consubstanciam os valores éticos incorporados ao ordenamento constitucional de determinado país.

1.2 DIREITOS FUNDAMENTAIS NA CF/1988

Apresentada a delimitação terminológica e os contornos conceituais dos direitos fundamentais, cumpre examinar a tutela desses direitos na CF/1988, com especial destaque à cláusula de abertura material, dupla perspectiva e aplicabilidade imediata dos direitos fundamentais.

---

7. SARLET, Ingo Wolfgang; MARINONI, Luiz Guilherme; MITIDIERO, Daniel. *Curso de direito constitucional.* 7. ed. São Paulo: Saraiva, 2018, p. 309.

8. MARMELSTEIN, George. *Curso de direitos fundamentais.* 7. ed. São Paulo: Atlas, 2018, p. 18.

9. PÉREZ LUÑO, Antonio Enrique. *Los derechos fundamentales.* Madrid: Tecnos, 2005, p. 21-22.

1.2.1 Fundamentalidade formal e material

Os direitos fundamentais devem ser compreendidos por meio do seu conteúdo normativo ou aspecto formal, bem como do seu conteúdo ético ou aspecto material. Sendo assim, o significado das normas de direitos fundamentais é o resultado de dois elementos: a fundamentalidade formal e a material.

A **fundamentalidade formal** decorre da alocação dos direitos fundamentais no ápice da estrutura escalonada do ordenamento jurídico[10], como parte integrante da Constituição, de forma que, na qualidade de normas constitucionais, se encontram submetidas aos limites procedimentais e materiais de reforma, nos termos do art. 60 da Carta Magna. Além disso, segundo a fundamentalidade formal, esses direitos vinculam imediatamente os poderes públicos, constituindo verdadeiros parâmetros de escolhas, decisões, ações e controle dos órgãos legislativos, administrativos e jurisdicionais[11], como também os atores privados[12]. Assim, considerando a fundamentalidade formal, são direitos fundamentais aquelas normas jurídicas que, por decisão expressa do constituinte, foram consagradas e positivadas na CF.

A **fundamentalidade material**, por sua vez, decorre da circunstância de serem os direitos fundamentais elementos constitutivos da Constituição material, contendo decisões fundamentais sobre a estrutura básica do Estado e da sociedade[13]. Segundo a concepção da fundamentalidade material, os direitos que, apesar de se encontrarem fora do catálogo de direitos fundamentais, mas que por seu conteúdo e importância puderem ser a estes equiparados, também serão considerados direitos fundamentais.

Como bem explica Dirley da Cunha Júnior:

> Num sentido formal, a fundamentalidade, normalmente associada à constitucionalização, gera as seguintes consequências: a) as normas que definem os direitos fundamentais são consideradas normas fundamentais, que se situam no ápice do ordenamento jurídico; b) por essa razão, sujeitam-se a procedimento especial de reforma; c)

---

10. ALEXY, Robert. *Teoria dos direitos fundamentais*. 2. ed. Trad. Virgílio Afonso da Silva. São Paulo: Malheiros, 2011, p. 520.

11. CANOTILHO, José Joaquim Gomes. *Direito constitucional e teoria da Constituição*. 7. ed. Coimbra: Almedina, 2011, p. 379.

12. SARLET, Ingo Wolfgang; MARINONI, Luiz Guilherme; MITIDIERO, Daniel. *Curso de direito constitucional*. 7. ed. São Paulo: Saraiva, 2018, p. 326.

13. SARLET, Ingo Wolfgang. *A eficácia dos direitos fundamentais*: uma teoria geral dos direitos fundamentais na perspectiva constitucional. Porto Alegre: Livraria do Advogado, 2011, p. 75.

manifestam-se, em regra, como limites materiais ao poder de reforma; d) e, finalmente, vinculam imediatamente os poderes públicos.

Já num sentido material, que aqui nos interessa, a fundamentalidade dá ênfase ao conteúdo dos direitos. Assim, se o direito, em face de seu conteúdo, é indispensável para a constituição e manutenção das estruturas básicas do Estado e da Sociedade, sobretudo no que diz com a posição nestes ocupada pela pessoa, ele é fundamental, independentemente de ser constitucionalizado[14].

Somente por meio da noção de fundamentalidade material é possível reconhecer a abertura constitucional a outros direitos, também fundamentais, mas não positivados na Carta Magna[15], assim como a direitos fundamentais situados fora do Título II, mas integrantes do texto constitucional. Na CF/1988, esse reconhecimento foi viabilizado pela cláusula de abertura material dos direitos e garantias fundamentais, consagrada no art. 5º, § 2º.

1.2.2 Cláusula de abertura material dos direitos e garantias fundamentais

O rol de direitos e garantias fundamentais constante no Título II da nossa Lei Fundamental, embora extenso, não é exaustivo, ou seja, não exaure todos os direitos considerados fundamentais pelo constituinte brasileiro. Existem direitos fundamentais que, apesar de não se encontrarem no referido "catálogo"[16], estão consagrados em outros trechos da Constituição ou, até mesmo, fora dela. Assim, inspirado na IX Emenda à Constituição norte-americana, ratificada em 15 de dezembro de 1791[17], bem como influenciado por outras ordens constitucionais, como o art. 16 da Constituição Portuguesa de 1976[18], o constituinte positivou, no art. 5º,

---

14. CUNHA JÚNIOR, Dirley da. *Curso de direito constitucional*. 3. ed. Salvador: Jus-Podivm, 2009, p. 633.

15. SARLET, Ingo Wolfgang. *A eficácia dos direitos fundamentais*: uma teoria geral dos direitos fundamentais na perspectiva constitucional. Porto Alegre: Livraria do Advogado, 2011, p. 75.

16. Expressão utilizada por Ingo Wolfgang Sarlet para se referir aos direitos e garantias fundamentais expressamente elencadas no Título II da nossa Carta Magna.

17. Article [IX] (Amendment 9 – Unenumerated Rights) – "The enumeration in the Constitution, of certain rights, shall not be construed to deny or disparage others retained by the people". "A enumeração de certos direitos na Constituição não deverá ser interpretada como negação ou coibição de outros direitos inerentes ao povo" (UNITED STATES. *The Constitution of the United States*. The Bill of Rights & All Amendments. Disponível em: <http://constitutionus.com/>. Acesso em: 8 maio 2018, tradução nossa).

18. "Artigo 16. Âmbito e sentido dos direitos fundamentais. 1. Os direitos fundamentais consagrados na Constituição não excluem quaisquer outros constantes das leis e das regras aplicáveis de direito internacional.

§ 2º, da CF/1988, a cláusula de abertura material dos direitos e garantias fundamentais.

O art. 5º, § 2º, ao dispor que "os direitos e garantias expressos nesta Constituição não excluem outros decorrentes do regime e dos princípios por ela adotados, ou dos tratados internacionais em que a República Federativa do Brasil seja parte", possibilitou o reconhecimento, para além do conceito formal de Constituição e para além do catálogo de direitos fundamentais, de novos direitos que, por seu conteúdo e substância, pertencem ao corpo fundamental da Constituição de um Estado[19].

A Constituição brasileira, nessa senda, ao adotar uma "cláusula materialmente aberta" ou "cláusula inesgotável" ou uma "norma de *fattispecie* aberta", reconheceu direitos fundamentais em sentido material, que, por sua vez, são direitos não previstos expressamente no texto constitucional, mas que, por força da sua essencialidade, conteúdo e importância, são direitos fundamentais, detentores da mesma dignidade dos direitos constitucionalizados[20].

Nesse contexto, tendo em vista o conceito materialmente aberto de direitos fundamentais, que possibilita a identificação de direitos fundamentais não expressamente positivados ou implícitos, assim como de direitos previstos em tratados internacionais ou em outras partes da Carta Magna, convém explicitar as possíveis espécies de direitos fundamentais no ordenamento jurídico brasileiro.

A partir do art. 5º, § 2º, podem ser extraídos dois grandes grupos de direitos fundamentais, segundo lição de Ingo Sarlet: os direitos expressamente positivados ou escritos e os direitos fundamentais não escritos. O primeiro grupo divide-se em direitos expressamente previstos no catálogo de direitos fundamentais ou em outras partes da Constituição (direitos formal e materialmente constitucionais) e em direitos explicitamente constantes em tratados internacionais. Já o segundo grupo, dos direitos fundamentais não escritos, encontra-se dividido em duas categorias: direitos implícitos, no sentido de posições jurídicas subentendidas nas normas

---

2. Os preceitos constitucionais e legais relativos aos direitos fundamentais devem ser interpretados e integrados de harmonia com a Declaração Universal dos Direitos do Homem" (CANOTILHO, José Joaquim Gomes; MOREIRA, Vital. *Constituição da República Portuguesa*. Coimbra: Coimbra Editora, 2009, p. 17).

19. SARLET, Ingo Wolfgang. *A eficácia dos direitos fundamentais*: uma teoria geral dos direitos fundamentais na perspectiva constitucional. Porto Alegre: Livraria do Advogado, 2011, p. 78.

20. CUNHA JÚNIOR, Dirley da. *Curso de direito constitucional*. 3. ed. Salvador: JusPodivm, 2009, p. 634-638.

definidoras de direitos e garantias fundamentais; e direitos decorrentes, que, como o próprio nome já denota, decorrem do regime e dos princípios adotados pela Constituição[21].

Quanto à terminologia, Ingo Sarlet entende que a denominação "direitos não escritos" ou "direitos não expressos" constitui, em verdade, o gênero, que alberga, como espécies, os direitos implícitos e os direitos decorrentes[22]. Para esta obra, contudo, não será adotada a diferença terminológica acima reportada, entendendo-se como sinônimos os conceitos de direitos implícitos, decorrentes e não escritos.

Assim, para fins de sistematização, será adotada a seguinte classificação: a) direitos expressos na Constituição; b) direitos implícitos, decorrentes do regime e dos princípios constitucionais; c) direitos expressos nos tratados internacionais subscritos pelo Brasil.

O *primeiro grupo* é composto pelos direitos fundamentais previstos no Título II e em outras partes da Constituição. Por expressa opção constitucional, os direitos previstos no Título II, mais especificamente os direitos e deveres individuais e coletivos, os direitos sociais, os direitos da nacionalidade, os direitos políticos e os direitos dos partidos políticos, são direitos formal e materialmente fundamentais.

Com a cláusula de abertura material, outros direitos, dispersos no texto constitucional, mas não elencados entre os arts. 5º a 17, passam a ser reconhecidos como fundamentais. A título de exemplo, o Supremo Tribunal Federal (STF) entendeu que o princípio da anterioridade tributária, previsto no art. 150 da CF, também seria um direito fundamental, pois a sua inobservância desrespeita a tranquilidade e a segurança jurídica, violando a dignidade dos cidadãos. Nesse mesmo diapasão, o direito à livre-iniciativa, expresso no art. 170 da Lei Fundamental, também tem elevado grau de fundamentalidade, sendo, inclusive, elemento essencial para o funcionamento do sistema econômico, além de ser um dos fundamentos da República Federativa do Brasil, nos moldes do art. 1º, IV[23]. Em semelhante sentido, pode-se citar o direito ao meio ambiente equilibrado (art. 225).

---

21. SARLET, Ingo Wolfgang. *A eficácia dos direitos fundamentais*: uma teoria geral dos direitos fundamentais na perspectiva constitucional. Porto Alegre: Livraria do Advogado, 2011, p. 87.

22. Idem, ibidem, p. 90.

23. MARMELSTEIN, George. *Curso de direitos fundamentais*. 7. ed. São Paulo: Atlas, 2018, p. 216-217.

No *segundo grupo* classificatório, encontram-se os direitos fundamentais implícitos, decorrentes do regime e dos princípios adotados pela Constituição. "Direitos fundamentais implícitos", como o próprio termo já induz, são direitos que não estão expressos, explícitos, positivados, escritos ou enumerados no texto constitucional, mas que, por apresentarem fundamentalidade material e derivarem do regime e dos princípios basilares da ordem constitucional pátria, são, também, direitos fundamentais.

Questiona-se, por outro lado, qual seria o alcance das expressões "regime" e "princípios" constantes no art. 5º, § 2º. Consoante entendimento firmado por Ingo Sarlet, as referidas terminologias referem-se às disposições contidas no Título I – Dos Princípios Fundamentais, que por meio dos arts. 1º a 4º delineiam os contornos básicos do Estado Democrático de Direito[24]. Assim, para que determinado direito implícito seja considerado fundamental, faz-se necessário que a sua origem tenha como base o regime democrático, além de observar os fundamentos, objetivos e princípios fundamentais que regem o Estado brasileiro, tanto em nível interno quanto internacional.

Ademais, figura-se também indispensável que os direitos implícitos guardem sintonia com os direitos fundamentais do catálogo, ou seja, equivalham, em seu conteúdo e dignidade, aos direitos fundamentais prescritos nos arts. 5º a 17. Para tanto, devem ser observados os critérios de relevância e substância. O critério da relevância está baseado na efetiva importância que aquele direito deve ter para a comunidade em determinado momento histórico, e referido critério relaciona-se com a dimensão axiológica dos direitos fundamentais, ou seja, com a expressão valorativa consensualmente reconhecida no meio social[25]. Quanto ao critério da substância, critério esse marcado por forte dose de subjetividade, devem ser observados os elementos comuns ao conteúdo de todos os direitos fundamentais do Título II da Constituição, de forma a buscar uma equiparação entre o direito implícito e os direitos fundamentais positivados[26].

Além disso, ressalta-se que a cláusula de abertura material do sistema constitucional deve ser analisada sob os ditames da dignidade da

---

24. SARLET, Ingo Wolfgang. A *eficácia dos direitos fundamentais*: uma teoria geral dos direitos fundamentais na perspectiva constitucional. Porto Alegre: Livraria do Advogado, 2011, p. 93.

25. Idem, ibidem, p. 92.

26. Idem, ibidem, p. 93.

pessoa humana, que, além de constituir o valor unificador de todos os direitos fundamentais, também tem a função de reconhecer os direitos fundamentais implícitos ou previstos em tratados internacionais, revelando, desse modo, uma íntima relação com o art. 5º, § 2º[27]. Cuida-se de um critério basilar, mas não exclusivo, já que podem ser utilizados outros referenciais, como, *v.g.*, o direito à vida. Na verdade, consoante entendimento firmado por Ingo Sarlet e adotado nesta obra, sempre que se puder detectar, mesmo para além de outros critérios que possam incidir na espécie, uma posição jurídica ou um direito implícito diretamente embasado e relacionado à dignidade da pessoa humana, inequivocamente estaremos diante de uma norma de direito fundamental[28].

Em semelhante sentido, Ricardo Maurício Freire Soares afirma que a dignidade da pessoa humana figura como um princípio ético-jurídico capaz de orientar, por meio de uma interpretação teleológica da Constituição, o reconhecimento de direitos fundamentais implícitos, por força do art. 5º, § 2º, que define um catálogo aberto e inconcluso de direitos fundamentais[29]. Por outro lado, George Marmelstein entende que, além da dignidade da pessoa humana, também são direitos fundamentais implícitos os que tenham vinculação com a limitação de poder[30].

Urge evidenciar, por derradeiro, que, além da fundamentalidade material, os direitos implícitos também são dotados de fundamentalidade formal[31], pois, embora não estejam expressos, decorrem do regime e dos princípios com assento constitucional e, portanto, têm suas raízes e fundamentos extraídos da Carta Magna, sendo, dessa forma, parte integrante da Constituição.

---

27. SARLET, Ingo Wolfgang. *A eficácia dos direitos fundamentais*: uma teoria geral dos direitos fundamentais na perspectiva constitucional. Porto Alegre: Livraria do Advogado, 2011, p. 95.

28. SARLET, Ingo Wolfgang. Notas sobre a dignidade da pessoa humana na jurisprudência do Supremo Tribunal Federal. In: SARMENTO, Daniel; SARLET, Ingo Wolfgang. *Direitos fundamentais no Supremo Tribunal Federal*: balanço e crítica. Rio de Janeiro: Lumen Juris, 2011, p. 61.

29. SOARES, Ricardo Maurício Freire. *O princípio constitucional da dignidade da pessoa humana*. São Paulo: Saraiva, 2010, p. 136.

30. MARMELSTEIN, George. *Curso de direitos fundamentais*. 7. ed. São Paulo: Atlas, 2018, p. 211.

31. SARLET, Ingo Wolfgang. *A eficácia dos direitos fundamentais*: uma teoria geral dos direitos fundamentais na perspectiva constitucional. Porto Alegre: Livraria do Advogado, 2011, p. 94.

Nesse sentido, para que, amparado no art. 5º, § 2º, um direito implícito seja considerado um direito fundamental, faz-se necessária a observância dos seguintes requisitos: a) decorra do regime e dos princípios constitucionais constantes no Título I da CF/1988; b) tenha sintonia com e equivalência aos direitos fundamentais elencados no Título II do diploma constitucional, devendo, para tanto, serem vislumbrados os critérios da relevância e substância; e, por fim, c) esteja vinculado com a dignidade da pessoa humana ou com a limitação de poder.

No *terceiro grupo* classificatório, destacam-se os direitos decorrentes dos tratados internacionais ratificados pelo Brasil. Estes, como bem preleciona Flávia Piovesan, são acordos internacionais juridicamente obrigatórios e vinculantes, celebrados entre sujeitos de direito internacional e regulados pelo regime jurídico de direito internacional. O termo "tratado" é um termo genérico, usado para incluir as convenções, os pactos, as cartas e os demais acordos internacionais[32].

Os tratados internacionais podem ser comuns – como diplomas que buscam o equilíbrio e a reciprocidade de relações entre Estados-partes – ou de direitos humanos, na medida em que transcendem os meros compromissos recíprocos entre os pactuantes e objetivam salvaguardar os direitos do ser humano, e não as prerrogativas do Estado[33]. O art. 5º, § 2º, em que pese não externar o termo "tratados internacionais de direitos humanos", pela intelecção do art. 5º, §§ 1º e 3º, assim como pela teleologia do próprio dispositivo em exame, possui esse sentido e alcance constitucional.

Além disso, convém traçar, em breves linhas, o atual panorama do tratamento hierárquico dispensado aos tratados internacionais. O STF, em 3 de dezembro de 2008, decidiu, historicamente, que os tratados internacionais de direitos humanos valem mais do que a lei e menos do que a Constituição, possuindo força e caráter supralegal.

No julgamento do Recurso Extraordinário (RE) 466.343-1/SP, que teve como objeto a discussão acerca da prisão civil do depositário infiel, o STF, com base no voto do Ministro Gilmar Mendes, entendeu que os tratados de direitos humanos, precedentes ou posteriores à Emenda Constitucional (EC) 45/2004, desde que não aprovados por quórum qualificado, nos termos do art. 5º, § 3º, da Carta Magna, embora infraconstitucionais, possuem valor supralegal, ou seja, acima das leis ordinárias[34].

---

32. PIOVESAN, Flávia. *Temas de direitos humanos.* São Paulo: Saraiva, 2010, p. 105.

33. Idem, ibidem, p. 50.

34. BRASIL. STF. RE 466.343-1 São Paulo. Relator: Ministro Cezar Peluso. Brasília, DF, 3 de dezembro de 2008. *Diário de Justiça Eletrônico.* Disponível em: <http://www.stf.jus.br/imprensa/pdf/re466343.pdf>. Acesso em: 8 maio 2018.

Nesse contexto, no topo encontra-se a Constituição, assim como os tratados de direitos humanos aprovados de acordo com o procedimento do art. 5º, § 3º, da Lei Fundamental; abaixo dela, mas acima da lei ordinária, encontram-se os tratados internacionais de direitos humanos não aprovados pelo quórum qualificado, pouco importando se o tratado é anterior ou posterior à EC 45/2004; e, por fim, no patamar inferior está a legislação ordinária, assim como os tratados que não versam sobre direitos humanos.

Não se pode deixar de explicitar, todavia, o entendimento defendido por Flávia Piovesan, no sentido de que, "por força do art. 5º, §§ 1º e 2º, a Carta de 1988 atribui aos direitos enunciados em tratados internacionais a hierarquia de norma constitucional, incluindo-os no elenco dos direitos constitucionalmente garantidos, que apresentam aplicabilidade imediata". Fundamenta sua posição, ademais, aduzindo que a hierarquia constitucional decorre "de uma interpretação sistemática e teleológica da Carta, particularmente da prioridade que atribui aos direitos fundamentais e ao princípio da dignidade da pessoa humana"[35]. O voto do Ministro Celso de Mello, no julgamento do RE 466.343-1/SP, posicionou-se nesse mesmo sentido.

Referido entendimento também é adotado por Dirley da Cunha Júnior. Segundo o autor, "os tratados internacionais que consagram direitos fundamentais, distintamente dos tratados internacionais comuns, *gozam de idêntica hierarquia e prestígio da Constituição*", em especial porque é a própria Carta Magna que ressalva a existência de outros direitos fundamentais, como os tratados internacionais em que o Brasil seja parte, e que impõe ao Estado brasileiro reger-se nas suas relações internacionais pelo princípio fundamental da prevalência dos direitos humanos, nos moldes do seu art. 4º, II[36]. O STF, contudo, não seguiu os ditames da Constituição.

Dessa forma, após o julgamento do RE 466.343-1 pelo STF, infere-se que, segundo disposição do art. 5º, § 2º, os tratados internacionais de direitos humanos subscritos pelo Brasil – sejam os tratados com força supralegal, incorporados antes da EC 45/2004 ou posteriormente a esta, mas sem o quórum do art. 5º, § 3º, sejam os tratados aprovados pelo referido quórum e, portanto, com o *status* constitucional, nesse último caso também formalmente constitucionais – valem mais do que a lei ordinária e podem ser equiparados, por sua materialidade, aos demais direitos fundamentais.

---

35. PIOVESAN, Flávia. *Temas de direitos humanos*. São Paulo: Saraiva, 2010, p. 50.

36. CUNHA JÚNIOR, Dirley da. *Curso de direito constitucional*. 3. ed. Salvador: Jus-Podivm, 2009, p. 641.

1.2.3 Dupla dimensão dos direitos fundamentais

Com o advento do neoconstitucionalismo[37], inaugurado no Brasil por meio da CF/1988, surge uma nova tendência do pensamento jurídico contemporâneo, que, calcado na dignidade da pessoa humana, confere força normativa aos direitos fundamentais, os quais passam a funcionar como reguladores axiológicos e teleológicos da compreensão jurídica, além de ganharem uma posição central na interpretação e aplicação do direito. Nesse contexto, os direitos fundamentais devem ser apreendidos sob uma dupla perspectiva ou dimensão, a saber: subjetiva e objetiva.

1.2.3.1 Dimensão subjetiva

A força normativa e aplicabilidade direta e imediata dos direitos fundamentais resulta na sua **dimensão subjetiva**, que consiste na pretensão jurídica individual (direito subjetivo), cuja realização pode ser exigível via judicial. Sendo assim, o titular dos direitos fundamentais pode reivindicá-los judicialmente, independentemente de regulamentação legislativa da norma constitucional.

Nessa linha de intelecção, como preleciona Ingo Sarlet, "quando nos referimos aos direitos fundamentais como direitos subjetivos, temos em mente a noção de que ao titular de um direito fundamental é aberta a possibilidade de impor judicialmente seus interesses juridicamente tutelados perante o destinatário (obrigado)"[38].

---

37. Com as atrocidades cometidas contra os direitos humanos, especialmente pelo regime totalitário nazista, surge a necessidade, após a Segunda Guerra Mundial, de repensar o sistema jurídico e reparar os abusos cometidos, como forma de reconstruir a sociedade, organizar a redemocratização e contemplar os anseios por justiça gerados pelo regime autocrático. Nesse contexto de *Justiça de Transição*, que consiste no conjunto de medidas adotadas no momento de passagem de um regime ditatorial a um regime democrático, com vistas a reparar os abusos cometidos contra os direitos humanos, conhecer os fatos, reformar as instituições envolvidas com as graves violações, investigar os responsáveis, bem como restabelecer do Estado Democrático de Direito, surge uma nova corrente jusfilosófica conhecida como pós-positivismo, que buscou inserir na ciência jurídica os valores éticos indispensáveis para a proteção da dignidade da pessoa humana. A expressão do pós-positivismo no direito constitucional é denominada de neoconstitucionalismo (SANTOS, Claiz Maria Pereira Gunça dos. *Comissão da verdade no Brasil e justiça de transição*: direito à verdade e à memória. Curitiba: Juruá, 2016, p. 32).

38. SARLET, Ingo Wolfgang; MARINONI, Luiz Guilherme; MITIDIERO, Daniel. *Curso de direito constitucional*. 7. ed. São Paulo: Saraiva, 2018, p. 351.

Com efeito, a dimensão subjetiva importa na *vinculatividade normativo-constitucional*[39], pois os direitos fundamentais não são meros "programas" ou "linhas de direção política", mas sim verdadeiras normas jurídicas, bem como na *justiciabilidade*[40], haja vista que os titulares ativos podem exigir judicialmente a satisfação da pretensão individual contra os respectivos destinatários passivos.

Observa-se, assim, que o Poder Judiciário assume um importante papel na efetivação dos direitos fundamentais, que, independentemente de regulamentação legislativa, podem ser exigidos e concretizados judicialmente.

1.2.3.2 Dimensão objetiva

A **dimensão objetiva** dos direitos fundamentais importa no seu reconhecimento como valores éticos que legitimam todo ordenamento jurídico, funcionando como reguladores axiológicos e teleológicos da compreensão jurídica. Nesse sentido, os direitos fundamentais possuem a capacidade de se irradiar por todo sistema normativo, orientando a elaboração, interpretação e aplicação das normas jurídicas.

Como decorrência da dimensão objetiva, observa-se a multifuncionalidade dos direitos fundamentais, consubstanciada na função irradiante (eficácia irradiante), na função de defesa, na função de prestação e na função de proteção. Convém analisá-las.

1.2.3.2.1 Função irradiante

De acordo com a **eficácia ou função irradiante**, os direitos fundamentais são valores que norteiam todo ordenamento jurídico, condicionando a atuação do Poder Legislativo na elaboração das normas infraconstitucionais, do Poder Judiciário na interpretação e aplicação das leis ao caso *sub judice*, bem como do Poder Executivo na implementação e execução de políticas públicas e programas de governo.

Destarte, segundo a eficácia irradiante dos direitos fundamentais, toda e qualquer interpretação jurídica deverá ser feita à luz dos direitos fundamentais. É nesse contexto que emerge a *filtragem constitucional*, que, segundo Daniel Sarmento, "exige do aplicador do direito uma nova postu-

---

39. CANOTILHO, José Joaquim Gomes. *Direito constitucional e teoria da Constituição.* 7. ed. Coimbra: Almedina, 2011, p. 482.

40. Idem, ibidem, p. 402.

ra, voltada para a promoção dos valores constitucionais em todos os quadrantes do direito positivo"[41]. Com efeito, os direitos fundamentais passam a funcionar como o filtro necessário à interpretação e à aplicação das demais normas jurídicas.

Consoante lição de Paulo Ricardo Schier, a filtragem constitucional está relacionada com as seguintes ideias: a) força normativa da Constituição; b) retomada da legitimidade e vinculatividade dos princípios; c) desenvolvimento de novos mecanismos de concretização constitucional; d) compromisso ético dos operadores do direito com a Lei Fundamental; e) constitucionalização do direito infraconstitucional[42].

Nesse sentido, a filtragem constitucional, de acordo com Luís Roberto Barroso, pressupõe que "toda a ordem jurídica deve ser lida e apreendida sob a lente da Constituição, de modo a realizar os valores nela consagrados"[43]. Assim, toda interpretação jurídica é também interpretação constitucional, de modo que qualquer realização do direito envolve a aplicação direta ou indireta da Constituição[44].

Observa-se, assim, que de acordo com a filtragem constitucional a Lei Fundamental figura no centro do sistema jurídico, irradiando sua força normativa, servindo de parâmetro de validade para a ordem infraconstitucional e funcionando como vetor de interpretação de todas as normas do sistema[45].

Além da filtragem constitucional, a função ou eficácia irradiante dos direitos fundamentais resulta na *interpretação conforme a Constituição*. Ressalta-se que essa técnica interpretativa funciona ao mesmo tempo como princípio hermenêutico e como mecanismo de controle de constitucionalidade[46].

Como princípio hermenêutico, a interpretação da legislação ordinária deve ser feita de modo a realizar, da maneira mais adequada, os valores e

---

41. SARMENTO, Daniel. *Direitos fundamentais e relações privadas*. Rio de Janeiro: Lumen Juris, 2004, p. 156.

42. SCHIER, Paulo Ricardo. *Filtragem constitucional*: construindo uma nova dogmática jurídica. Porto Alegre: Sérgio Antônio Fabris editor, 1999, p. 161.

43. BARROSO, Luís Roberto. *Curso de direito constitucional contemporâneo*: os conceitos fundamentais e a construção do novo modelo. 7. ed. São Paulo: Saraiva, 2018, p. 407.

44. Idem, ibidem.

45. Idem, ibidem.

46. SARMENTO, Daniel. *Direitos fundamentais e relações privadas*. Rio de Janeiro: Lumen Juris, 2004, p. 155.

fins constitucionais. Assim, "entre as interpretações possíveis, deve-se escolher a que tem mais afinidade com a Constituição"[47]. Como mecanismo de controle de constitucionalidade, expressamente previsto no art. 28 da Lei n. 9.868/99, a interpretação conforme a Constituição permite que o intérprete, em especial o tribunal constitucional, simultaneamente, declare uma das interpretações possíveis como inconstitucional e afirme outra como compatível com a Constituição. Preserva-se, assim, a validade de uma lei que seria, em princípio, inconstitucional, por meio da declaração de inconstitucionalidade sem redução do texto[48].

1.2.3.2.2 Função de defesa

Além da função irradiante, os direitos fundamentais apresentam a função de defesa, de prestação e de proteção. De acordo com a **função de defesa**, os direitos fundamentais constituem "normas de competência negativa para os poderes públicos, proibindo fundamentalmente as ingerências destes na esfera jurídica individual"[49]. Garante-se, assim, a defesa da pessoa humana e da sua dignidade perante os poderes do Estado, gerando um comando de abstenção ou de ausência de interferência na esfera individual, em sentido semelhante à noção de *status* negativo preconizada por George Jellinek[50].

---

47. BARROSO, Luís Roberto. *Curso de direito constitucional contemporâneo*: os conceitos fundamentais e a construção do novo modelo. 7. ed. São Paulo: Saraiva, 2018, p. 342.

48. Idem, ibidem, p. 342.

49. CANOTILHO, José Joaquim Gomes. *Direito constitucional e teoria da Constituição*. 7. ed. Coimbra: Almedina, 2011, p. 408.

50. George Jellinek, na obra *Sistema dos direitos subjetivos públicos*, formula quatro espécies de situações jurídicas (*status*). Acerca da sua teoria, como bem rememora Ingo Sarlet, "no âmbito do *status* passivo (*status subjectionis*), o indivíduo estaria subordinado aos poderes estatais, sendo, neste contexto, meramente detentor de deveres, de modo que o Estado possui a competência de vincular o cidadão juridicamente por meio de mandamentos e proibições. O *status negativus* consiste numa esfera individual de liberdade imune ao *jus imperii* do Estado, que, na verdade, é poder juridicamente limitado. O terceiro *status* referido por Jellinek é o assim denominado *status positivus* (ou *status civitatis*), no qual ao indivíduo é assegurada juridicamente a possibilidade de utilizar-se das instituições estatais e de exigir do Estado determinadas ações positivas. Por fim, encontra-se o chamado *status activus*, no qual o cidadão passa a ser considerado titular de competências que lhe garantem a possibilidade de participar ativamente da formação da vontade estatal" (SARLET, Ingo Wolfgang; MARINONI, Luiz Guilherme; MITIDIERO, Daniel. *Curso de direito constitucional*. 7. ed. São Paulo: Saraiva, 2018, p. 357-358).

1.2.3.2.3 Função de prestação

A **função de prestação ou promoção**, em consonância com o *status* positivo proposto por George Jellinek, pressupõe uma postura ativa do Estado, na concretização e efetivação dos direitos fundamentais. Sendo assim, o Estado deve adotar medidas concretas, como políticas públicas e ações sociais, que possibilitem a superação das carências individuais e coletivas, bem como o pleno exercício e fruição dos direitos fundamentais.

1.2.3.2.4 Função de proteção

Por outro lado, a **função de proteção** impõe aos órgãos estatais a obrigação de zelar pela proteção dos direitos fundamentais dos indivíduos, não somente contra os poderes públicos, mas também contra agressões por parte de particulares. Sendo assim, deve-se assegurar níveis eficientes de proteção para os diversos bens fundamentais, o que implica, segundo Ingo Sarlet, "não apenas a vedação de omissões, mas também a proibição de uma proteção manifestamente insuficiente"[51].

Nesse sentido, de acordo com a função ou dever de proteção, os poderes públicos, no exercício das atividades legislativas, administrativas e jurisdicionais, devem promover os direitos fundamentais, protegendo-os quando violados por terceiros[52]. O Estado, portanto, não deve apenas abster-se de violar direitos fundamentais, mas também protegê-los das lesões e ameaças perpetradas por terceiros[53].

Salienta-se que é a partir da função de proteção extraída da dimensão objetiva dos direitos fundamentais que emergem as noções de eficácia vertical, horizontal e diagonal dos direitos fundamentais[54].

---

51. SARLET, Ingo Wolfgang; MARINONI, Luiz Guilherme; MITIDIERO, Daniel. *Curso de direito constitucional*. 7. ed. São Paulo: Saraiva, 2018, p. 355.

52. SARMENTO, Daniel. *Direitos fundamentais e relações privadas*. Rio de Janeiro: Lumen Juris, 2004, p. 160-161.

53. Idem, ibidem, p. 169.

54. De acordo com a *eficácia vertical*, os direitos fundamentais são instrumentos de proteção dos indivíduos contra a opressão estatal, haja vista a relação assimétrica de poder entre o Estado e o indivíduo. A *eficácia horizontal*, por sua vez, consiste na aplicação de forma direta dos direitos fundamentais nas relações entre particulares, tendo em vista que a sociedade, tanto quanto o Estado, pode cometer violações aos mais básicos direitos do ser humano (MARMELSTEIN, George. *Curso de direitos fundamentais*. 7. ed. São Paulo: Atlas, 2018, p. 343-346). Ademais, quando a relação entre os particulares é marcada por uma assimetria, vislumbra-se a *eficácia diagonal* dos direitos fundamentais.

Além disso, José Joaquim Gomes Canotilho identifica a **função de não discriminação**, que, alicerçada no princípio da igualdade, assegura que o Estado trate seus cidadãos de maneira fundamentalmente igualitária[55].

Ressalte-se que as funções de defesa, prestação e proteção, além de serem manifestações da dimensão objetiva dos direitos fundamentais, cabendo ao poder público, em todas as suas esferas, adotar medidas de respeito, promoção e proteção a esses direitos, também podem ser vislumbradas na dimensão subjetiva. Isso porque, compreendidos os direitos fundamentais como direitos subjetivos, podem os seus titulares exigir judicialmente abstenções dos poderes públicos (direitos de defesa ou negativos), prestações positivas (direitos positivos), bem como a proteção dos seus direitos.

Por fim, como bem explicita Daniel Sarmento, o reconhecimento da dimensão objetiva dos direitos fundamentais não significa desprezo à sua dimensão subjetiva, mas sim reforço[56], tendo em vista que as respectivas dimensões se complementam, conferindo maior proteção e efetividade aos direitos fundamentais.

1.2.4 Aplicabilidade direta e imediata dos direitos fundamentais

Os direitos fundamentais são previsões normativas contidas na CF que garantem uma situação jurídica de defesa, promoção ou proteção, possuindo força normativa e aplicabilidade direta e imediata.

Nos moldes do art. 5º, § 1º, da CF/1988, "as normas definidoras dos direitos e garantias fundamentais têm aplicação imediata". Dessa forma, os direitos fundamentais expressos na Carta Magna, tanto no Título II quanto em outras partes da Lei Fundamental, os direitos fundamentais implícitos e os direitos constantes dos tratados de direitos humanos subscritos pelo Brasil, conforme cláusula de abertura material (art. 5º, § 2º), têm a capacidade de produzir efeitos, independentemente de regulamentação pelo legislador infraconstitucional.

Ademais, a aplicabilidade direta e imediata desses direitos está intimamente relacionada com a sua dimensão subjetiva, uma vez que o art. 5º,

---

55. CANOTILHO, José Joaquim Gomes. *Direito constitucional e teoria da Constituição.* 7. ed. Coimbra: Almedina, 2011, p. 410.

56. SARMENTO, Daniel. *Direitos fundamentais e relações privadas.* Rio de Janeiro: Lumen Juris, 2004, p. 136.

§ 1º, aliado às noções de *vinculatividade normativo-constitucional* e *justiciabilidade* dos direitos fundamentais, enseja a possibilidade de se extraírem direitos subjetivos diretamente da Constituição.

Outra faceta da aplicabilidade imediata diz respeito à função ou eficácia irradiante dos direitos e garantias fundamentais, decorrente da sua dimensão objetiva, uma vez que os poderes estatais, no exercício das atividades legislativas, executivas ou jurisdicionais, retiram diretamente da Constituição os fundamentos para a elaboração das leis, execução de programas e políticas públicas, bem como para a resolução de conflitos de interesses submetidos à sua apreciação.

Quanto à interpretação judicial, conforme lição de George Marmelstein, é possível afastar ou expandir a aplicação da lei, bem como decidir com base em valores extraídos diretamente da CF, haja vista que o Poder Judiciário também se encontra vinculado aos direitos fundamentais[57].

Convém observar, todavia, que a aplicabilidade imediata dos direitos e garantias fundamentais não afasta a necessidade de regulamentação infraconstitucional. Por outro lado, a ausência de integração legislativa não pode constituir um óbice à concretização e à efetividade desses direitos.

Trata-se do **princípio da máxima efetividade**, inerente a todas as normas constitucionais, no sentido de que os direitos fundamentais têm força jurídica especial e potencializada[58], devendo ser assegurada a sua eficácia e efetividade[59]. A atuação dos poderes estatais e da comunidade deve ser pautada, portanto, na máxima concretização dos direitos fundamentais.

Além disso, em decorrência da dimensão objetiva, os direitos fundamentais possuem uma multifuncionalidade, a saber: função de defesa, função de prestação e função de proteção. Nesse sentido, é possível que a norma constitucional possa ter aplicabilidade imediata em relação a alguma dessas funções, mas mediata em relação a outras[60].

---

57. MARMELSTEIN, George. *Curso de direitos fundamentais*. 7. ed. São Paulo: Atlas, 2018, p. 309.

58. Idem, ibidem, p. 312.

59. SARLET, Ingo Wolfgang; MARINONI, Luiz Guilherme; MITIDIERO, Daniel. *Curso de direito constitucional*. 7. ed. São Paulo: Saraiva, 2018, p. 229.

60. MARMELSTEIN, George. *Curso de direitos fundamentais*. 7. ed. São Paulo: Atlas, 2018, p. 311.

Em regra, as funções de defesa e de proteção não precisam de regulamentação legislativa para gerar efeitos imediatos. A função de prestação ou promoção, por sua vez, depende da atividade legislativa para ser plenamente realizada[61]. No entanto, cumpre destacar que até mesmo a função que, em princípio, não demanda uma integração normativa pode ter seu alcance ampliado ou plenamente realizado caso a regulamentação seja feita.

Como bem observa Virgílio Afonso da Silva, "todos os direitos fundamentais são restringíveis e todos os direitos fundamentais são regulamentáveis"[62], e a crença na eficácia plena[63] de algumas normas solidificou a ideia de que não é necessário nem possível regulamentar determinado direito, impossibilitando, em muitos casos, o desenvolvimento da completa eficácia da norma[64]. Ademais, a concepção de eficácia limitada das normas constitucionais ocasionou uma postura inerte

---

61. MARMELSTEIN, George. *Curso de direitos fundamentais*. 7. ed. São Paulo: Atlas, 2018, p. 312.

62. SILVA, Virgílio Afonso da. *Direitos fundamentais*: conteúdo essencial, restrições e eficácia. São Paulo: Malheiros, 2014, p. 255.

63. A classificação das normas constitucionais em normas de *eficácia plena*, *contida* e *limitada* proposta por José Afonso da Silva, na obra *Aplicabilidade das normas constitucionais*, tem sido revista e reformulada, em especial pela ideia de que todo direito fundamental é restringível e regulamentável. Nesse sentido, como bem observa Virgílio Afonso da Silva, "a distinção entre normas de eficácia plena e normas de eficácia contida foi colocada em xeque porque se baseia justamente na possibilidade ou impossibilidade de restrições". Dessa forma, como todos os direitos estão sujeitos a restrições, sejam de cunho legislativo, sejam as decorrentes do sopesamento feito pelo intérprete, não há falar em normas de eficácia plena, nem têm razão de existir como categoria autônoma as normas de eficácia contida. Além disso, também não subsiste a crença de que a norma pode produzir todos os seus efeitos sem as necessárias condições fáticas, jurídicas e institucionais para tanto, de modo que não se justifica a categoria das normas de eficácia limitada, pois todas elas são regulamentáveis. Assim, deve-se reconhecer o inegável mérito da classificação de José Afonso da Silva em romper com a concepção de norma constitucional despida de qualquer eficácia; contudo, deve-se ir além, possibilitando um maior desenvolvimento da eficácia dos direitos fundamentais (idem, ibidem, p. 254-255).

64. A título de exemplo, a liberdade de impressa, garantida por uma norma de eficácia plena, não impede que sejam formuladas ações que criem condições não apenas para uma imprensa livre, mas para uma imprensa livre, plural e democrática (idem, ibidem, p. 255).

dos operadores do direito ao "esperar por uma ação dos poderes políticos"[65], enquanto deveria haver um diálogo entre os poderes estatais e a comunidade voltado à materialização desses direitos.

Nesse contexto, os direitos fundamentais possuem aplicabilidade direta e imediata, gerando efeitos independentemente de qualquer regulamentação. Contudo, considerando a sua multifuncionalidade, para que as funções dos direitos fundamentais sejam realizadas em sua plenitude, revela-se importante a integração normativa, como forma de densificar o comando constitucional e garantir a máxima efetividade desses direitos.

1.3 DIREITOS FUNDAMENTAIS NAS RELAÇÕES DE TRABALHO

A CF/1988, fundada na cidadania (art. 1º, II), na dignidade da pessoa humana (art. 1º, III) e na valorização social do labor (art. 1º, IV), consagra o direito fundamental ao trabalho como seu núcleo ético-jurídico (arts. 6º e 7º) e pilar estruturante da ordem econômica (art. 170) e social (art. 193). Com efeito, tendo como base o primado do trabalho e da justiça social, a Constituição reconhece a centralidade do labor humano e a sua essencialidade na afirmação democrática.

Nesse sentido, além de consolidar o direito ao trabalho como um direito fundamental social, a Carta Magna reconhece o trabalho como princípio, fundamento e valor da ordem jurídico-cultural brasileira[66], integrando seu núcleo inexpugnável[67].

O tratamento constitucional especial conferido ao direito do trabalho também pode ser vislumbrado na enumeração de diversos direitos fundamentais do art. 7º ao art. 11, bem como na concretização dos princípios da progressividade e da vedação ao retrocesso social, a partir da expressão "além de outros que visem à melhoria de sua condição social", prevista no art. 7º, *caput*. Dessa forma, incorporando o princípio da progressividade dos direitos humanos, presente em diversos diplomas normativos interna-

---

65. SILVA, Virgílio Afonso da. *Direitos fundamentais*: conteúdo essencial, restrições e eficácia. São Paulo: Malheiros, 2014, p. 255-256.

66. DELGADO, Maurício Godinho. Direitos fundamentais na relação de trabalho. *Revista de Direitos e Garantias Fundamentais*, n. 2, p. 11-39, 2007.

67. DELGADO, Maurício Godinho. Constituição da República, Estado Democrático de Direito e direito do trabalho. *Revista de Direito do Trabalho*, RDT 147, p. 93-121, 2012.

cionais[68], a CF reconheceu expressamente a possibilidade de expansão e melhoria dos direitos juslaborais.

Nesse contexto, considerando a ampla proteção ao trabalho humano conferida pelo texto constitucional, os direitos fundamentais são plenamente aplicados às relações de trabalho. Destarte, podem ser identificados dois grupos: a) direitos fundamentais laborais específicos (indivíduo na condição de trabalhador); e b) direitos fundamentais laborais inespecíficos (indivíduo na condição de cidadão).

Os direitos fundamentais laborais específicos consistem em direitos de cunho trabalhista reconhecidos normativamente em nível constitucional, por exemplo, os direitos enumerados nos arts. 7º, 8º, 9º, 10 e 11 da Carta Magna. Por outro lado, os direitos fundamentais laborais inespecíficos são inerentes ao trabalhador na condição de pessoa e cidadão, como, *v.g.*, os direitos de personalidade, de liberdade de expressão, de liberdade religiosa, de proteção contra discriminação, entre outros[69].

Além dos direitos fundamentais laborais específicos ou inespecíficos previstos no Título II da CF/1988, com base na cláusula de abertura material dos direitos e garantias fundamentais, consolidada no art. 5º, § 2º, podem ser identificados direitos fundamentais aplicados às relações de trabalho em outras partes da Constituição, como, *v.g.*, o direito ao meio ambiente do trabalho saudável (arts. 200, VIII, e 225).

Em semelhante sentido, com base no art. 5º, § 2º, da CF/1988, também podem ser reconhecidos direitos fundamentais fora do texto constitucional. Nesse contexto, são reconhecidos e aplicados às relações laborais os direitos fundamentais implícitos e os direitos previstos em tratados internacionais sobre direitos humanos firmados pelo Estado brasileiro.

Para que um direito implícito seja considerado um direito fundamental, faz-se necessária a observância dos seguintes requisitos: a) decorra do regime e dos princípios constitucionais constantes no Título I da CF/1988; b) tenha sintonia com e equivalência aos direitos fundamentais elencados no Título II do diploma constitucional, devendo, para tanto, ser vislumbrados

---

68. Diversos diplomas normativos do sistema global, bem como do sistema regional interamericano, consagram o princípio da progressividade. A título exemplificativo, pode-se citar: Pacto Internacional dos Direitos Econômicos e Sociais (art. 2ª), Convenção Americana de Direitos Humanos (art. 26) e Protocolo de San Salvador (art. 1ª).

69. COSTA, Marcelo Freire Sampaio. *Eficácia dos direitos fundamentais entre particulares*: juízo de ponderação no processo do trabalho. São Paulo: LTr, 2010, p. 95.

os critérios da relevância e substância; e, por fim, c) esteja vinculado à dignidade da pessoa humana ou à limitação de poder.

Assim, a título de exemplo, pode ser identificado como um direito fundamental implícito laboral o *direito à desconexão*, pois decorre do regime democrático e dos princípios fundamentais, estando diretamente vinculado à dignidade da pessoa humana e à valorização social do trabalho, além de possuir alicerce na limitação razoável da duração do trabalho, no direito à saúde e no direito ao lazer.

Com relação aos direitos extraídos dos tratados internacionais de direitos humanos, convém destacar que são reconhecidos direitos juslaborais constantes de diversos diplomas normativos internacionais, tanto do sistema regional interamericano[70] quanto do sistema global[71], com especial destaque para as Convenções da OIT[72]. Com efeito, considerando o controle de convencionalidade[73], a observância dos direitos constantes de

---

70. A título de exemplo, pode-se citar: Convenção Americana de Direitos Humanos (1969), Protocolo de San Salvador (1998), Convenção Interamericana para Prevenir, Punir e Erradicar a Violência contra a Mulher (1994), Convenção Interamericana sobre o Tráfico Internacional de Menores (1994), Convenção de Guatemala (1999).

71. A título de exemplo, pode-se citar: Declaração Universal de Direitos Humanos (1948), Convenção Internacional sobre a Eliminação de Todas as Formas de Discriminação Racial (1965), Pacto Internacional dos Direitos Civis e Políticos (1966), Pacto Internacional dos Direitos Econômicos, Sociais e Culturais (1966), Convenção Internacional sobre a Eliminação de Todas as Formas de Discriminação contra a Mulher (1979), Convenção das Nações Unidas contra a Tortura (1984), Convenção sobre os Direitos da Criança (1989), Convenção Internacional sobre os Direitos das Pessoas com Deficiência (2006).

72. Declaração da Organização Internacional do Trabalho sobre Princípios e Direitos Fundamentais no Trabalho (1998), Convenção 29 da OIT (trabalho forçado ou obrigatório), Convenção 81 da OIT (inspeção do trabalho), Convenção 95 da OIT (proteção ao salário), Convenção 97 da OIT (trabalhadores migrantes), Convenção 98 da OIT (direito de sindicalização e negociação coletiva), Convenção 100 da OIT (igualdade de remuneração), Convenção 103 da OIT (proteção à maternidade), Convenção 105 da OIT (abolição do trabalho forçado), Convenção 111 da OIT (discriminação), Convenção 132 da OIT (férias), Convenção 135 da OIT (proteção de representantes dos trabalhadores), Convenção 137 da OIT (trabalho portuário), Convenção 138 da OIT (idade mínima), Convenção 151 da OIT (direito de sindicalização na administração pública), Convenção 154 da OIT (negociação coletiva), Convenção 155 da OIT (meio ambiente do trabalho), Convenção 169 da OIT (povos indígenas), Convenção 182 da OIT (proibição das piores formas de trabalho infantil), Convenção 189 da OIT (trabalho doméstico), entre outras.

73. "O controle de convencionalidade consiste no processo de compatibilização vertical (sobretudo *material*) das normas domésticas com os comandos encon-

acordos, convenções e tratados internacionais ganha essencial importância no ordenamento jurídico brasileiro.

Os direitos fundamentais nas relações de trabalho também devem ser compreendidos sob uma dupla perspectiva: dimensão subjetiva e dimensão objetiva. No que se refere à dimensão subjetiva, o trabalhador, na condição de titular dos direitos fundamentais, pode reivindicá-los judicialmente, independentemente de regulamentação legislativa da norma constitucional, tendo em vista a *vinculatividade normativo-constitucional* e a *justiciabilidade* desses direitos. O Poder Judiciário, portanto, assume um importante papel na efetivação dos direitos fundamentais nas relações de trabalho.

No que concerne à dimensão objetiva, os direitos fundamentais legitimam todo ordenamento jurídico, orientando a elaboração, interpretação e aplicação das normas juslaborais, além de irradiar sua eficácia nas relações de trabalho.

Nessa linha de intelecção, a multifuncionalidade dos direitos fundamentais, consubstanciada na função irradiante (eficácia irradiante), na função de defesa, na função de prestação e na função de proteção, também é vislumbrada nas relações de labor, "impondo ao Estado a necessidade de proteger o trabalho humano"[74].

No tocante à aplicação dos direitos fundamentais nas relações de trabalho, merece destaque a função de proteção, na medida em que o trabalhador, em razão da necessidade de manutenção do emprego, não pode contestar as condutas abusivas praticadas pelo empregador.

Assim, diante da assimetria ou do desequilíbrio das relações de labor, a função de proteção impõe aos órgãos estatais a obrigação de zelar pela proteção dos direitos fundamentais do ser humano trabalhador, não somente contra os poderes públicos, mas também contra agressões por parte de terceiros. De semelhante modo, impõe aos particulares a observância desses direitos nas relações de trabalho, haja vista a eficácia horizontal e diagonal dos direitos fundamentais.

O empregador detém o poder econômico, e, ao exercer os poderes diretivos, extrapola, em muitos casos, os limites de razoabilidade, violando

---

trados nas convenções internacionais de direitos humanos" (MAZZUOLI, Valerio de Oliveira. *Curso de direitos humanos*. Rio de Janeiro: Forense; São Paulo: Método, 2014, p. 207).

74. PAMPLONA FILHO, Rodolfo; WYZYKOWSKI, Adriana; BARROS, Renato da Costa Lino de Goes. *Assédio moral laboral e direitos fundamentais*. São Paulo: LTr, 2016, p. 108.

diversos direitos fundamentais do trabalhador. Necessitando daquele trabalho para seu sustento e de sua família, o empregado nada pode fazer para impedir as condutas abusivas patronais[75]. É nesse contexto que está inserido o assédio moral.

Dessa forma, considerando a força normativa e a aplicabilidade imediata dos direitos fundamentais, além da ampla proteção conferida pelo texto constitucional ao direito do trabalho e à aplicação dos direitos fundamentais nas relações de trabalho, esta obra analisará o assédio moral interpessoal e organizacional, fenômeno social abusivo que viola diversos direitos fundamentais do trabalhador.

---

75. PAMPLONA FILHO, Rodolfo; WYZYKOWSKI, Adriana; BARROS, Renato da Costa Lino de Goes. *Assédio moral laboral e direitos fundamentais*. São Paulo: LTr, 2016, p. 103.

2

Assédio Moral Laboral

A dignidade da pessoa humana garante que a vida, a integridade física e moral, assim como os outros direitos fundamentais do indivíduo trabalhador sejam respeitados e preservados em um meio ambiente laboral sadio e harmônico. O assédio moral surge, nesse contexto, como um grande óbice à concretização desses preceitos. Este capítulo objetiva estudar o assédio moral nas relações de trabalho, como forma de consolidar o embasamento teórico para o exame do assédio moral organizacional.

2.1 ASSÉDIO MORAL LABORAL: CONTORNOS CONCEITUAIS

O assédio moral é um fenômeno enraizado no mundo do trabalho desde os primórdios da sociedade. Entretanto, somente a partir da década de 1980 ampliaram-se as discussões e pesquisas acadêmicas, em especial por juristas, médicos, psicólogos e estudiosos da saúde do trabalhador.

A figura do assédio moral foi utilizada pela primeira vez na área da Biologia, mediante pesquisas realizadas por *Konrad Lorenz*, na década de 1960, acerca do comportamento de um grupo de animais de pequeno porte físico em face da ameaça de um único animal de grande porte[1]. Na sua obra *Sobre la agresión: el pretendido mal*, Konrad Lorenz aborda o instinto da agressão, comum entre os animais e os homens[2]. O comportamento adotado pelo grupo de animais, com intimidações e atitudes agressivas coletivas, principalmente fazendo de presa os animais que os ameaçam,

---

1. ÁVILA, Rosemari Pedrotti de. *As consequências do assédio moral no ambiente de trabalho*. São Paulo: LTr, 2009, p. 17.

2. Segundo Konrad Lorenz, "si uno pudiera ver sin prejuicios al hombre contemporáneo, en una mano la bomba de hidrógeno y en el corazón el instinto de agresión heredado de sus antepasados los antropoides, producto aquélla de su inteligencia e incontrolable éste por su razón, no le auguraría larga vida" (LORENZ, Konrad. *Sobre la agresión*: el pretendido mal. 8. ed. Madrid: Siglo XXI Editores, 2005, p. 60).

Konrad Lorenz denominou *mobbing*, traduzido por ele como *hostigamiento* ou *acosamiento*, que significa perseguição[3].

Posteriormente, na década de 1970, o médico sueco *Peter Paul Heinemann* utilizou os estudos de Lorenz para descrever o comportamento agressivo de crianças com relação a outras dentro das escolas. Para tanto, tomou emprestado da etologia a denominação *mobbing*, vocábulo inglês que significa maltratar, atacar, perseguir[4].

Na seara laboral, os estudos sobre assédio moral iniciaram-se com as investigações de *Heinz Leymann*, doutor em psicologia do trabalho, alemão, radicado na Suécia, que, em 1984, publicou um pequeno ensaio científico intitulado *National Board of Occupational Safety and Health in Stockholm* sobre as consequências do *mobbing* na esfera neuropsíquica de pessoas expostas a humilhações no ambiente de trabalho[5].

No Brasil, os debates em torno do assédio moral desenvolveram-se a partir de 2000, com a tradução do livro de *Marie-France Hirigoyen*, psiquiatra francesa, e com a defesa da dissertação de mestrado da médica *Margarida Barreto*, na área de psicologia social. Ressalte-se que, na época, o sítio eletrônico www.assediomoral.org.br, fundado em 2001, foi um importante marco no processo de divulgação e conscientização[6].

Na França, Marie-France Hirigoyen foi a primeira a denunciar o fenômeno do assédio moral no trabalho, por meio da obra *Assédio moral: a violência perversa no cotidiano*, que debate a questão a partir de casos reais[7]. Com a amplitude alcançada pela primeira obra, Hirigoyen publicou seu segundo livro, *Mal-estar no trabalho: redefinindo o assédio moral*, objetivando uma análise mais acurada sobre o assédio moral, redefinindo o seu

---

3. "Son sobre todo los animales que viven en sociedad los que doquiera lo encuentren atacan al animal de presa que los ameaza. Los ingleses llaman a eso *mobbing*, que se puede traducir por hostigamiento o, mejor, acosamiento. Aí se agrupan las cornejas y otras aves para acosar al buho, el gato o cualquier otro carnicero nocturno cuando lo ven de día" (LORENZ, Konrad. *Sobre la agresión*: el pretendido mal. 8. ed. Madrid: Siglo XXI Editores, 2005, p. 34).

4. CASTRO, Cláudio Roberto Carneiro de. *O que você precisa saber sobre o assédio moral nas relações de emprego*. São Paulo: LTr, 2012, p. 20.

5. GUEDES, Márcia Novaes. *Terror psicológico no trabalho*. São Paulo: LTr, 2003, p. 27.

6. SOBOLL, Lis Andréa Pereira. *Assédio moral/organizacional*: uma análise da organização do trabalho. São Paulo: Casa do Psicólogo, 2008, p. 18.

7. HIRIGOYEN, Marie-France. *Assédio moral*: a violência perversa no cotidiano. 6. ed. Rio de Janeiro: Bertrand Brasil, 2003.

conceito e apontando as diferenças entre o assédio moral e as outras formas de sofrimento no trabalho[8].

A primeira pesquisa sobre humilhações no trabalho foi realizada, no Brasil, por Margarida Maria Silveira Barreto, na defesa da dissertação de mestrado intitulada *Uma jornada de humilhações*, em 2000, que resultou na publicação do livro *Violência, saúde e trabalho: uma jornada de humilhações*, em 2006[9]. Sob o enfoque jurídico, o assédio moral laboral foi abordado pela primeira vez pela Juíza do Trabalho *Márcia Novaes Guedes*, em 2003, na obra *Terror psicológico no trabalho*, oriunda do trabalho monográfico *Abuso moral no trabalho*[10].

Nessa senda, a partir da análise da evolução histórica do termo "assédio moral", convém apresentar algumas conceituações fornecidas por pesquisadores e estudiosos do tema, para, em seguida, ser formulada uma proposta de conceituação.

De acordo com Heinz Leymann, primeiro pesquisador a abordar a temática no âmbito laboral, o terror psicológico ou *mobbing* no mundo do trabalho envolve a comunicação hostil e antiética, dirigida de forma sistemática por um ou alguns indivíduos, principalmente em direção a um indivíduo que, devido ao assédio moral, é empurrado para uma posição impotente e indefesa, realizada por meio de contínuas atividades assediadoras[11].

Na Itália, os estudos sobre assédio moral tiveram como um dos principais expoentes o psicólogo Harald Ege, para o qual se entende por *mobbing* uma forma de terror psicológico no trabalho, exercido por meio de comportamentos agressivos e perseguições repetidas, praticadas por colegas ou superiores. A vítima dessa verdadeira e própria perseguição vê-se marginalizada, caluniada e criticada, sendo compelida a pedir demissão ou a dar causa a uma despedida justificada[12].

---

8. HIRIGOYEN, Marie-France. *Mal-estar no trabalho*: redefinindo o assédio moral. Rio de Janeiro: Bertrand Brasil, 2002, p. 11.

9. ÁVILA, Rosemari Pedrotti de. *As consequências do assédio moral no ambiente de trabalho*. São Paulo: LTr, 2009, p. 18.

10. GUEDES, Márcia Novaes. *Terror psicológico no trabalho*. São Paulo: LTr, 2003, p. 17.

11. "Psychological terror or mobbing in working life involves hostile and unethical communication, which is directed in a systematic way by one or a few individuals mainly towards one individual who, due to mobbing, is pushed into a helpless and defenceless position, being held there by means of continuing mobbing activities" (LEYMANN, Heinz. The content and development of mobbing at work. *European Journal of Work and Organizational Psychology*, p. 168, 1996, tradução nossa).

12. "Con la parola Mobbing si intende una forma di terrore psicologico sul posto di lavoro, esercitata attraverso comportamenti aggressivi e vessatori ripetuti, da

Para o alemão Dieter Zapf, o *mobbing* é definido como uma grave forma de estresse social no trabalho. Ao contrário do estresse social normal, o *mobbing* é um longo e duradouro conflito, com ações assediadoras sistematicamente destinadas a uma pessoa-alvo[13].

Marie-France Hirigoyen conceitua o assédio moral como "qualquer conduta abusiva (gesto, palavra, comportamento, atitude...) que atente, por sua repetição ou sistematização, contra a dignidade ou integridade psíquica ou física de uma pessoa, ameaçando seu emprego ou degradando o clima de trabalho"[14].

Márcia Novaes Guedes, por sua vez, assinala que o assédio moral corresponde a "atitudes humilhantes, repetidas, que vão desde o isolamento, passam pela desqualificação profissional e terminam na fase de terror, em que se verifica a destruição psicológica da vítima"[15].

Rodolfo Pamplona Filho, Adriana Wyzykowski e Renato Barros conceituam o assédio moral como

> um conjunto de condutas abusivas e intencionais, reiteradas e prolongadas no tempo, que visam a exclusão de um empregado específico, ou de um grupo determinado destes, do ambiente de trabalho por meio do ataque à sua dignidade, podendo ser comprometidos, em decorrência de seu caráter multiofensivo, outros direitos fundamentais, a saber: o direito à integridade física e moral, o direito à intimidade, o direito ao tratamento não discriminatório, entre outros[16].

---

parte di colleghi o superiori. La vittima di queste vere e proprie persecuzioni si vede emarginata, calunniata, criticata: gli vengono affidati compiti dequalificanti, o viene spostata da un ufficio all'altro, o viene sistematicamente messa in ridicolo di fronte a clienti o superiori. Nei casi piú gravi si arriva anche al sabotaggio del lavoro e ad azioni illegali. Lo scopo di tali comportamenti può essere vario, ma sempre distruttivo: eliminare una persona divenuta in qualche modo 'scomoda', inducendola alle dimissioni volontarie o provocandone un motivato licenziamento" (EGE, Harald. *Mobbing*: che cos'è il terrore psicologico sul posto di lavoro. Disponível em: <http://www.proteo.rdbcub.it/article.php3?id_article=85>. Acesso em: 5 abr. 2013, tradução nossa).

13. "Mobbing is defined as a severe form of social stressors at work. Unlike 'normal' social stressors, mobbing is a long lasting, escalated conflict with frequent harassing actions systematically aimed at a target person" (ZAPF, Dieter. Organisational, work group related and personal causes of mobbing/bullying at work. *International Journal of Manpower*, v. 20, p. 70, 1999, tradução nossa).

14. HIRIGOYEN, Marie-France. *Mal-estar no trabalho*: redefinindo o assédio moral. Rio de Janeiro: Bertrand Brasil, 2002, p. 17.

15. GUEDES, Márcia Novaes. *Terror psicológico no trabalho*. São Paulo: LTr, 2003, p. 33.

16. PAMPLONA FILHO, Rodolfo; WYZYKOWSKI, Adriana; BARROS, Renato da Costa Lino de Goes. *Assédio moral laboral e direitos fundamentais*. São Paulo: LTr, 2016, p. 120.

Lis Soboll, por seu turno, entende por assédio moral

uma situação extrema de agressividade no trabalho, marcada por comportamentos ou omissões, repetitivos e duradouros. Tem como propósito destruir, prejudicar, anular ou excluir e é direcionado a alvos escolhidos (uma ou mais pessoas em especial). Caracteriza-se por sua natureza agressiva, processual, pessoal e mal-intencionada[17].

Nesse sentido, a partir das contribuições doutrinárias e acadêmicas, formula-se a seguinte proposta de conceituação: **assédio moral laboral é a tortura psicológica perpetrada por um conjunto de ações ou omissões, abusivas e intencionais, praticadas por meio de palavras, gestos e atitudes, de forma reiterada e prolongada, que atingem a dignidade, a integridade física e mental, além de outros direitos fundamentais do trabalhador, comprometendo o exercício do labor e, até mesmo, a convivência social e familiar.**

O assédio moral é conhecido como: *mobbing*, na Itália, Alemanha e países escandinavos; *bullying*, na Inglaterra; *harassment*, nos Estados Unidos; *harcélement moral*, na França; *ijime*, no Japão; *psicoterror laboral* ou *acoso moral*, na Espanha; terror psicológico, tortura psicológica ou assédio moral, no Brasil e em Portugal[18]. Em que pesem os referidos termos expressem o mesmo fenômeno, os estudiosos apontam algumas diferenças, em especial com relação aos vocábulos "assédio moral", "*mobbing*" e "*bullying*".

O termo "*mobbing*", como bem sublinha Marie-France Hirigoyen, provém do verbo inglês *to mob*, que significa maltratar, atacar, perseguir, sitiar. Já o substantivo *mob* corresponde a multidão, turba. Ademais, o vocábulo "*Mob*", com letra maiúscula, significa máfia em inglês. Nessa linha de intelecção, Hirigoyen assinala que a origem do termo mostra claramente que se trata de um fenômeno de grupo[19]. Ressalta, ainda, que o termo "*mobbing*" passou a ser utilizado na Alemanha depois das pesquisas do professor Dieter Zapf, da Universidade de Frankfurt, assim como na Itália, por intermédio do centro de pesquisas sobre estresse psicossocial e *mobbing*, dirigido pelo professor Harald Ege[20].

---

17. SOBOLL, Lis Andréa Pereira. *Assédio moral/organizacional*: uma análise da organização do trabalho. São Paulo: Casa do Psicólogo, 2008, p. 21.

18. ÁVILA, Rosemari Pedrotti de. *As consequências do assédio moral no ambiente de trabalho*. São Paulo: LTr, 2009, p. 19.

19. HIRIGOYEN, Marie-France. *Mal-estar no trabalho*: redefinindo o assédio moral. Rio de Janeiro: Bertrand Brasil, 2002, p. 77.

20. Idem, ibidem, p. 78.

O termo "*bullying*", por sua vez, difundido na Inglaterra, deriva do verbo inglês *to bully*, que significa tratar com desumanidade, com grosseria, bem como do substantivo *bully*, que denota uma pessoa grosseira e tirânica, que ataca os mais fracos[21]. Inicialmente, o termo "*bullying*" era empregado para descrever as humilhações que certas crianças ou grupo de crianças perpetravam a outras, estendendo-se, por conseguinte, para as atividades esportivas, vida familiar, idosos e, também, para o mundo do trabalho[22].

Nesse contexto, questiona-se qual a diferença entre o *mobbing* e o *bullying*. Para Dieter Zapf, o vocábulo "*bullying*" denota a agressão física perpetrada por uma única pessoa, principalmente por um supervisor. Já *mobbing* corresponde a um fenômeno de grupo[23]. Em outras palavras, o *bullying* descreve a perspectiva do agressor, em que a agressão é realizada por um único indivíduo, ao passo que o *mobbing* descreve a perspectiva da vítima, sendo praticado por um grupo[24]. Para Hirigoyen, o termo "*bullying*" apresenta uma acepção mais ampla do que o termo "*mobbing*", pois vai de chacotas e isolamento até condutas abusivas de conotação sexual ou agressões físicas, referindo-se, portanto, mais a ofensas individuais do que à violência organizacional[25].

Nesse diapasão, como bem sustenta Hirigoyen, mesmo não sendo idênticos, os termos "*mobbing*" e "*bullying*" são utilizados, na maioria das vezes, como sinônimos. Assim, o termo "assédio moral" figura como o mais adequado, tendo em vista que diz respeito a agressões mais sutis e, portanto, mais difíceis de caracterizar e provar, representando melhor os pequenos ataques ocultos e insidiosos tanto de um indivíduo como de um grupo contra uma ou várias pessoas, típicos dessas situações[26].

Destarte, para a consecução da presente obra, será utilizada a expressão "assédio moral", a partir da conceituação acima proposta,

---

21. HIRIGOYEN, Marie-France. *Mal-estar no trabalho*: redefinindo o assédio moral. Rio de Janeiro: Bertrand Brasil, 2002, p. 79.

22. Idem, ibidem.

23. ZAPF, Dieter. Organisational, work group related and personal causes of mobbing/bullying at work. *International Journal of Manpower*, v. 20, p. 70, 1999.

24. SOBOLL, Lis Andréa Pereira. *Assédio moral/organizacional*: uma análise da organização do trabalho. São Paulo: Casa do Psicólogo, 2008, p. 27-28.

25. HIRIGOYEN, Marie-France. *Mal-estar no trabalho*: redefinindo o assédio moral. Rio de Janeiro: Bertrand Brasil, 2002, p. 80.

26. Idem, ibidem, p. 85.

delimitando metodologicamente o seu alcance nas relações de emprego privadas.

2.2 ELEMENTOS CARACTERIZADORES

O assédio moral laboral, conforme conceituado, é a tortura psicológica perpetrada por um conjunto de ações ou omissões, abusivas e intencionais, praticadas por meio de palavras, gestos e atitudes, de forma reiterada e prolongada, que atingem a dignidade, a integridade física e mental, além de outros direitos fundamentais do trabalhador, comprometendo o exercício do labor e, até mesmo, a convivência social e familiar.

A partir do conceito proposto, podem ser extraídos os elementos caracterizadores do assédio moral, a saber: abusividade da conduta, intencionalidade, habitualidade e ataque à dignidade e aos direitos fundamentais do trabalhador.

2.2.1 Abusividade da conduta

O assédio moral pode ser caracterizado, incialmente, por um conjunto de comportamentos hostis, perpetrados por meio de ações ou omissões, marcados pela abusividade. A conduta abusiva, por sua vez, é a conduta que extrapola os limites do poder diretivo patronal, se emanada do superior hierárquico, ou os limites de uma convivência harmônica e sadia, se oriunda de colegas de trabalho, atingindo a dignidade e a integridade física e psíquica de uma pessoa, ameaçando o seu emprego ou degradando o meio ambiente laboral.

No que se refere ao assédio moral praticado entre superior e subordinado, a abusividade reside em atitudes, praticadas por meio de gestos, palavras ou comportamentos, que extrapolam os limites do direito potestativo do empregador, e que, por serem impróprias e insuportáveis, causam grave dano físico e psíquico à vítima.

O poder diretivo ou poder de comando, como assevera Luciano Martinez, é uma "prerrogativa dada ao empregador para exigir determinados comportamentos lícitos de seus empregados em vistas ao alcance de propósitos preestabelecidos"[27]. Para atingir determinada finalidade, o poder diretivo subdivide-se em poder de organização, poder de fiscalização e poder disciplinar.

---

27. MARTINEZ, Luciano. *Curso de direito do trabalho*: relações individuais, sindicais e coletivas do trabalho. 7. ed. São Paulo: Saraiva, 2016, p. 260.

O poder de organização permite ao empregador, dentro dos limites da lei, expedir diretrizes que orientem o modo como os serviços devem ser realizados, podendo estas, para tanto, serem positivas ou negativas, gerais ou específicas, diretas ou delegadas, verbais ou escritas, como os "Regulamentos Internos de Trabalho (RIT)"[28]. Segundo Ana Lúcia Coelho de Lima, o poder de organização consiste em prerrogativas dirigidas à estruturação dos espaços empresariais internos, inclusive quanto ao processo de trabalho adotado no estabelecimento, com especificações e orientações cotidianas no que tange à prestação de serviços, incluindo, neste, o poder regulamentar, que tem o condão de produzir cláusulas contratuais e estabelecer regras gerais a serem observadas no âmbito empresarial[29].

O poder de fiscalização, por sua vez, permite que o empregador, por meio de prepostos ou aparatos mecânicos ou eletrônicos, controle a execução dos serviços dos seus empregados. Por fim, em breves linhas, o poder disciplinar possibilita a imposição de sanções aos empregados diante do descumprimento das suas obrigações contratuais[30], devendo, contudo, ser exercido com boa-fé, com o escopo pedagógico de demonstrar que o trabalhador não deve cometer novamente a falta.

Os respectivos poderes, entretanto, não são absolutos, tendo em vista que se encontram limitados pelas normas internacionais ratificadas pelo Brasil, pela CF, pelas leis infraconstitucionais, pelas normas coletivas e pela boa-fé. Assim, qualquer conduta que extrapole os limites de razoabilidade dos referidos direitos potestativos do empregador será considerada abusiva, podendo ensejar, diante das peculiaridades do caso concreto, uma conduta moralmente assediadora.

No tocante ao assédio moral praticado entre colegas de trabalho ou, até mesmo, entre subordinado e superior hierárquico, devem ser observados, nesse mesmo diapasão, os limites de uma convivência harmônica e sadia no meio ambiente laboral, com o respeito à dignidade e aos direitos personalíssimos do outro.

As condutas abusivas, como bem salienta Márcia Guedes, são atitudes humilhantes que vão desde o isolamento, passando pela desqualificação profissional e terminam na destruição psicológica da vítima[31].

---

28. MARTINEZ, Luciano. *Curso de direito do trabalho*: relações individuais, sindicais e coletivas do trabalho. 7. ed. São Paulo: Saraiva, 2016, p. 260.

29. LIMA, Ana Lúcia Coelho de. *Dispensa discriminatória na perspectiva dos direitos fundamentais*. São Paulo: LTr, 2009, p. 60.

30. DELGADO, Maurício Godinho. *Curso de direito do trabalho*. São Paulo: LTr, 2017, p. 756.

31. GUEDES, Márcia Novaes. *Terror psicológico no trabalho*. São Paulo: LTr, 2003, p. 33.

Com efeito, Marie-France Hirigoyen agrupa as atitudes hostis em quatro categorias: a) deterioração proposital das condições de trabalho, criando situações para que a pessoa visada pareça incompetente; b) isolamento e recusa de comunicação, por meio de comportamentos como não cumprimentar e não olhar para a pessoa, que, em um primeiro momento, podem parecer insignificantes, mas que diariamente machucam cada vez mais; c) atentados contra a dignidade, por intermédio de frases ofensivas, zombarias, chacotas, insinuações desqualificativas ou críticas injuriosas; e d) violência verbal, física ou sexual[32].

Convém transcrever a lista de atitudes hostis apontada por Marie-France Hirigoyen:

1) **Deterioração proposital das condições de trabalho**

• Retirar da vítima a autonomia.
• Não lhe transmitir mais as informações úteis para a realização de tarefas.
• Contestar sistematicamente todas as suas decisões.
• Criticar seu trabalho de forma injusta ou exagerada.
• Privá-la do acesso aos instrumentos de trabalho: telefone, fax, computador...
• Retirar o trabalho que normalmente lhe compete.
• Dar-lhe permanentemente novas tarefas.
• Atribuir-lhe proposital e sistematicamente tarefas inferiores às suas competências.
• Atribuir-lhe proposital e sistematicamente tarefas superiores às suas competências.
• Pressioná-la para que não faça valer seus direitos (férias, horários, prêmios).
• Agir de modo a impedir que obtenha promoção.
• Atribuir à vítima, contra a vontade dela, trabalhos perigosos.
• Atribuir à vítima tarefas incompatíveis com sua saúde.
• Dar-lhe deliberadamente instruções impossíveis de executar.
• Não levar em conta recomendações de ordem médica indicadas pelo médico do trabalho.
• Induzir a vítima a erro.

2) **Isolamento e recusa de comunicação**

• A vítima é interrompida constantemente.
• Superiores hierárquicos ou colegas não dialogam com a vítima.
• A comunicação com ela é unicamente por escrito.
• Recusam todo contato com ela, mesmo o visual.
• É posta separada dos outros.
• Ignoram sua presença, dirigindo-se apenas aos outros.
• Proíbem os colegas de lhe falar.

---

32. HIRIGOYEN, Marie-France. *Mal-estar no trabalho*: redefinindo o assédio moral. Rio de Janeiro: Bertrand Brasil, 2002, p. 107-111.

- Já não a deixam falar com ninguém.
- A direção recusa qualquer pedido de entrevista.

3) Atentado contra a dignidade

- Utilizam insinuações desdenhosas para qualificá-la.
- Fazem gestos de desprezo diante dela (suspiros, olhares desdenhosos, levantar de ombros...).
- É desacreditada diante dos colegas, superiores ou subordinados.
- Espalham rumores a seu respeito.
- Atribuem-lhe problemas psicológicos (dizem que é doente mental).
- Zombam das suas deficiências físicas ou do seu aspecto físico; é imitada e caricaturada.
- Criticam sua vida privada.
- Zombam de suas origens ou de sua nacionalidade.
- Implicam com suas crenças religiosas ou convicções políticas.
- Atribuem-lhe tarefas humilhantes.
- É injuriada com termos obscenos ou degradantes.

4) Violência verbal, física ou sexual

- Ameaças de violência física.
- Agridem-na fisicamente, mesmo que de leve, é empurrada, fecham-lhe a porta na cara.
- Falam com ela aos gritos.
- Invadem sua vida privada com ligações telefônicas ou cartas.
- Seguem-na na rua, é espionada diante do domicílio.
- Fazem estragos em seu automóvel.
- É assediada ou agredida sexualmente (gestos ou propostas).
- Não levam em conta seus problemas de saúde[33].

Heinz Leymann, por sua vez, divide as atitudes hostis em cinco categorias, a saber: a) efeitos sobre a possibilidade de comunicação adequada; b) efeitos sobre a possibilidade de manutenção de contatos sociais; c) efeitos sobre a possibilidade de manutenção da reputação social; d) efeitos sobre a situação de trabalho; e e) efeitos sobre a saúde física, *in verbis*:

> 1. Efeitos sobre a possibilidade de comunicação adequada: as autoridades negam a possibilidade de comunicação da vítima; silenciam a vítima; fazem ataques verbais sobre a qualidade de seu trabalho; fazem ameaças verbais; boatos com o fim de isolá-la; etc.

---

33. HIRIGOYEN, Marie-France. *Mal-estar no trabalho*: redefinindo o assédio moral. Rio de Janeiro: Bertrand Brasil, 2002, p. 108-109.

2. Efeitos sobre a possibilidade de manutenção de contatos sociais: os colegas não falam com a vítima; as autoridades proíbem que falem com ele; a vítima é isolada em uma sala longe dos outros; a vítima é rejeitada; etc.

3. Efeitos sobre a possibilidade de manutenção da reputação social: são feitas fofocas sobre a vítima; a vítima é submetida a ridicularização; caçoam de alguma falta de habilidade; da sua herança étnica; da maneira de se movimentar ou falar; etc.

4. Efeitos sobre a situação de trabalho: não designam tarefas ou designam tarefas sem sentido; etc.

5. Efeitos sobre a saúde física: designam trabalhos perigosos; são feitas ameaças e ataques psicológicos; a vítima sofre assédio sexual; etc.[34].

Observa-se, ademais, que as referidas relações de atitudes e comportamentos não são exaustivas, servindo apenas de base para a identificação de condutas assediadoras. A cartilha elaborada pela Procuradoria Regional do Trabalho da 5ª Região elenca outras condutas características do assédio moral, quais sejam: bloquear o andamento do trabalho, atribuir erros imaginários ao trabalhador, fazer críticas ao trabalhador em público, impor horários injustificados e transferir o empregado de setor para isolá-lo[35].

Nesse contexto, a abusividade dos comportamentos, gestos ou palavras, seja pela deterioração proposital do meio ambiental de trabalho, seja por meio do isolamento da vítima ou, até mesmo, da violência verbal, sexual e física, caracteriza o assédio moral, atentando contra dignidade do trabalhador, dificultando seu convívio social e familiar, atingindo sua reputação pessoal ou, ainda, colocando em risco a sua própria saúde.

2.2.2 Intencionalidade

Outro elemento configurador do assédio moral é a intencionalidade, isto é, a intenção do agente em perpetrar a violência psicológica em determinado trabalhador ou grupo de trabalhadores. Como bem leciona Márcia Guedes, as razões de natureza pessoal podem ser a inveja ou, inclusive, as limitações intelectuais ou profissionais, mas existe ainda aquela espécie de assédio moral desencadeada pela própria empresa, que acredita nesse tipo de perversão, seja para aumentar a produção, seja para se livrar de empregados incômodos[36].

---

34. LEYMANN, Heinz. The content and development of mobbing at work. *European Journal of Work and Organizational Psychology*, p. 170, 1996, tradução livre.

35. MINISTÉRIO PÚBLICO DO TRABALHO. *Assédio moral*: sofrimento e humilhação no ambiente de trabalho (Cartilha). Salvador: PRT5, ASCOM, 2011.

36. GUEDES, Márcia Novaes. *Terror psicológico no trabalho*. São Paulo: LTr, 2003, p. 33.

Marie-France Hirigoyen, por seu turno, identifica dois tipos de intencionalidade: a *consciente*, na qual o assediador tem a vontade de fazer o mal; e a *inconsciente*, na qual o agressor, em que pese não queira fazer o mal, não consegue ficar sem ferir ou perseguir o trabalhador. Esse último caso é denominado por Hirigoyen compulsão à maldade[37].

Rodolfo Pamplona Filho, Adriana Wyzykowski e Renato Barros esclarecem que existem duas correntes que discutem o elemento da intencionalidade. A primeira, *corrente subjetiva*, considera a intenção do agente um elemento constitutivo do assédio moral; a segunda, *corrente objetiva*, considera a intenção um elemento acessório, prescindível, portanto, para a configuração do assédio moral[38]. A doutrina majoritária, contudo, filia-se à corrente subjetiva, corrente essa adotada nesta obra[39]. Não se pode deixar de registrar, contudo, o posicionamento adotado por Francisco Lima Filho, adepto da corrente objetiva, segundo o qual as intenções podem ter valia para a determinação do grau de culpa do sujeito ativo, mas não para a conceituação do fenômeno do assédio[40].

O objetivo dos comportamentos hostis, nessa linha de intelecção, é destruir o trabalhador, anular seus espaços de ação ou forçar um desligamento de um projeto, função ou, até mesmo, emprego[41].

Assim, o elemento da intencionalidade é fundamental para a caracterização do assédio moral, em especial porque as condutas dolosamente perpetradas pelo agressor objetivam degradar o ambiente de trabalho, humilhando e ofendendo a vítima, ou, em algumas hipóteses, constrangendo-a a abandonar o emprego. A intenção do agente pode residir, também, na incessante busca pelo lucro, pelo aumento da produtividade ou pelo cumprimento de metas, que, objetivando manter a vítima sob uma disciplina empresarial, acaba por gerar o assédio.

---

37. HIRIGOYEN, Marie-France. *Mal-estar no trabalho*: redefinindo o assédio moral. Rio de Janeiro: Bertrand Brasil, 2002, p. 64.

38. PAMPLONA FILHO, Rodolfo; WYZYKOWSKI, Adriana; BARROS, Renato da Costa Lino de Goes. *Assédio moral laboral e direitos fundamentais*. São Paulo: LTr, 2016, p. 122.

39. Nesse sentido, Marie-France Hirigoyen; Adriana Wyzykowski, Renato Barros e Rodolfo Pamplona Filho; Lis Andréa Pereira Soboll; Candy Florencio Thome; Rosemari Ávila; Márcia Novaes Guedes; Cláudio Roberto de Castro, entre outros.

40. LIMA FILHO, Francisco das Chagas. *O assédio moral nas relações laborais e a tutela da dignidade humana do trabalhador*. São Paulo: LTr, 2009, p. 63.

41. SOBOLL, Lis Andréa Pereira. Assédio moral no Brasil: a ampliação conceitual e suas repercussões. In: SOBOLL, Lis Andréa Pereira (org.). *Violência psicológica no trabalho e assédio moral*. São Paulo: Casa do Psicólogo, 2008, p. 34.

2.2.3 Habitualidade

As condutas moralmente assediadoras caracterizam-se, também, pela habitualidade, ou seja, pela sua reiteração e prolongamento no tempo. Em outras palavras, para a conformação do assédio moral, a violência psicológica deve ser regular, sistemática e perdurar no tempo. A reiteração consiste na repetição de determinada conduta ou determinadas práticas em relação a um ou alguns trabalhadores. O prolongamento, por sua vez, consiste na extensão e continuação dos ataques psicológicos ao longo do tempo.

Questiona-se, por outro lado, qual seria o período necessário para a configuração do assédio moral, isto é, qual seria a frequência necessária para a caracterização do assédio. Heinz Leymann sublinha que, para que o comportamento hostil seja considerado *mobbing*, faz-se mister que os ataques se verifiquem frequentemente, quase todos os dias, e com duração de, pelo menos, seis meses[42]. Entretanto, Hirigoyen critica o referido limite temporal, arguindo que não se pode apurar qualquer dado a respeito da frequência em uma população geral de trabalhadores, principalmente diante da gravidade de alguns casos de assédio moral[43].

O que deve ser observado, em verdade, é a prática dos atos agressivos de forma continuada, em certo espaço de tempo, uma vez que a destruição psicológica e moral do trabalhador e a sua exclusão do âmbito laboral dependem das peculiaridades do assédio perpetrado, podendo, nesse ínterim, acontecer em menos ou mais de seis meses[44].

Adota-se nesta obra a posição defendida por Marie-France Hirigoyen, no sentido de que não é possível fixar um limite de frequência e duração para a caracterização do assédio moral. O que se deve levar em conta é o prolongamento e a continuidade das condutas abusivas.

2.2.4 Ataque à dignidade e aos direitos fundamentais do trabalhador

A CF/1988, no seu art. 1º, III e IV, consagra a dignidade da pessoa humana e os valores sociais do trabalho como fundamentos da República Federativa do Brasil.

---

42. LEYMANN, Heinz. Mobbing and psychological terror at workplaces. *Violence and Victims*, v. 5, n. 2, p. 120, 1990.

43. HIRIGOYEN, Marie-France. *Mal-estar no trabalho*: redefinindo o assédio moral. Rio de Janeiro: Bertrand Brasil, 2002, p. 117.

44. LIMA FILHO, Francisco das Chagas. *O assédio moral nas relações laborais e a tutela da dignidade humana do trabalhador*. São Paulo: LTr, 2009, p. 57.

A dignidade da pessoa humana, consoante lição de Ricardo Maurício Freire Soares, é o princípio ético-jurídico que importa o reconhecimento e a tutela de um espaço de integridade físico-moral a ser assegurado a todas as pessoas por sua existência ontológica no mundo, que impede toda e qualquer forma de degradação, aviltamento ou coisificação da condição humana[45]. Os valores sociais do trabalho, por sua vez, constituem a fonte de realização material, moral e espiritual do trabalhador, impedindo que o trabalho seja assumido friamente como mero fator produtivo[46].

É nesse contexto que emerge a dignidade da pessoa humana do trabalhador, que implica o reconhecimento de um espaço de integridade físico-moral a ser assegurado ao empregado, como também a garantia dos seus direitos fundamentais e a proteção e salvaguarda de um meio ambiente laboral sadio.

O assédio moral, dessa forma, agride gravemente a dignidade e a integridade física e mental do trabalhador, além de violar outros direitos fundamentais, entre os quais se destacam: o direito ao trabalho; o direito à imagem, vida privada, intimidade e honra; o direito ao meio ambiente de trabalho saudável e seguro; o direito à igualdade nas relações de emprego, direito esse, inclusive, que impede a prática de atitudes discriminatórias; o direito à saúde; o direito ao lazer; o direito à liberdade de manifestação do pensamento; o direito à liberdade religiosa; e o direito à liberdade de associação profissional ou sindical.

Nesse sentido, Francisco Lima Filho aponta o caráter pluriofensivo do assédio moral, tendo em vista que as condutas hostis e assediadoras não afetam apenas a dignidade e o direito ao trabalho da vítima, mas também o seu direito à saúde, o que inclui a saúde psíquica e mental[47]. Complementa aduzindo que uma das principais consequências é a perda do emprego da vítima, seja porque é efetivamente despedida, seja porque em razão dos maus-tratos torna-se uma pessoa doente e, portanto, incapaz, ou, ainda, por não suportar as agressões, termina pedindo demissão, fatos esses que reafirmam a natureza pluriofensiva do assédio moral[48].

---

45. SOARES, Ricardo Maurício Freire. *O princípio constitucional da dignidade da pessoa humana*. São Paulo: Saraiva, 2010, p. 128.

46. SILVA NETO, Manoel Jorge. *Curso de direito constitucional*. 8. ed. São Paulo: Saraiva, 2013.

47. LIMA FILHO, Francisco das Chagas. *O assédio moral nas relações laborais e a tutela da dignidade humana do trabalhador*. São Paulo: LTr, 2009, p. 59.

48. Idem, ibidem, p. 58.

Assim, considerando o caráter multiofensivo do assédio moral, infere-se que as condutas abusivas e intencionais assediadoras atingem a dignidade e a integridade do trabalhador, além de outros direitos fundamentais.

2.2.5 Dano físico-psíquico?

Devem ser tecidas, por fim, breves considerações acerca do dano psíquico emocional. Existem duas correntes que discutem o enquadramento do dano como elemento constitutivo do assédio moral. A primeira corrente entende que é necessária a ocorrência do dano à integridade moral para a configuração do assédio. A segunda, por outro lado, entende que para a conformação do assédio moral basta que exista uma violência psíquica que atente contra a dignidade do trabalhador[49].

Rodolfo Pamplona Filho, Adriana Wyzykowski e Renato Barros filiam-se à segunda corrente doutrinária, tendo em vista que a agressão moral decorrente do processo de assédio resta configurada pela conduta continuada e violadora da dignidade do trabalhador, e não por eventual dano psíquico dele decorrente[50]. Nesse mesmo sentido, Candy Florencio pondera que os atos devem causar uma degradação das condições de trabalho, não havendo a necessidade de prova direta do dano físico-psíquico[51].

Faz-se mister destacar que a lesão à dignidade e à saúde do trabalhador, por si só, já enseja a necessidade de reparação pelos prejuízos morais sofridos. É o chamado dano moral *in re ipsa*, que consiste no dano derivado do próprio fato ofensivo, independentemente da comprovação dos prejuízos.

Destarte, o assédio moral viola gravemente a dignidade e os direitos fundamentais dos trabalhadores, não necessitando, para sua configuração, da prova do dano físico-psíquico, mas tão somente da abusividade e intencionalidade das ações ou omissões perpetradas, desde que exista a repetição e o prolongamento dessas condutas em determinado lapso temporal.

---

49. CALLEJO, José Maria Garcia. *Protección jurídica contra el acoso moral en el trabajo o la tutela de la dignidad del trabajador*. Madrid: Federación de Servicios Públicos de Madrid, 2004, p. 66.

50. PAMPLONA FILHO, Rodolfo; WYZYKOWSKI, Adriana; BARROS, Renato da Costa Lino de Goes. *Assédio moral laboral e direitos fundamentais*. São Paulo: LTr, 2016, p. 129.

51. THOME, Candy Florencio. *O assédio moral nas relações de emprego*. São Paulo: LTr, 2008, p. 35.

2.3 TIPOLOGIA DO ASSÉDIO MORAL

O assédio moral pode ser exercido sobre qualquer trabalhador, independentemente do seu grau hierárquico na organização laboral. Nesse sentido, o presente tópico objetiva examinar os diversos tipos de assédio moral nas relações de emprego, apontando suas principais características e implicações.

2.3.1 Assédio moral vertical

O assédio moral vertical é o terror psicológico perpetrado por intermédio de um conjunto de condutas abusivas e intencionais praticadas por uma ou mais pessoas com grau hierárquico superior ou inferior ao da vítima. O assédio moral vertical pode ser ascendente ou descendente.

2.3.1.1 Assédio moral vertical descendente

O assédio moral praticado por agente de grau hierárquico superior ao da vítima é denominado assédio moral descendente. Esse é o tipo de assédio moral mais comum na sociedade, traduzindo-se, na maioria das vezes, pela violência psicológica praticada pelo chefe. Nesse sentido, Márcia Guedes explica que, na terminologia anglo-saxônica, o assédio moral vertical descendente é conhecido como "*bossing*", termo introduzido na Psicologia por *Brinkmann*, em 1955, que significa "uma ação executada pela direção de pessoal da empresa para com aqueles empregados considerados incômodos"[52].

Marie-France Hirigoyen, embora critique essa classificação pela rigidez, aponta os diversos subgrupos oriundos da hierarquia, quais sejam: a) *assédio perverso*, praticado para eliminar o outro e, até mesmo, valorizar o próprio poder; b) *assédio estratégico*, que objetiva forçar o empregado a pedir demissão, reduzindo-se, assim, os custos da despedida; c) *assédio institucional*, que corresponde ao instrumento de gestão do conjunto de pessoal[53]. Esse último subgrupo do assédio moral vertical descendente é denominado também assédio organizacional, objeto de posterior estudo.

Impera, nesse âmago, uma relação de assimetria de poder entre o assediador e a vítima, uma vez que esta se encontra em uma situação de subordinação, ao passo que o assediador se vale da sua superioridade hierárquica para praticar condutas assediadoras sobre a vítima. Esta, por

---

52. GUEDES, Márcia Novaes. *Terror psicológico no trabalho*. São Paulo: LTr, 2003, p. 36.
53. HIRIGOYEN, Marie-France. *Mal-estar no trabalho*: redefinindo o assédio moral. Rio de Janeiro: Bertrand Brasil, 2002, p. 112.

outro lado, pelo temor de perder o emprego e pela própria relação de dependência, dificilmente consegue se desvencilhar da respectiva situação[54].

Além disso, no assédio moral vertical descendente geralmente o agressor não precisa se associar com outras pessoas, haja vista que a sua posição hierárquica já é suficiente para perpetrar as condutas assediadoras[55].

Dessa forma, em decorrência da subordinação jurídica, da assimetria de poder e da dependência econômica do trabalhador, essa modalidade de assédio moral é a mais praticada e observada na sociedade brasileira.

2.3.1.2 Assédio moral vertical ascendente

O assédio moral vertical ascendente corresponde à violência psicológica exercida por um ou vários subordinados contra um superior hierárquico. Essa é uma modalidade bem rara e de difícil configuração.

O assédio ascendente geralmente é ocasionado nas situações em que um colega é promovido sem a consulta dos demais ou quando a promoção implica um cargo de chefia que o promovido, na visão dos subordinados, não tem condições de desempenhar[56]. Outra hipótese de visualização dessa modalidade assediadora ocorre nos casos de inserção de alguma pessoa de fora, para exercer um cargo de hierarquia superior na empresa, cujos métodos não são aceitos pelos trabalhadores que se encontram em seu comando ou cujo cargo é desejado por algum ou alguns deles[57].

Nesse tipo de assédio, geralmente, a vítima tende a sofrer em silêncio, principalmente porque o superior hierárquico, mesmo ferido em sua autoestima, evita levar o problema para o proprietário da empresa, temendo ser considerado incompetente para o cargo de chefia[58]. Marie-France Hirigoyen pontua que nos casos de assédio moral ascendente a vítima não sabe para onde se dirigir a fim de se defender, haja vista que não pode recorrer ao sindicato nem à Justiça[59], muito menos ao seu superior hie-

---

54. CASTRO, Cláudio Roberto Carneiro de. *O que você precisa saber sobre o assédio moral nas relações de emprego*. São Paulo: LTr, 2012, p. 54.

55. Idem, ibidem.

56. GUEDES, Márcia Novaes. *Terror psicológico no trabalho*. São Paulo: LTr, 2003, p. 37-38.

57. ÁVILA, Rosemari Pedrotti de. *As consequências do assédio moral no ambiente de trabalho*. São Paulo: LTr, 2009, p. 35.

58. ALKIMIN, Maria Aparecida. *Assédio moral na relação de trabalho*. Curitiba: Juruá, 2009, p. 65.

59. HIRIGOYEN, Marie-France. *Mal-estar no trabalho*: redefinindo o assédio moral. Rio de Janeiro: Bertrand Brasil, 2002, p. 114-115.

rárquico ou proprietário da empresa, pois, como visto, teme perder o cargo de chefia.

Dessa forma, em que pese o assédio moral vertical ascendente não ser habitualmente verificado, ele também agride a dignidade e a integridade física e mental do indivíduo, não devendo ser praticado.

2.3.2 Assédio moral horizontal

O assédio moral horizontal é violência psicológica praticada entre colegas do mesmo nível hierárquico. A motivação dessa modalidade de assédio, consoante lição de Maria Aparecida Alkimin, pode residir: a) nos conflitos interpessoais ocasionados por razões de cunho pessoal, tais como atributos pessoais, profissionais, capacidade, dificuldade de relacionamento, falta de cooperação, destaque junto à chefia, discriminação sexual, entre outros; b) na competitividade ou rivalidade para alcançar destaque, manter-se ou disputar cargo, assim como para obter promoção[60].

Outro exemplo de assédio moral horizontal diz respeito ao sistema de pagamento por produtividade coletiva. Isso porque essa forma de sistema de pagamento, como esclarece Candy Florencio Thome, faz com que um empregado vigie o trabalho de seu colega, na medida em que seu salário dependerá do desempenho dos demais, fazendo com que os mais lentos, mais inexperientes ou, até mesmo, mais meticulosos sejam discriminados pelos outros empregados[61].

Os atos mais frequentes de assédio horizontal são brincadeiras maldosas, apelidos depreciativos, piadas, grosserias, gestos obscenos, isolamentos, podendo-se citar, a título de exemplo, as seguintes condutas: deixar o assediado sozinho no momento das refeições; não convidar a vítima para festas e comemorações; não dirigir a palavra ao assediado ou interromper suas falas, fazendo-o sentir cada vez mais excluído do convívio sociolaboral.

2.3.3 Assédio moral misto

O assédio moral misto, isto é, horizontal e vertical ao mesmo tempo, caracteriza-se pela coexistência entre o assédio moral horizontal, praticado por colegas de mesmo nível hierárquico, e o assédio moral vertical, haja

---

60. ALKIMIN, Maria Aparecida. *Assédio moral na relação de trabalho*. Curitiba: Juruá, 2009, p. 64.

61. THOME, Candy Florencio. *O assédio moral nas relações de emprego*. São Paulo: LTr, 2008, p. 56.

vista que o superior hierárquico pode participar ou incentivar as condutas agressivas ou, por outro lado, nada fazer para combater aquela situação.

Observa-se, assim, que o empregador pode participar ativamente desde o início ou tornar-se parte em consequência da sua omissão[62]. Com efeito, diante da omissão da chefia, omissão essa que perpetua aqueles atos assediadores, o empregador acaba por se tornar um cúmplice[63].

Nessa esteira, o assédio moral misto exige a presença de pelo menos três sujeitos, a saber: o assediador vertical, o assediador horizontal e a vítima. Verifica-se, desse modo, que o assediado é atingido por colegas e superiores hierárquicos, fato que torna o meio ambiente laboral insuportável, atingindo gravemente a dignidade e a integridade do trabalhador, que, na maioria das vezes, não resiste a essa situação.

2.4 VIOLÊNCIAS PSICOLÓGICAS RELACIONADAS AO TRABALHO QUE NÃO CONFIGURAM ASSÉDIO MORAL

A violência psicológica relacionada ao trabalho tem sido tratada como uma nova ameaça ocupacional, que se diferencia devido à invisibilidade, por ser um tipo de violência, como bem explicita Lis Soboll, sem sangue, que, por sua vez, não deixa mãos sujas[64]. O conceito de violência psicológica, descrito no art. 7º da Lei Maria da Penha, esclarece alguns aspectos centrais. Convém transcrevê-lo:

> Qualquer conduta que lhe cause dano emocional e diminuição da autoestima ou que lhe prejudique e perturbe o pleno desenvolvimento ou que vise degradar ou controlar suas ações, comportamentos, crenças e decisões, mediante ameaça, constrangimento, humilhação, manipulação, isolamento, vigilância constante, perseguição contumaz, insulto, chantagem, ridicularização, exploração e limitação do direito de ir e vir ou qualquer outro meio que lhe cause prejuízo à saúde psicológica e à autodeterminação[65].

---

62. PACHECO, Mago Graciano de Rocha. *O assédio moral no trabalho*: o elo mais fraco. Coimbra: Almedina, 2007, p. 162.

63. HIRIGOYEN, Marie-France. *Mal-estar no trabalho*: redefinindo o assédio moral. Rio de Janeiro: Bertrand Brasil, 2002, p. 114.

64. SOBOLL, Lis Andréa Pereira. *Assédio moral/organizacional*: uma análise da organização do trabalho. São Paulo: Casa do Psicólogo, 2008, p. 139.

65. BRASIL. Lei n. 11.340, de 7 de agosto de 2006. Cria mecanismos para coibir a violência doméstica e familiar contra a mulher, nos termos do § 8º do art. 226 da Constituição Federal, da Convenção sobre a Eliminação de Todas as Formas de Discriminação contra as Mulheres e da Convenção Interamericana para Prevenir,

O referido conceito pode ser transportado para a seara laboral. Assim, consoante lição de Lis Soboll, o termo "violência psicológica" "destina-se a nomear as agressões que se concretizam por comportamentos, palavras, gestos, atitudes, expressões faciais e olhares, que visam perpetuar fatos e situações intensas de força desproporcional", ao passo que a *violência psicológica no trabalho* pode ser descrita como "um conjunto de comportamentos que ofende e humilha, uma vez que é constituída de atos ou processos agressivos, os quais transgridem as regras que garantem a harmonia e o convívio social no contexto do trabalho"[66].

A referida autora assinala, ainda, que o termo "violência psicológica" é assim denominado pela natureza da violência, e não por repercutir na saúde mental, tendo em vista que a violência não física pode afetar tanto a saúde física como a mental do indivíduo[67].

Ademais, consoante lição de Margarida Barreto e Roberto Heloani:

> A violência psicológica pode ser tão ou mais destrutiva que a de natureza física, pois ela não só fere o corpo, mas deixa marcas na memória afetiva, são microtraumas que dependem da intensidade do ato; todo corpo cedo ou mais tarde sente o sofrimento que lhe foi imposto sob a forma de constrangimentos e humilhações, sem deixar marcas aparentes, porém hematomas na alma. Simultaneamente, atinge a mente desfigurando e reafirmando a memória dos fatos vividos de forma repetitiva que se manifestam em *flashbacks* ante qualquer cena que recorde o sucedido, vivenciado ou presenciado[68].

Nesse cerne, a violência psicológica no trabalho manifesta-se por mecanismos explícitos ou sutis, permeados de abusos, maus-tratos, isolamento, perseguição, humilhação, intimidação, manipulação, ameaças, contradições, constrangimentos ou pressões exageradas, podendo prejudicar tanto a saúde física quanto a psicológica do trabalhador[69].

Punir e Erradicar a Violência contra a Mulher; dispõe sobre a criação dos Juizados de Violência Doméstica e Familiar contra a Mulher; altera o Código de Processo Penal, o Código Penal e a Lei de Execução Penal; e dá outras providências. *Diário Oficial [da] República Federativa do Brasil*. Brasília, DF. Disponível em: <http://www.planalto.gov.br/ccivil_03/_ato2004-2006/2006/lei/l11340.htm>. Acesso em: 13 abr. 2014.

66. SOBOLL, Lis Andréa Pereira. *Assédio moral/organizacional*: uma análise da organização do trabalho. São Paulo: Casa do Psicólogo, 2008, p. 140-141.

67. Idem, ibidem.

68. HELOANI, Roberto; BARRETO, Margarida. *Assédio moral*: gestão por humilhação. Curitiba: Juruá, 2018, p. 28.

69. SOBOLL, Lis Andréa Pereira. *Assédio moral/organizacional*: uma análise da organização do trabalho. São Paulo: Casa do Psicólogo, 2008, p. 142.

Lis Soboll identifica, ademais, três indicadores da violência psicológica no trabalho, a saber: a) abuso de poder nas relações (dimensão política); b) apresentação de comportamentos inadequados em relação às regras de convívio social (dimensão social); c) ocorrência de consequências na saúde e na vida do trabalhador (dimensão da saúde)[70]. No entanto, conquanto vários comportamentos possam ser englobados no conceito de violência psicológica no trabalho, parte deles não configura assédio moral, por exemplo: humilhações, discriminações, agressões pontuais, gestão por injúria. O assédio moral, assim como o assédio moral organizacional, corresponde a um tipo específico e grave da violência psicológica no trabalho, não abarcando, contudo, a sua totalidade.

Marie-France Hirigoyen, logo nos primeiros capítulos do seu livro *Mal-estar no trabalho: redefinindo o assédio moral*, esclarece "o que não é assédio". Existem violências psicológicas no trabalho que apresentam muitas similitudes, mas que não configuram assédio moral. Dessa forma, faz-se mister abordar algumas dessas violências, identificando os traços e elementos diferenciadores.

2.4.1 Estresse e *burn-out*

O estresse é um estado de tensão decorrente de vários fatores, como as sobrecargas, más condições de trabalho ou, até mesmo, o receio diante de novos desafios profissionais, que fazem com que o indivíduo se sinta pressionado e ansioso, perdendo, muitas vezes, a paciência[71].

O termo "estresse" teve origem nas ciências físicas no século XVIII e significa um estado de tensão de um sistema, induzido por forças externas. *Hans Selye*, a partir de 1950, utilizou o vocábulo "estresse" para descrever uma resposta fisiológica estruturada com a função defensiva do organismo vivo contra o ambiente, identificando três fases: a) fase do alarme, quando o organismo percebe um estímulo estressor, prepara-se fisiológica e psicologicamente para lutar ou fugir dele; b) fase de resistência, quando o estímulo é de grande intensidade ou persistente, forçando o organismo a restabelecer o equilíbrio, além de ocasionar os primeiros sinais de desgaste; c) fase da exaustão ou esgotamento, aparece quando a resis-

---

70. SOBOLL, Lis Andréa Pereira. *Assédio moral/organizacional*: uma análise da organização do trabalho. São Paulo: Casa do Psicólogo, 2008, p. 144-145.

71. PAMPLONA FILHO, Rodolfo; WYZYKOWSKI, Adriana; BARROS, Renato da Costa Lino de Goes. *Assédio moral laboral e direitos fundamentais*. São Paulo: LTr, 2016, p. 141.

tência não é suficiente para superar o desgaste. Essa fase é acompanhada de graves lesões na saúde física e psicológica do indivíduo[72].

Alguns fatores podem desencadear o estresse laboral, quais sejam: ritmo de trabalho elevado; trabalho monótono ou repetitivo; assédio sexual; violência física, intimidações ou represálias; ausência de participação nos processos de decisão na organização da empresa; entre outros[73].

Por outro lado, o estresse decorrente do trabalho excessivo, ocasionado por pressões e exagero de tarefas múltiplas e repetitivas, pode levar o trabalhador a uma situação de depressão por esgotamento, também conhecida como *burn-out*[74].

A síndrome do *burn-out*, como bem preleciona Francisco Lima Filho, é caracterizada por um esgotamento emocional que acarreta sentimentos de fracasso e baixa autoestima, que, com o tempo, pode ocasionar o aparecimento de exaustão, alterações no sono e problemas gastrointestinais[75]. Não se pode deixar de destacar que o *burn-out* representa o nível máximo de estresse e tem diagnóstico difícil, em virtude do quadro de depressão que geralmente acomete os portadores dessa síndrome[76].

Desse modo, convém identificar as diferenças entre o assédio moral, o estresse e o *burn-out*. Como pontua Marie-France Hirigoyen, com os trabalhadores estressados, o repouso é reparador, e melhores condições de trabalho permitem recomeçar. Já nos trabalhadores vitimados por assédio, a vergonha e a humilhação persistem ao longo do tempo[77]. Por outro lado, o estresse pode ser uma fase do assédio moral ou, inclusive, a sua consequência.

Além disso, o estresse só se torna destruidor pelo excesso, ocasionando, como visto, a síndrome do *burn-out*, ao passo que o assédio moral

---

72. SELYE, 1974, *apud* SOBOLL, Lis Andrea Pereira; EBERLE, André Davi *et al.* Situações distintas do assédio moral. In: SOBOLL, Lis Andrea Pereira; GOSDAL, Thereza Cristina. *Assédio moral interpessoal e organizacional*. São Paulo: LTr, 2009, p. 46.

73. LIMA FILHO, Francisco das Chagas. *O assédio moral nas relações laborais e a tutela da dignidade humana do trabalhador*. São Paulo: LTr, 2009, p. 80.

74. HIRIGOYEN, Marie-France. *Mal-estar no trabalho*: redefinindo o assédio moral. Rio de Janeiro: Bertrand Brasil, 2002, p. 20.

75. LIMA FILHO, Francisco das Chagas. *O assédio moral nas relações laborais e a tutela da dignidade humana do trabalhador*. São Paulo: LTr, 2009, p. 73.

76. Idem, ibidem.

77. HIRIGOYEN, Marie-France. *Mal-estar no trabalho*: redefinindo o assédio moral. Rio de Janeiro: Bertrand Brasil, 2002, p. 23.

por si só é destruidor. Outra distinção relaciona-se com o fato de que no estresse, diferentemente do assédio moral, não existe intencionalidade maldosa. No assédio moral, o alvo é o próprio indivíduo, existindo um interesse mais ou menos consciente em prejudicá-lo[78]. Releva ressaltar que, se o estresse vier acompanhado da intenção de assediar moralmente, por meio de condutas hostis, reiteradas e prolongadas, restará evidenciado o assédio moral.

Dessa forma, no tocante aos traços distintivos entre assédio moral, estresse e *burn-out*, devem ser levantadas as seguintes conclusões: a) o estresse consiste na tensão ocasionada por diversos fatores, como sobrecarga e más condições de trabalho; b) o *burn-out*, por sua vez, corresponde ao nível máximo do estresse, ocasionando o esgotamento e a exaustão do trabalhador; c) o repouso e melhores condições de trabalho podem recompor o trabalhador acometido por estresse; d) o estresse pode ser uma fase ou uma consequência do assédio moral; e) o assédio moral, no entanto, é mais grave que o estresse, sendo destruidor por si só; f) o estresse geralmente é nocivo quando atinge seu nível máximo, qual seja, o *burn-out*; g) a intencionalidade é o principal marco diferenciador entre o assédio moral, o estresse e o *burn-out*, tendo em vista que a intenção maldosa, consciente ou inconsciente, somente constitui elemento caracterizador do assédio moral.

2.4.2 Gestão por injúria

A gestão por injúria é o tipo de comportamento despótico de certos profissionais despreparados, que submetem os empregados a terríveis pressões, tratando-os com violência e desrespeito, por meio de injúrias e insultos[79]. Assim, na gestão por injúria a ofensa é explícita, sendo notada por todos, enquanto no assédio moral os procedimentos são velados. Marie-France Hirigoyen complementa assinalando que todos os empregados, sem distinção, são atingidos na gestão por injúria[80].

Observa-se que nessa situação de ataque coletivo existe uma solidariedade e cooperação entre os trabalhadores para reduzir os maus-tratos, diferentemente do assédio moral, no qual o colega de trabalho, muitas vezes, não se aproxima do colega atingido por medo de represálias. Ademais,

---

78. HIRIGOYEN, Marie-France. *Mal-estar no trabalho*: redefinindo o assédio moral. Rio de Janeiro: Bertrand Brasil, 2002, p. 20-23.
79. Idem, ibidem, p. 28.
80. Idem, ibidem.

a gestão por injúria é tão indigna e inadmissível quanto o assédio moral, devendo haver o ressarcimento da coletividade, principalmente por meio das ações civis públicas e ações coletivas, ajuizadas pelo Ministério Público do Trabalho ou por entidades sindicais[81].

Convém destacar que a gestão por injúria pode ser adotada como um método de gerenciamento da empresa, não se confundindo com o assédio moral organizacional, objeto de posterior estudo, mas podendo ser utilizada para sua prática. Dessa forma, a gestão por injúria, conquanto se diferencie do assédio moral pela forma e extensão da violência perpetrada, deve ser veementemente proibida na sociedade.

2.4.3 Agressões pontuais

O principal traço distintivo entre o assédio moral e o estresse reside na intencionalidade. A distinção entre o assédio moral e a gestão por injúria, por sua vez, remanesce na forma e extensão das agressões. O elemento diferenciador entre o assédio moral e a agressão pontual diz respeito à habitualidade.

As agressões pontuais são atos de violência psicológica, que se manifestam por meio de condutas abusivas, hostis e autoritárias, perpetradas por meio de atitudes, palavras e comportamentos ameaçadores, que constrangem, desrespeitam e humilham as pessoas agredidas, mas que ocorrem pontualmente. Destarte, o principal aspecto distintivo entre o assédio moral e as agressões pontuais consiste na frequência e na repetição dos comportamentos hostis[82].

Nas agressões pontuais, a conduta ofensiva não é repetitiva nem processual, sendo ocasionada, algumas vezes, por uma reação impulsiva diante de determinada situação. No assédio moral, as práticas abusivas e intencionais são repetitivas e sistemáticas[83]. Como bem exemplifica Marie-

---

81. PAMPLONA FILHO, Rodolfo; WYZYKOWSKI, Adriana; BARROS, Renato da Costa Lino de Goes. *Assédio moral laboral e direitos fundamentais*. São Paulo: LTr, 2016, p. 144-145.

82. SOBOLL, Lis Andrea Pereira; EBERLE, André Davi *et al*. Situações distintas do assédio moral. In: SOBOLL, Lis Andrea Pereira; GOSDAL, Thereza Cristina. *Assédio moral interpessoal e organizacional*. São Paulo: LTr, 2009, p. 42-43.

83. "Usando um recurso de comparação por imagem, o assédio moral pode ser representado como um filme, enquanto que as agressões pontuais podem ser representadas como uma foto, com caráter pontual" (SOBOLL, Lis Andrea Pereira; EBERLE, André Davi *et al*. Situações distintas do assédio moral. In: SOBOLL, Lis Andrea Pereira; GOSDAL, Thereza Cristina. *Assédio moral interpessoal e organizacional*. São Paulo: LTr, 2009, p. 42-43).

-France Hirigoyen, uma agressão pontual, a menos que tenha sido precedida de múltiplas pequenas agressões, é um ato de violência, mas não é assédio moral. Se existem, por outro lado, reprimendas constantes, acompanhadas de outras injúrias para desqualificar a pessoa, resta caracterizado o assédio moral[84]. Insta observar que uma agressão pontual pode, muitas vezes, ser apenas uma reação ou um impulso a determinado acontecimento.

A agressão pontual, como pondera Rodolfo Pamplona Filho, Adriana Wyzykowski e Renato Barros, pode trazer danos ao agredido, merecendo, pois, ressarcimento. Nesses casos, cabe ao agredido buscar a via judicial para receber o respectivo montante ressarcitório, bem como pleitear a configuração da rescisão indireta[85].

Dessa forma, a habitualidade das ações ou omissões abusivas é o traço característico do assédio moral. Deve-se avaliar, assim, se existe uma sistematização das agressões, ou seja, se os atos assediadores ocorrem de forma reiterada e prolongada, pois, caso contrário, será uma violência psicológica pontual, que poderá, também, ocasionar danos ao trabalhador.

2.5 VIOLÊNCIA SEXUAL NO TRABALHO: ASSÉDIO MORAL *VERSUS* ASSÉDIO SEXUAL

A violência no trabalho compreende, entre outras, a violência psicológica, a violência sexual e a violência física. As *violências psicológicas* no trabalho, como abordado, são violências não físicas que humilham e ofendem os trabalhadores, por meio de palavras, gestos, comportamentos e atitudes permeadas de abusos, maus-tratos, isolamentos, perseguições, intimidações, ameaças, constrangimentos e pressões exageradas.

A *violência física* no trabalho, por sua vez, corresponde a agressões e condutas perpetradas contra um trabalhador ou grupo de trabalhadores mediante o uso da força física. Assaltos e homicídios que acontecem no meio ambiente laboral, bem como agressões físicas, tapas, chutes, cuspes, beliscões, arranhões, mordidas, brigas corporais ou empurrões intentados

---

84. HIRIGOYEN, Marie-France. *Mal-estar no trabalho*: redefinindo o assédio moral. Rio de Janeiro: Bertrand Brasil, 2002, p. 30.

85. PAMPLONA FILHO, Rodolfo; WYZYKOWSKI, Adriana; BARROS, Renato da Costa Lino de Goes. *Assédio moral laboral e direitos fundamentais*. São Paulo: LTr, 2016, p. 145.

contra trabalhadores, constituem exemplos de atos de violência física no meio ambiente de trabalho[86].

A *violência sexual* inclui o assédio sexual e as agressões físicas e psicológicas de natureza sexual no local de trabalho. A violência sexual engloba tanto insinuações ligadas à sexualidade como os contatos físicos forçados e os convites impertinentes, que envolvem diferenças de posição hierárquica e chantagens ou ameaças profissionais em troca de favores sexuais[87]. A violência sexual abarca, portanto, uma dimensão da violência psicológica, principalmente com olhares constrangedores, propostas intimidadoras e comentários, piadas e brincadeiras de conotação sexual, que prescindem de contato físico, como também uma dimensão da violência física, por meio de agressões físicas sexuais.

Destarte, o assédio sexual constitui uma violência sexual no trabalho e, apesar de possuir uma dimensão psicológica, não se confunde com o assédio moral, situado no plano da violência psicológica no trabalho. Com efeito, evidenciadas as modalidades de violência psicológica, física e sexual no trabalho, convém tecer breves considerações sobre o assédio sexual, pontuando sua diferença com o assédio moral.

O assédio sexual, como bem conceitua Rodolfo Pamplona Filho, é "toda conduta de natureza sexual não desejada que, embora repelida pelo destinatário, é continuamente reiterada, cerceando-lhe a liberdade sexual"[88].

Nesse contexto, podem ser apontados os seguintes elementos caracterizadores: a) sujeitos – agente (assediador) e destinatário (assediado); b) conduta de natureza sexual, que abrange desde comentários sexuais até ameaças físicas ou verbais diretas, com o intuito de obtenção de favores sexuais; c) rejeição à conduta do agente; d) reiteração da conduta[89]. Ressalte-se que, se houve anuência da vítima, ainda que viciada, extrapolam-se os limites do assédio sexual para alcançar o abuso sexual[90].

---

86. SOBOLL, Lis Andréa Pereira. *Assédio moral/organizacional*: uma análise da organização do trabalho. São Paulo: Casa do Psicólogo, 2008, p. 135.

87. Idem, ibidem, p. 136.

88. PAMPLONA FILHO, Rodolfo. *O assédio sexual na relação de emprego*. São Paulo: LTr, 2011, p. 35.

89. PAMPLONA FILHO, Rodolfo. Assédio sexual: questões conceituais. In: FERREIRA, Januário Justino (coord.). *Saúde mental no trabalho*: coletânea do Fórum de Saúde e Segurança no Trabalho do Estado de Goiás. Goiânia: Cir Gráfica, 2013, p. 373-376.

90. Idem, ibidem, p. 377.

Rodolfo Pamplona Filho identifica duas espécies de assédio sexual: a) o *assédio sexual por chantagem*, no qual o assediador utiliza de sua autoridade para exercer poder sobre o assediado, exigindo favores sexuais; e b) o *assédio sexual por intimidação ou assédio sexual ambiental*, constituído por incitações sexuais inoportunas, verbais ou físicas, com o intuito de prejudicar a atuação de uma pessoa ou criar uma situação ofensiva, hostil e abusiva no meio ambiente de trabalho[91].

Uma das principais formas de caracterização do assédio sexual por chantagem corresponde ao pedido de favores sexuais pelo superior hierárquico ou sócio da empresa, com promessa de tratamento diferenciado, em caso de aceitação, ou, no caso de recusa, com ameaças ou atitudes concretas de represálias, como perda do emprego, transferência indevida ou perda de promoções[92].

Observa-se, nessa senda, que no assédio sexual por chantagem o assediante detém poderes para influenciar na carreira ou nas condições de trabalho do assediado, seja favoravelmente, com promoções e vantagens, seja prejudicialmente, por meio de dispensa, rebaixamento de função ou transferência.

Por outro lado, o assédio sexual por intimidação pressupõe condutas que cerceiem a liberdade sexual da vítima, independentemente de ameaças ou chantagens, "criando um ambiente opressivo de constrangimento evidente"[93]. Rodolfo Pamplona Filho, a título exemplificativo, elenca os seguintes atos:

> Abuso verbal ou comentários sexistas sobre a aparência física do empregado; frases ofensivas ou de duplo sentido e alusões grosseiras, humilhantes ou embaraçosas; perguntas indiscretas sobre a vida privada do trabalhador; separá-lo dos âmbitos próprios de trabalho para maior intimidade das conversas; condutas "sexistas" generalizadas, destacando persistentemente a sexualidade em todos os contextos; insinuações sexuais inconvenientes e ofensivas; solicitação de relações íntimas, mesmo sem exigência do coito, ou outro tipo de conduta de natureza sexual, mediante promessas de benefícios ou recompensas; exibição de material pornográfico, como revistas, fotografias ou outros objetos, assim como colocar nas paredes do local de trabalho imagens

---

91. PAMPLONA FILHO, Rodolfo. *O assédio sexual na relação de emprego*. São Paulo: LTr, 2011, p. 46.

92. LIMA FILHO, Francisco das Chagas. *O assédio moral nas relações laborais e a tutela da dignidade humana do trabalhador*. São Paulo: LTr, 2009, p. 77.

93. PAMPLONA FILHO, Rodolfo. *O assédio sexual na relação de emprego*. São Paulo: LTr, 2011, p. 49.

de tal natureza; apalpadelas, fricções ou beliscões deliberados e ofensivos; qualquer exercício de violência física ou verbal[94].

Com efeito, no assédio sexual por intimidação é prescindível a autoridade ou superioridade hierárquica do assediador, podendo, inclusive, ser praticado por colegas de trabalho. Ressalte-se que através da Lei n. 10.224/2001, que introduziu o art. 216-A no Código Penal, o assédio sexual foi tipificado como crime, punível com detenção de um a dois anos[95]. Essa tipificação, entretanto, só abarca o assédio sexual por chantagem.

O assédio sexual guarda íntima relação com o assédio moral, principalmente porque pode produzir danos emocionais e físicos, afetar o rendimento no trabalho, gerar um ambiente hostil e humilhante, levando, muitas vezes, ao abandono do posto de trabalho[96]. No entanto, enquanto o assédio sexual visa dominar a vítima sexualmente, pela chantagem ou pelas intimidações, o assédio moral objetiva eliminar a vítima do mundo do trabalho pelo psicoterror[97].

Nesse sentido, infere-se que o assédio sexual atenta contra a liberdade sexual do trabalhador, possuindo um claro conteúdo sexual ou libidinoso, enquanto o assédio moral fere precipuamente a dignidade e a integridade físico-psíquica do indivíduo. Não se pode deixar de evidenciar que o assédio sexual que não atinge o seu objetivo pode desencadear o assédio moral. Por outro lado, existem situações moralmente assediadoras que podem se expressar por palavras, apelidos, gestos e atitudes que tenham como plano de fundo conotações sexuais. O principal traço diferenciador, portanto, será a intencionalidade.

---

94. PAMPLONA FILHO, Rodolfo. *O assédio sexual na relação de emprego*. São Paulo: LTr, 2011, p. 49.

95. "Art. 216-A. Constranger alguém com o intuito de obter vantagem ou favorecimento sexual, prevalecendo-se o agente da sua condição de superior hierárquico ou ascendência inerentes ao exercício de emprego, cargo ou função. Pena – detenção, de 1 (um) a 2 (dois) anos" (BRASIL. Lei n. 10.224, de 15 de maio de 2001. Altera o Decreto-Lei n. 2.848, de 7 de dezembro de 1940 – Código Penal, para dispor sobre o crime de assédio sexual e dá outras providências. *Diário Oficial [da] República Federativa do Brasil*. Brasília, DF. Disponível em: <http://www.planalto. gov.br/ ccivil_03/Leis/LEIS_2001/L10224.htm>. Acesso em: 13 abr. 2014).

96. LIMA FILHO, Francisco das Chagas. *O assédio moral nas relações laborais e a tutela da dignidade humana do trabalhador*. São Paulo: LTr, 2009, p. 79.

97. GUEDES, Márcia Novaes. *Terror psicológico no trabalho*. São Paulo: LTr, 2003, p. 39.

3

Assédio Moral Organizacional

A nova organização do trabalho é marcada pela pressão para atingir metas, sobrecarga e ritmo excessivo de trabalho, segregação dos empregados, sistema de premiações, divisão de tarefas, estratégias de controle e extrapolação da jornada de trabalho, que atingem indistintamente vários trabalhadores, comprometendo seriamente a sua saúde física e mental. É nesse contexto que surge o assédio moral organizacional, objeto de estudo deste capítulo.

3.1 MODALIDADES DE ASSÉDIO MORAL

A tortura psicológica exercida por meio de condutas abusivas, intencionais e reiteradas contra a dignidade e integridade do trabalhador, apresenta as mais diversas motivações e classificações. Nessa senda, busca-se identificar algumas modalidades de assédio moral, com especial enfoque para o assédio moral discriminatório, assédio moral individual e assédio moral coletivo, assédio moral estratégico e assédio moral perverso, assim como assédio moral interpessoal e assédio moral organizacional.

3.1.1 Assédio moral discriminatório

O princípio da isonomia, tanto em sua acepção formal quanto material, pressupõe a igualdade de oportunidades, o respeito à dignidade, bem como o pleno e igualitário exercício dos direitos fundamentais por todos os indivíduos. Consagrado em diversos diplomas internacionais[1], o princípio

---

1. A título de exemplo, convém evidenciar: Declaração Universal dos Direitos Humanos (arts. 1º, 2º e 7º), Pacto Internacional dos Direitos Civis e Políticos (arts. 3º e 26), Pacto Internacional dos Direitos Econômicos, Sociais e Culturais (arts. 3º e 7º), Convenção Americana de Direitos Humanos (arts. 1º e 24), Protocolo de San Salvador (arts. 3º e 7º), Convenção Internacional sobre a Elimi-

75

da isonomia constitui norma de *jus cogens*, proibindo a adoção de práticas discriminatórias.

Nesse contexto, o princípio da não discriminação é um desdobramento do princípio da isonomia, encontrando ampla proteção nas normas internacionais e no ordenamento jurídico brasileiro. A CF/1988 consagra os referidos preceitos em diversas disposições, cabendo indicar, a título de exemplo, os arts. 3º, I e IV; 5º, *caput* e incisos I, XLI e XLII; e 7º, XX, XXX, XXXI e XXXII.

O vocábulo "discriminação" tem suas raízes etimológicas extraídas do termo anglo-americano *"discrimination"*, que significa "caráter infundado de uma distinção"[2]. Na seara juslaboral, de acordo com o art. 1º da Convenção 111 da OIT, o termo "discriminação" compreende "toda a distinção, exclusão ou preferência fundada na raça, cor, sexo, religião, opinião política, ascendência nacional ou origem social, que tenha por efeito destruir ou alterar a igualdade de oportunidades ou de tratamento em matéria de emprego ou profissão"[3].

Assim, a discriminação no trabalho, como bem preleciona José Cláudio Monteiro de Brito Filho, é a negativa ao trabalhador da igualdade necessária para a aquisição ou manutenção do emprego pela adoção de atitudes discriminatórias por parte do empregador, sendo estas entendidas como a forma de exteriorização do preconceito ou, em outras palavras, como o preconceito em sua forma ativa[4].

Ademais, a discriminação no trabalho pode ser classificada quanto ao momento, quanto à forma, quanto aos efeitos e quanto aos motivos. No concernente ao *momento*, ela pode ocorrer no ato da contratação, como a não admissão de trabalhadores com antecedentes criminais, bem como no curso do contrato, por meio, por exemplo, da delegação de tarefas infe-

---

nação de Todas as Formas de Discriminação Racial (1965), Convenção Internacional sobre a Eliminação de Todas as Formas de Discriminação contra a Mulher (1979), Convenção Internacional sobre os Direitos das Pessoas com Deficiência (2006).

2. BARROS, Alice Monteiro de. *Curso de direito do trabalho.* São Paulo: LTr, 2010, p. 1128.

3. ORGANIZAÇÃO INTERNACIONAL DO TRABALHO. *Convenção 111*: Discriminação em matéria de Emprego e Ocupação. Disponível em: <https://www.ilo. org/brasilia/convencoes/WCMS_235325/lang--pt/index.htm>. Acesso em: 25 ago. 2019.

4. BRITO FILHO, José Cláudio Monteiro de. *Discriminação no trabalho.* São Paulo: LTr, 2002, p. 40-43.

riores, ou, até mesmo, no seu término, como a dispensa de trabalhadoras sob a justificativa de "conter gastos"[5].

Quanto à *forma*, a discriminação pode ser direta, por meio da adoção intencional de um critério injustamente desqualificante; indireta, mediante a adoção de condutas ou práticas aparentemente neutras, mas que produzem efeitos excludentes; ou oculta, através do mascaramento da intenção de discriminar[6].

Com relação aos *efeitos*, antes do início do pacto laboral, eles podem se manifestar pela não contratação ou pela contratação para cargo de nível inferior. Durante a vigência do contrato, os efeitos da discriminação se revestem da preterição do trabalhador à ascensão funcional ou da designação para funções mais penosas ou inferiores, podendo culminar, inclusive, na extinção do contrato[7].

---

5. ARAÚJO, Adriane Reis de. Os desafios para a promoção da igualdade de gênero no trabalho. In: MIESSA, Élisson; CORREIA, Henrique. *Estudos aprofundados Ministério Público do Trabalho*. Salvador: JusPodivm, 2017. v. 3, p. 299.

6. Em 20 de abril de 2017, a Subseção 1 Especializada em Dissídios Individuais (SDI-1) decidiu, por maioria, no julgamento de incidente de recurso repetitivo, que a exigência de certidão negativa de antecedentes criminais caracteriza dano moral passível de indenização quando caracterizar tratamento discriminatório ou não se justificar em situações específicas. Na oportunidade, foi firmada a seguinte tese: "1. Não é legítima, e caracteriza lesão moral, a exigência de certidão de antecedentes criminais de candidato a emprego quando traduzir tratamento discriminatório ou não se justificar em razão de previsão em lei, da natureza do ofício ou do grau especial de fidúcia exigido. 2. A exigência de certidão de candidatos a emprego é legítima e não caracteriza lesão moral quando amparada em expressa previsão legal ou justificar-se em razão da natureza do ofício ou do grau especial de fidúcia exigido, a exemplo de empregados domésticos, cuidadores de menores, idosos e pessoas com deficiência, em creches, asilos ou instituições afins, motoristas rodoviários de carga, empregados que laboram no setor da agroindústria no manejo de ferramentas de trabalho perfurocortantes, bancários e afins, trabalhadores que atuam com substâncias tóxicas e entorpecentes e armas, trabalhadores que atuam com informações sigilosas. 3. A exigência da certidão de antecedentes criminais, quando ausentes alguma das justificativas de que trata o item 2, caracteriza dano moral *in re ipsa* [presumido], passível de indenização, independentemente de o candidato ao emprego ter ou não sido admitido" (BRASIL. Tribunal Superior do Trabalho. Processo RR – 243000-58.2013.5.13.0023. Relatora: Ministra Maria Cristina Irigoyen Peduzzi, Subseção I Especializada em Dissídios Individuais. *DEJT* 22-9-2017. Disponível em: <http://aplicacao4.tst.jus.br/consultaProcessual/resumoForm. do?consulta=1&numeroInt=241821&anoInt=2014>. Acesso em: 31 jul. 2018).

7. BRITO FILHO, José Cláudio Monteiro de. *Discriminação no trabalho*. São Paulo: LTr, 2002, p. 48-49.

No tocante às *razões motivadoras*, identificam-se, entre outras, discriminações por gênero, raça, etnia, orientação sexual, religião, posição política, procedência nacional, procedência regional, origem social, idade, deficiência e estética[8]. Assim, a motivação da discriminação pode decorrer das próprias diferenças do indivíduo, físicas ou não, como também em virtude da manifestação do exercício de um direito humano, por exemplo, religião, posição política e estado civil[9].

Nesse contexto de discriminação no trabalho, emerge o *assédio moral discriminatório*, que consiste na tortura psicológica perpetrada por um conjunto de condutas abusivas, intencionais, repetidas e prolongadas que têm como motivação circunstâncias raciais ou étnicas, religiosas, etárias, estéticas, de gênero, de orientação sexual, entre outras características ou particularidades do trabalhador. O assédio moral discriminatório surge como uma repulsa a determinada peculiaridade da pessoa, apresentando-se geralmente de forma dissimulada.

3.1.1.1 *Assédio moral em razão do gênero*

Gênero, consoante definição de Thereza Gosdal, consiste na "construção social relativa à diversidade biológica"[10]. Desse modo, o gênero está relacionado ao conjunto de aspectos sociais e culturais da identidade, compreendendo comportamentos, preferências, interesses, formas de se

---

8. "A discriminação estética pode ser conceituada como toda a distinção, exclusão ou preferência fundada em fatores de estética como peso, altura, tipo de cabelo, tonalidade de cabelo, manchas e cicatrizes, bem como pela utilização por parte do trabalhador de tatuagem, piercings, barba, maquiagem, brincos, determinadas vestimentas, entre outros adereços. A proibição do uso de barba, bigode, cavanhaque ou costeleta configura-se, na maioria dos casos, como uma modalidade de discriminação estética, tendo em vista que além de impor ao trabalhador um padrão de aparência, acarreta, em muitos casos, grave violação a sua intimidade e imagem" (SANTOS, Claiz Maria Pereira Gunça dos. A proibição do uso de barba no meio ambiente laboral: uma modalidade de discriminação estética. In: SILVA, Wanise Cabral; MISAILIDIS, Mirta Gladys Lerena Manzo de; BARBATO, Maria Rosaria [org.]. *Direito do trabalho*. Florianópolis: FUNJAB, 2012, p. 118-119).

9. ARAÚJO, Adriane Reis de. Os desafios para a promoção da igualdade de gênero no trabalho. In: MIESSA, Élisson; CORREIA, Henrique. *Estudos aprofundados Ministério Público do Trabalho*. Salvador: JusPodivm, 2017. v. 3, p. 299.

10. GOSDAL, Thereza Cristina. Direito do trabalho e relações de gênero: avanços e permanências. In: ARAÚJO, Adriane Reis de; MOURÃO, Tânia Fontenele (org.). *Trabalho da mulher*: mitos, riscos e transformação. São Paulo: LTr, 2007, p. 77.

vestir, interagir, andar e falar relacionadas ao homem ou à mulher[11]. Destarte, o gênero abrange a identidade de gênero e a expressão de gênero, não se confundindo com o *sexo biológico* nem com a *orientação sexual*[12].

A *identidade de gênero* corresponde à "experiência interna, individual e profundamente sentida que cada pessoa tem em relação ao gênero, que pode, ou não, corresponder ao sexo atribuído no nascimento"[13]. Em outras palavras, reflete o gênero com o qual a pessoa se identifica, independentemente do seu sexo biológico.

Com efeito, com base no conceito de identidade de gênero, podem ser observadas duas categorias: cisgênero e transgênero. As pessoas *cisgênero* são aquelas cuja identidade de gênero coincide com o sexo biológico, ao passo que as pessoas *transgênero* são aquelas que se identificam com o gênero oposto ao seu sexo biológico[14].

Além da identidade, também pode ser vislumbrada a *expressão de gênero*, que consiste na forma como a pessoa se expressa, veste-se, age e interage na sociedade[15]. Sendo assim, o conceito de gênero abarca a identidade e a expressão do indivíduo, estando intimamente relacionado ao direito à autodeterminação, ao autorreconhecimento e à autonomia existencial.

Tecidas as encimadas conceituações e distinções, o assédio moral engloba não apenas as mulheres cisgênero, mas também as pessoas transgênero, as que possuem uma orientação afetivo-sexual divergente do padrão

---

11. ARAÚJO, Adriane Reis de. Os desafios para a promoção da igualdade de gênero no trabalho. In: MIESSA, Élisson; CORREIA, Henrique. *Estudos aprofundados Ministério Público do Trabalho*. Salvador: JusPodivm, 2017. v. 3, p. 302.

12. A orientação sexual consiste na capacidade de cada pessoa de experimentar uma profunda atração emocional, afetiva ou sexual por indivíduos de gênero diferente, do mesmo gênero ou de mais de um gênero, assim como de ter relações íntimas e sexuais com essas pessoas (PRINCÍPIOS DE YOGYAKARTA. *Princípios sobre a aplicação da legislação internacional de direitos humanos em relação à orientação sexual e identidade de gênero*. Disponível em: <https://yogyakartaprinciples.org/>. Acesso em: 30 jul. 2018).

13. Idem, ibidem.

14. ARAÚJO, Adriane Reis de. Os desafios para a promoção da igualdade de gênero no trabalho. In: MIESSA, Élisson; CORREIA, Henrique. *Estudos aprofundados Ministério Público do Trabalho*. Salvador: JusPodivm, 2017. v. 3, p. 302.

15. FARIAS, Márcia Medeiros de. Quem são as mulheres? Identidade, expressão de gênero e orientação afetiva-sexual no trabalho: a necessidade de uma abordagem interseccional. In: ARAÚJO, Adriane Reis de; LOPES, Andrea Lino; GURGEL, Maria Aparecida; COELHO, Renata (org.). *Direitos humanos no trabalho pela perspectiva da mulher*. Belo Horizonte: RTM, 2019, p. 140.

heteronormativo, bem como as pessoas não enquadradas no contexto binário de gênero[16].

O assédio moral em relação às pessoas cisgênero pode ser vislumbrado na prática de comportamentos e atos persecutórios geralmente contra as mulheres, seja em virtude do ataque à competência da trabalhadora, seja em razão da desqualificação das suas características.

As condutas assediadoras podem utilizar mecanismos sutis de discriminação e violência contra a mulher no ambiente laboral, como o *manterrupting*, *broppriating*, *mansplaining*, *gaslighting* e *distracting*. O *manterrupting* consiste na prática de interromper a mulher durante sua fala ou exposição de ideias. O *broppriating* corresponde à apropriação por um homem, colega ou superior hierárquico, da ideia apresentada por uma mulher. O *mansplaining*, por sua vez, traduz-se no comportamento masculino de explicar um fato ou uma teoria a uma mulher como se ela não tivesse conhecimento sobre o assunto. O *gaslighting* é a atitude de desqualificar a mulher no ambiente de trabalho. Por fim, o *distracting* (estratégia da distração) é caracterizado por técnicas que buscam desviar a atenção do discurso de uma mulher mediante distrações e informações insignificantes, como sua vestimenta ou condição física[17].

Desse modo, como forma de manter a hierarquia, a divisão sexual laboral e a hegemonia masculina, potencializam-se a violência e o assédio no mundo do trabalho contra as mulheres, em especial por intermédio do assédio sexual e do assédio moral. Em que pese a prática de comportamentos e atos persecutórios geralmente aconteça com as mulheres, não se pode deixar de evidenciar que os homens também podem ser vítimas de condutas assediadoras, embora de forma muito menos frequente.

No tocante ao assédio moral que atinge as pessoas transgênero, cumpre destacar duas questões atuais que impactam diretamente nas práticas discriminatórias: a alteração do nome e a utilização de banheiros.

Com relação ao nome, a Corte Interamericana de Direitos Humanos, em 24 de novembro de 2017, emitiu a Opinião Consultiva n. 24, no sentido de reconhecer o direito à mudança de nome e à alteração dos registros públicos e documentos de identidade conforme a identidade de gênero da pessoa.

---

16. A título exemplificativo, cumpre explicitar o Movimento Queer, que, originado do termo *"queer"* (bizarro ou estranho), questionou o modelo binário de gênero, buscando compreender as mais diversas formas de expressão do indivíduo, sem aderir à divisão binária tradicional de gênero.

17. ARAÚJO, Adriane Reis de. Os desafios para a promoção da igualdade de gênero no trabalho. In: MIESSA, Élisson; CORREIA, Henrique. *Estudos aprofundados Ministério Público do Trabalho*. Salvador: JusPodivm, 2017. v. 3, p. 296.

Assim, com base nos arts. 3, 7.1, 11.2 e 18 da Convenção Americana de Direitos Humanos, os Estados devem garantir, regular e estabelecer os procedimentos adequados para mudança de nome e retificação do gênero[18].

Seguindo o entendimento da Corte Interamericana de Direitos Humanos, o STF, em 1º de março de 2018, julgou procedente a ADI 4.275/DF, interpretando o art. 58 da Lei n. 6.015/73[19] conforme a Constituição e o Pacto de São José da Costa Rica, de modo a "reconhecer aos transgêneros que assim o desejarem, independentemente da cirurgia de transgenitalização ou da realização de tratamentos hormonais ou patologizantes, o direito à substituição de prenome e sexo diretamente no registro civil"[20].

Desse modo, a partir da decisão do STF, é possível a alteração do nome e do gênero no registro civil, independentemente da realização de procedimentos cirúrgicos e de autorização judicial.

No tocante à utilização de banheiros, observa-se o crescente ajuizamento de ações trabalhistas pleiteando indenização por danos morais em virtude da discriminação sofrida pelo trabalhador que é compelido a utilizar o sanitário correspondente ao seu sexo biológico, não obstante possuir diversa identidade de gênero. Ademais, a respectiva restrição geralmente é acompanhada de condutas hostis e humilhantes por parte dos colegas de trabalho, configurando assédio moral.

Em que pese o STF ainda não tenha julgado o RE 845.779/SC, que versa sobre a utilização de banheiros públicos por transgênero, o Relator Ministro Luís Roberto Barroso proferiu voto no sentido de que os transgêneros "têm direito a serem tratados socialmente de acordo com a sua identidade de gênero, inclusive na utilização de banheiros de acesso público"[21]. No mesmo sentido, a manifestação da Procuradoria-Geral da República.

---

18. CORTE INTERAMERICANA DE DIREITOS HUMANOS. *Opinión Consultiva OC-24/17*. Disponível em: <http://www.corteidh.or.cr/docs/opiniones/seriea_24_por.pdf>. Acesso em: 31 jul. 2018.

19. "Art. 58. O prenome será definitivo, admitindo-se, todavia, a sua substituição por apelidos públicos notórios."

20. BRASIL. STF. ADI 4.275. Relator: Ministro Marco Aurélio. Brasília, DF, 1º de março de 2018. *Diário de Justiça Eletrônico*. Disponível em: <http://redir.stf.jus.br/estfvisualizadorpub/jsp/consultarprocessoeletronico/ConsultarProcessoEletronico.js f?seqobjetoincidente=2691371>. Acesso em: 31 jul. 2018.

21. BRASIL. STF. RE 845.779/SC. Relator: Ministro Luís Roberto Barroso. Brasília, DF, 19 de novembro de 2015. *Diário de Justiça Eletrônico*. Disponível em: <http://www.stf.jus.br/portal/jurisprudenciaRepercussao/verAndamentoProcesso.asp?i ncidente=4657292&numeroProcesso=845779&classeProcesso=RE&numeroTe ma=778>. Acesso em: 31 jul. 2018.

Dessa forma, em que pese exista um vasto arcabouço normativo internacional[22] e interno[23] que proteja o mercado de trabalho da mulher e dos transgêneros, ainda é bastante evidente a discriminação sofrida no acesso aos espaços de decisão ou cargos de direção empresarial, bem como a diferença remuneratória e a constante submissão a práticas de assédio moral e sexual.

3.1.1.2 Assédio moral em face de pessoa com deficiência

Com o objetivo de promover, proteger e assegurar o exercício pleno e equitativo de todos os direitos fundamentais por todas as pessoas com deficiência, o Estatuto da Pessoa com Deficiência – Lei n. 13.146/2015 – consolida um novo paradigma a partir da reformulação dos alicerces conceituais.

Seguindo as diretrizes da Convenção sobre os Direitos das Pessoas com Deficiência e seu Protocolo Facultativo, incorporados ao ordenamento jurídico brasileiro em conformidade com o art. 5º, § 3º, da CF/1988, a Lei n. 13.146/2015, em seu art. 2º, conceitua pessoa com deficiência como "aquela que tem impedimento de longo prazo de natureza física, mental, intelectual ou sensorial, o qual, em interação com uma ou mais barreiras, pode obstruir sua participação plena e efetiva na sociedade em igualdade de condições com as demais pessoas"[24].

Nesse sentido, deve-se examinar não apenas o indivíduo isoladamente, mas também o ambiente em que ele está inserido, tendo em vista que são as barreiras (urbanísticas, arquitetônicas, de transporte,

---

22. Convenção 100 da OIT (1951), Convenção 111 da OIT (1958), Proclamação de Teerã (1968), Convenção Internacional sobre a Eliminação de Todas as Formas de Discriminação contra a Mulher (1979), Convenção de Belém do Pará (1994), Declaração do Milênio (2000), Declaração da OIT sobre os Princípios e Direitos Fundamentais (1998), Princípios de Yogyakarta (2006), Declaração Sociolaboral do Mercosul (2015), entre outros.

23. Além das disposições constitucionais, convém destacar os arts. 373-A e 390 a 400 da Consolidação das Leis do Trabalho (CLT), bem como a Lei n. 9.029/90, que proíbe práticas discriminatórias no acesso ou manutenção da relação de emprego e criminaliza a exigência de atestado de gravidez ou esterilização.

24. BRASIL. Lei n. 13.146, de 6 de julho de 2015. Institui a Lei Brasileira de Inclusão da Pessoa com Deficiência (Estatuto da Pessoa com Deficiência). *Diário Oficial [da] República Federativa do Brasil*. Brasília, DF. Disponível em: <http://www.planalto.gov.br/CCiVil_03/_Ato2015-2018/2015/Lei/L13146.htm>. Acesso em: 31 jul. 2018.

de comunicação e informação, de atitude, e tecnológicas) que, em interação com os impedimentos de natureza física, mental, intelectual ou sensorial, obstruem a plena e efetiva participação das pessoas com deficiência na sociedade.

Nesse cerne, nas relações de trabalho, a análise do ambiente é fundamental. O Estatuto da Pessoa com Deficiência, em seu art. 34, preconiza que o trabalho de livre escolha e aceitação deve ser desenvolvido em ambiente acessível e inclusivo, em igualdade de oportunidades com as demais pessoas.

Com efeito, o meio ambiente laboral, em suas concepções físicas (espaços arquitetônicos, mobiliário, equipamentos, transportes, informação e comunicação) e humanas (atitudes e procedimentos), deve garantir a acessibilidade e permitir a inclusão dos trabalhadores com deficiência, inclusive com o fornecimento de recursos de tecnologia assistiva e da realização de adaptação razoável no ambiente de trabalho[25].

Nesse contexto, o assédio moral discriminatório em face de pessoas com deficiência diz respeito aos ataques vexatórios e humilhantes perpetrados pelos colegas de trabalho e superiores hierárquicos, que constrangem e excluem o trabalhador.

Ressalte-se que a Convenção sobre os Direitos das Pessoas com Deficiência, em seu art. 27, assegura o direito ao ambiente do trabalho aberto, inclusivo e acessível, com condições justas e favoráveis de labor e proteção contra atos de assédio[26]. Ademais, as condutas assediadoras são

---

25. GUGEL, Maria Aparecida. A pessoa com deficiência e o direito à acessibilidade no mundo do trabalho: a atribuição do MPT na implementação dos direitos do trabalhador com deficiência. In: MIESSA, Élisson; CORREIA, Henrique. *Estudos aprofundados Ministério Público do Trabalho*. Salvador: JusPodivm, 2017. v. 3, p. 330.

26. Nos termos do art. 27.1, "b", da Convenção sobre os Direitos das Pessoas com Deficiência, os Estados-Partes devem adotar medidas apropriadas para "proteger os direitos das pessoas com deficiência, em condições de igualdade com as demais pessoas, às condições justas e favoráveis de trabalho, incluindo iguais oportunidades e igual remuneração por trabalho de igual valor, condições seguras e salubres de trabalho, além de reparação de injustiças e proteção contra o assédio no trabalho" (BRASIL. Decreto n. 6.949, de 25 de agosto de 2009. Promulga a Convenção Internacional sobre os Direitos das Pessoas com Deficiência e seu Protocolo Facultativo, assinados em Nova York, em 30 de março de 2007. *Diário Oficial [da] República Federativa do Brasil*. Brasília, DF. Disponível em: <http://www.planalto.gov.br/ccivil_03/_Ato2007-2010/2009/Decreto/D6949.htm>. Acesso em: 26 fev. 2020).

potencializadas pela ausência de adaptações razoáveis[27], que impossibilitam o exercício do labor em condições dignas.

3.1.1.3 Assédio moral em função de doença

O assédio moral em função de doença atinge tanto o empregado que faz constante uso de licenças para tratamento de saúde como o trabalhador que possui determinado tipo de doença, como a AIDS, que, em virtude das peculiaridades da enfermidade que acomete, é alvo de discriminação no meio ambiente laboral.

O assédio moral, como pontua Candy Thome, pode não apenas ser causa, mas também consequência das doenças ocupacionais, uma vez que muitos trabalhadores que têm seus contratos interrompidos para tratamento médico sofrem assédio moral quando voltam[28]. Um exemplo constantemente visualizado diz respeito aos casos de acidente de trabalho ou doença ocupacional, nos quais, após a cessação do benefício previdenciário, como auxílio-doença acidentário ou aposentadoria por invalidez, o trabalhador é perseguido no meio ambiente laboral e, mesmo sendo detentor de estabilidade, acaba, na maioria das vezes, sem aguentar aquela situação, pedindo o seu desligamento da empresa.

Essa modalidade de assédio moral também tem assento nos casos de trabalhadores acometidos por determinadas enfermidades, como a AIDS. Os portadores do vírus da imunodeficiência humana (HIV) vivenciam situações de extrema desumanidade, sendo geralmente isolados ou excluídos do convívio com os demais trabalhadores[29].

Ressalte-se que a referida situação fez com que na Segunda Semana do Tribunal Superior do Trabalho, realizada entre os dias 10 e 14 de setembro de 2012, fosse editado o Enunciado n. 443 da Súmula de Jurisprudência

---

27. Nos termos do art. 3º, VI, da Lei n. 13.146/2015, adaptações razoáveis são adaptações, modificações e ajustes necessários e adequados que não acarretem ônus desproporcional e indevido, quando requeridos em cada caso, a fim de assegurar que a pessoa com deficiência possa gozar ou exercer, em igualdade de condições e oportunidades com as demais pessoas, todos os direitos e liberdades fundamentais.

28. THOME, Candy Florencio. *O assédio moral nas relações de emprego*. São Paulo: LTr, 2008, p. 108.

29. AGUIAR, André Luiz Souza. *Assédio moral*: o direito à indenização pelos maus-tratos e humilhações sofridos no ambiente do trabalho. 2. ed. São Paulo: LTr, 2006, p. 118.

do TST, cujo texto assim dispõe: "presume-se discriminatória a despedida de empregado portador do vírus HIV ou de outra doença grave que suscite estigma ou preconceito. Inválido o ato, o empregado tem direito à reintegração no emprego"[30].

Convém evidenciar que a Lei n. 12.984/2014, no intuito de coibir as referidas práticas, tipifica como crime, punível com reclusão, de um a quatro anos, e multa, a discriminação dos portadores de HIV e dos doentes de AIDS[31].

Destarte, referidas condutas assediadoras e discriminatórias são recriminadas pelo ordenamento jurídico brasileiro, devendo ser garantidos o emprego e a dignidade dos trabalhadores que se encontrem nessa situação.

3.1.1.4 Assédio moral por racismo

Raça é a categoria utilizada para diferenciar elementos da mesma espécie e, por isso, está relacionada a aspectos biofisiológicos, ao passo que *etnia* é a categoria antropológica referente a um conjunto de dados culturais – língua, religião, costumes alimentares, comportamentos sociais – mantidos por grupos humanos não muito distantes em sua aparência, os quais preservam e reproduzem seus aspectos culturais no interior do próprio grupo[32]. Em que pese a teoria da existência de raças entre os seres humanos seja veementemente questionada contemporaneamente, as ideias racistas permanecem, uma vez que se encontram disseminadas na cultura e no inconsciente coletivo da humanidade[33].

Com efeito, a discriminação racial consiste em toda distinção, exclusão, restrição ou preferência baseada em raça, cor, descendência ou

---

30. BRASIL. Tribunal Superior do Trabalho. *2ª Semana do TST*: alterações, cancelamentos e novas súmulas do Tribunal Superior do Trabalho. Disponível em: <http://www.tst.jus.br/documents/10157/2b196ee1-5d44-43ea-b197-51ba0e30da21>. Acesso em: 17 abr. 2014.

31. BRASIL. Lei n. 12.984, de 2 de junho de 2014. Define o crime de discriminação dos portadores do vírus da imunodeficiência humana (HIV) e doentes de aids. *Diário Oficial [da] República Federativa do Brasil*. Brasília, DF. Disponível em: <http://www.planalto.gov.br/ccivil_03/_ato2011-2014/2014/lei/l12984.htm>. Acesso em: 3 jul. 2018.

32. SILVA JÚNIOR, Hédio. *Direito e igualdade racial – aspectos constitucionais, civis e penais*: doutrina e jurisprudência. São Paulo: Juarez de Oliveira, 2002, p. 18.

33. SILVA, Ana Emilia Andrade Albuquerque da. *Discriminação racial no trabalho*. São Paulo: LTr, 2005, p. 63.

origem nacional ou étnica que tenha por objeto anular ou restringir o reconhecimento, gozo ou exercício, em igualdade de condições, de direitos humanos e liberdades fundamentais (art. 1º, parágrafo único, I, da Lei n. 12.288/2010)[34].

A discriminação racial no trabalho, por sua vez, segundo Manoel Jorge e Silva Neto, consiste em todo comportamento ilícito que elege o critério raça para desequiparar as pessoas nas relações de labor sem que haja correspondência entre o critério eleito e o fato da vida[35].

Nessa senda, o assédio moral por motivos raciais é o conjunto de atos abusivos e reiterados, praticados por meio de palavras, gestos e atitudes, contra trabalhadores que apresentam características fisionômicas relativas a determinada raça ou etnia. Em outras palavras, o assédio moral racial é toda discriminação racial ilegítima, com caráter contínuo, que elege o critério raça como fator de desequiparação[36].

Ademais, cumpre observar que o preconceito e a discriminação em torno dos afrodescendentes, em um ambiente em que eles são minoria, fazem com que os trabalhadores negros sejam vítimas em potencial[37]. As mulheres negras, por outro lado, podem sofrer assédio moral no trabalho mediante dupla discriminação[38].

Por fim, convém transcrever o pensamento externado por Ana Emilia Andrade Albuquerque da Silva: "não é a falta de qualificação que mantém o negro em postos inferiores de trabalho, mas a falta de vontade de toda a sociedade de permitir que o negro alcance um patamar mais igualitário. Mudar essa realidade é imprescindível para que possamos alcançar uma sociedade mais justa"[39].

---

34. BRASIL. Lei n. 12.288, de 20 de julho de 2010. Institui o Estatuto da Igualdade Racial. *Diário Oficial [da] República Federativa do Brasil*. Brasília, DF. Disponível em: <http://www.planalto.gov.br/CCivil_03/_Ato2007-2010/2010/Lei/L12288.htm>. Acesso em: 25 jul. 2018.

35. SILVA NETO, Manoel Jorge e. *A teoria jurídica do assédio e sua fundamentação constitucional*. São Paulo: LTr, 2012, p. 157.

36. Idem, ibidem, p. 158.

37. PRATA, Marcelo Rodrigues. *Anatomia do assédio moral no trabalho*: uma abordagem transdisciplinar. São Paulo: LTr, 2008, p. 234.

38. THOME, Candy Florencio. *O assédio moral nas relações de emprego*. São Paulo: LTr, 2008, p. 110.

39. SILVA, Ana Emilia Andrade Albuquerque da. *Discriminação racial no trabalho*. São Paulo: LTr, 2005, p. 73.

3.1.1.5 Outras modalidades de assédio moral discriminatório

Além das espécies de assédio moral discriminatório abordadas anteriormente, quais sejam, assédio moral por questões de gênero, orientação sexual, deficiência, doença e racismo, releva noticiar outras modalidades assediadoras discriminatórias.

O *assédio moral contra representantes sindicais* tem lugar especialmente pela garantia do emprego dos sindicalistas, bem como pelo benefício, dentro do horário do expediente, de horas reservadas para suas atividades sindicais. Marie-France Hirigoyen assevera que "alguns patrões não gostam disso, pois têm a impressão de estarem pagando alguém que age contra eles"[40]. Deve ser citado, também, o *assédio moral por motivos religiosos*, bem como o *assédio moral por motivo de idade*. No tocante a esse último, verifica-se que a idade mais avançada do trabalhador facilita a sua exposição ao assédio moral, principalmente pela maior dificuldade de empregabilidade, obrigando-o a suportar os mais diversos tipos de humilhação[41].

Pode ser citado, ainda, o *assédio moral contra os obesos, contra o estrangeiro*, assim como o *assédio moral em relação às preferências culturais, artísticas e intelectuais* e o *assédio moral decorrente de convicções políticas e filosóficas*.

3.1.2 Assédio moral individual e assédio moral coletivo

O *assédio moral individual* é a violência cometida contra o trabalhador individualmente considerado. Delimitam-se, assim, perfeitamente as figuras de agressor e agredido. O assédio moral coletivo *lato sensu*, por sua vez, compreende o assédio moral individual homogêneo, o assédio moral coletivo em sentido estrito e o assédio moral difuso.

O *assédio moral individual homogêneo* viola, de maneira reiterada, os direitos fundamentais de mais de uma pessoa simultaneamente, direitos esses, no entanto, que em sua essência são individuais[42]. Trata-se, assim, de perseguições a alguns trabalhadores, individualizados por suas características comuns, que se contraponham aos interesses do empregador[43].

---

40. HIRIGOYEN, Marie-France. *Mal-estar no trabalho*: redefinindo o assédio moral. Rio de Janeiro: Bertrand Brasil, 2002, p. 105.

41. PRATA, Marcelo Rodrigues. *Anatomia do assédio moral no trabalho*: uma abordagem transdisciplinar. São Paulo: LTr, 2008, p. 235.

42. MUÇOUÇAH, Renato de Almeida Oliveira. *Assédio moral coletivo nas relações de trabalho*. São Paulo: LTr, 2011, p. 191.

43. Idem, ibidem.

Como exemplo do assédio moral individual homogêneo, Renato Muçouçah descreve a situação na qual existe um número considerável de empregados prestes a se aposentar, mas o empregador não mais os deseja na empresa e, a fim de forçá-los a pedir demissão, passa a persegui-los ou esvaziar as suas funções[44].

O *assédio moral coletivo em sentido estrito* consiste na utilização abusiva do poder diretivo do empregador dirigida indistintamente a todos os empregados, os quais estão ligados com a parte contrária por uma relação jurídica base, qual seja, laborarem na mesma empresa[45]. Assim, a conduta assediante atinge o ambiente de trabalho, tornando insuportável o convívio social na empresa. Trata-se, dessa forma, de uma afronta sistemática e reiterada à dignidade, à integridade e aos direitos fundamentais do grupo.

O *assédio moral difuso*, consoante lição de Renato Muçouçah, corresponde a lesão reiterada à saúde psicofísica e ao próprio meio ambiente de trabalho em si mesmo considerado, haja vista que as lesões criadas pelo empregador que assedia seus trabalhadores e deles retira a saúde atingem pessoas indeterminadas, como familiares, amigos e vizinhos de cada trabalhador assediado[46]. O assédio moral coletivo *lato sensu* pode ser tutelado mediante ação civil pública, ressaltando-se que, no tocante ao assédio perpetrado contra direitos individuais homogêneos, também podem ser manejadas ações coletivas e ações plúrimas.

3.1.3 Assédio moral perverso e assédio moral estratégico

O *assédio moral estratégico ou motivado* é aquele que objetiva uma finalidade específica, como, *v.g.*, expulsar o trabalhador da empresa ou impedir que ele seja promovido ou ocupe cargos de comando, ou, ainda, impedir que o trabalhador atinja as metas estabelecidas pela organização[47]. O assédio moral estratégico diferencia-se do *assédio moral perverso ou imotivado*, que, por seu turno, não apresenta uma razão ou causa específica.

---

44. MUÇOUÇAH, Renato de Almeida Oliveira. *Assédio moral coletivo nas relações de trabalho*. São Paulo: LTr, 2011, p. 191.

45. Idem, ibidem, p. 196.

46. Idem, ibidem, p. 201.

47. LIMA FILHO, Francisco das Chagas. *O assédio moral nas relações laborais e a tutela da dignidade humana do trabalhador*. São Paulo: LTr, 2009, p. 69.

Marie-France Hirigoyen pontua que o assédio perverso é praticado para eliminar o outro e, até mesmo, valorizar o próprio poder do assediador, ao passo que o assédio estratégico objetiva forçar o empregado a pedir demissão, reduzindo-se, assim, os custos da despedida[48]. O assédio moral perverso visa, nesse diapasão, degradar o meio ambiente de trabalho e destruir o trabalhador por meio de condutas abusivas e hostis. A maior diferença reside, portanto, na motivação do ataque psicológico, uma vez que no assédio moral perverso não existe uma finalidade específica e pré--estabelecida.

3.1.4 Assédio moral interpessoal e assédio moral organizacional

Consoante conceituação proposta por Lis Soboll, o assédio moral é uma situação extrema de agressividade no trabalho, marcada por comportamentos ou omissões, repetitivos e duradouros, que objetivam destruir, prejudicar, anular ou excluir uma ou mais pessoas[49]. O *assédio moral interpessoal*, nessa senda, é um processo repetitivo e prolongado de hostilidade ou isolamento, direcionado para alvos específicos, geralmente uma ou poucas pessoas, mas sempre as mesmas, com o objetivo de prejudicar, além de ocasionar descompensações na saúde do trabalhador, alterações nas condições de trabalho, desligamento, afastamento, transferência do trabalho ou mudanças na função[50].

O *assédio moral organizacional*, por seu turno, refere-se à manifestação coletiva do assédio, constituindo um processo de hostilidades, estruturado via política organizacional ou gerencial da empresa, direcionado a todos os trabalhadores indistintamente ou a determinado perfil de empregados, por exemplo, todas as gestantes ou todos os trabalhadores que a empresa objetiva despedir[51]. O assédio é utilizado dessa forma como instrumento de gestão e controle dos empregados[52].

---

48. HIRIGOYEN, Marie-France. *Mal-estar no trabalho*: redefinindo o assédio moral. Rio de Janeiro: Bertrand Brasil, 2002, p. 112.
49. SOBOLL, Lis Andréa Pereira. *Assédio moral/organizacional*: uma análise da organização do trabalho. São Paulo: Casa do Psicólogo, 2008, p. 21.
50. SOBOLL, Lis Andrea Pereira; EBERLE, André Davi *et al.* Situações distintas do assédio moral. In: SOBOLL, Lis Andrea Pereira; GOSDAL, Thereza Cristina. *Assédio moral interpessoal e organizacional*. São Paulo: LTr, 2009, p. 19.
51. Idem, ibidem.
52. GOSDAL, Thereza Cristina; SOBOLL, Lis Andrea Pereira *et al.* Assédio moral organizacional: esclarecimentos conceituais e repercussões. In: SOBOLL, Lis Andrea Pereira; GOSDAL, Thereza Cristina. *Assédio moral interpessoal e organizacional*. São Paulo: LTr, 2009, p. 35.

Como elementos diferenciadores do assédio moral interpessoal e do assédio moral organizacional, cumpre evidenciar primeiro a figura do agressor, tendo em vista que no assédio moral organizacional ele geralmente será o empregador, seus prepostos ou pessoas que tenham poder hierárquico e de organização na empresa, ao passo que o assédio interpessoal pode ser intentado por superiores hierárquicos ou colegas de trabalho. Em segundo lugar, o assédio organizacional, diferentemente do assédio interpessoal, independe da intenção de degradar o ambiente laboral ou destruir o trabalhador, representando, em verdade, uma estratégia de administração pautada na redução de custos, estimulação da produtividade ou obtenção de maior controle sobre os empregados[53].

Outra distinção diz respeito ao caráter dos atos assediadores. No assédio moral interpessoal, os ataques são mais velados ou dissimulados, em especial quando se trata de assédio discriminatório, enquanto no assédio organizacional os atos são mais visíveis, sendo percebidos, geralmente, pela coletividade de empregados, como estratégia ou característica da empresa. Além disso, no assédio organizacional, também denominado institucional, a maior parte dos trabalhadores ou, até mesmo, a sua totalidade pode ser alvo de ameaças[54].

Nesse sentido, com base nas distinções adrede apresentadas, pode-se concluir que o assédio moral organizacional, assim como o assédio moral interpessoal, constitui uma tortura psicológica perpetrada por um conjunto sistemático, repetitivo e prolongado de ações ou omissões de hostilização, que provoca graves intimidações e humilhações aos trabalhadores, atingindo sua dignidade e integridade física e mental.

A diferença reside na finalidade, no alvo, no sujeito ativo, na forma de participação da empresa e no contexto em que as condutas estão inseridas, haja vista que o assédio moral organizacional busca alcançar objetivos institucionais da empresa, como aumento da produtividade e redução dos custos ou controle dos trabalhadores; o alvo das práticas não são trabalhadores específicos, mas sim grande parte dos trabalhadores da empresa ou de determinados setores; os assediadores são, via de regra, superiores hierárquicos, prepostos ou gestores; a empresa participa de forma ativa, promovendo e estimulando as práticas de assédio; e as práticas estão inseridas nas políticas e métodos de gestão da empresa.

---

53. GOSDAL, Thereza Cristina; SOBOLL, Lis Andrea Pereira *et al*. Assédio moral organizacional: esclarecimentos conceituais e repercussões. In: SOBOLL, Lis Andrea Pereira; GOSDAL, Thereza Cristina. *Assédio moral interpessoal e organizacional*. São Paulo: LTr, 2009, p. 38.

54. Idem, ibidem, p. 38-39.

Dessa forma, podem ser identificadas as seguintes modalidades de assédio moral: assédio moral discriminatório; assédio moral individual e assédio moral coletivo; assédio moral perverso ou imotivado e assédio moral estratégico ou motivado; e, por fim, assédio moral interpessoal e assédio moral organizacional. Convém, nesse diapasão, realizar um estudo mais aprofundado sobre o assédio moral organizacional.

3.2 ASSÉDIO MORAL ORGANIZACIONAL: UMA PROPOSTA DE CONCEITUAÇÃO

O assédio moral organizacional, também denominado assédio moral institucional[55] ou *straining*[56], caracteriza-se como uma modalidade de assédio moral relacionada aos métodos de gestão de determinada organização laboral, que, em busca da elevação dos índices de produtividade e lucro, viola os direitos fundamentais de diversos trabalhadores.

Conforme conceito proposto por Adriane Reis de Araújo, configura o assédio moral organizacional:

> O conjunto de condutas abusivas, de qualquer natureza, exercido de forma sistemática durante certo tempo, em decorrência de uma relação de trabalho, e que resulte no

---

55. Para configuração do assédio moral institucional, segundo Adriana Calvo, são necessários os seguintes requisitos: 1) ofensa ao direito fundamental à saúde no ambiente de trabalho; 2) atos inseridos dentro da política institucional da empresa, por meio de diversos modelos de gestão, como administração por estresse, administração por injúria, *bossing*, *straining*, dentre outros; 3) presença do caráter despersonalizado do assédio, tendo em vista que os atos são dirigidos à coletividade dos trabalhadores de um setor da empresa ou de toda a empresa; 4) o agressor é a empresa, que se utiliza de uma política de gestão desumana para atingir objetivos, em geral de fins econômicos (CALVO, Adriana. *O direito fundamental à saúde mental no ambiente de trabalho*: o combate ao assédio moral institucional – visão dos tribunais trabalhistas. São Paulo: LTr, 2014, p. 78-79).

56. O termo "*strain*" significa puxar, esticar, tensionar. Nas relações de trabalho, o vocábulo *straining*, consoante estudos de Harald Ege, consiste na situação de estresse forçado, na qual a vítima é um grupo de trabalhadores de determinado setor ou repartição, que é obrigado a trabalhar sob grave pressão psicológica e ameaça iminente de sofrer castigos humilhantes. Desse modo, no *straining*, todo o grupo indistintamente é pressionado para aumentar produtividade, atingir metas, bater recordes nas vendas, sob pena de ser acusado de desinteressado, sofrer punições ou, até mesmo, perder o emprego. Trata-se, dessa forma, como bem preleciona Adriana Calvo, de um método de gestão por estresse ou injúria, que pode ser utilizado para a prática do assédio moral organizacional, mas não correspondendo ao assédio em si (idem, ibidem, p. 74-76).

vexame, humilhação ou constrangimento de uma ou mais vítimas com a finalidade de se obter o engajamento subjetivo de todo o grupo às políticas e metas da administração, por meio da ofensa a seus direitos fundamentais, podendo resultar em danos morais, físicos e psíquicos[57].

Desse modo, segundo a autora, o assédio moral organizacional funciona como um instrumento de gestão e de normatização da conduta dos trabalhadores, possibilitando engajamento e controle de todo o pessoal, a fim de implementar o ritmo e a qualidade da produção, sem que qualquer reivindicação das condições de trabalho seja intentada[58].

Lis Soboll e Thereza Gosdal conceituam o assédio moral organizacional como:

> Um conjunto sistemático de práticas reiteradas, inseridas nas estratégias e métodos de gestão, por meio de pressões, humilhações e constrangimentos, para que sejam alcançados determinados objetivos empresariais ou institucionais, relativos ao controle do trabalhador (aqui incluído o corpo, o comportamento e o tempo de trabalho), ou ao custo do trabalho, ou ao aumento de produtividade e resultados, ou à exclusão ou prejuízo de indivíduos ou grupos com fundamentos discriminatórios[59].

O assédio organizacional, consoante lição de Lis Soboll, corresponde a um processo no qual a violência está inserida nos aparatos, nas estruturas e nas políticas organizacionais ou gerenciais da empresa, políticas essas que são abusivas e inadequadas e que possuem o propósito de exercer o gerenciamento do trabalho e do grupo, visando produtividade e controle organizacional[60].

Nesse sentido, com base nas definições apresentadas, formula-se a seguinte proposta de conceituação: *o assédio moral organizacional consiste na tortura psicológica perpetrada por um conjunto de condutas abusivas e reiteradas, que estão inseridas na política gerencial da empresa, dirigidas a todos os trabalhadores indistintamente ou a determinado setor ou perfil de trabalhadores, cuja*

---

57. ARAÚJO, Adriane Reis de. *O assédio moral organizacional*. São Paulo: LTr, 2012, p. 76.

58. Idem, ibidem, p. 78.

59. GOSDAL, Thereza Cristina; SOBOLL, Lis Andrea Pereira *et al*. Assédio moral organizacional: esclarecimentos conceituais e repercussões. In: SOBOLL, Lis Andrea Pereira; GOSDAL, Thereza Cristina. *Assédio moral interpessoal e organizacional*. São Paulo: LTr, 2009, p. 37.

60. SOBOLL, Lis Andréa Pereira. *Assédio moral/organizacional*: uma análise da organização do trabalho. São Paulo: Casa do Psicólogo, 2008, p. 21.

finalidade é exercer o controle sobre a coletividade e garantir o alcance dos objetivos institucionais, que atinge a dignidade, a integridade física e mental, além de outros direitos fundamentais do trabalhador.

3.3 ELEMENTOS CARACTERIZADORES DO ASSÉDIO MORAL ORGANIZACIONAL

A partir do conceito proposto são extraídos seis elementos caracterizadores do assédio moral organizacional, a saber: abusividade da conduta, habitualidade, contexto organizacional ou gerencial, natureza coletiva do público-alvo, finalidade institucional e ataque à dignidade e aos direitos fundamentais do trabalhador.

3.3.1 Abusividade e habitualidade da conduta

O assédio moral organizacional é executado por intermédio de um conjunto de ações ou omissões, hostis e perversas, praticadas por meio de gestos, palavras ou comportamentos, que extrapolam os limites do direito potestativo do empregador, atingindo a dignidade e os direitos fundamentais do trabalhador. A *abusividade* reside, assim, na extrapolação dos limites do poder diretivo patronal e na forma perversa e agressiva com que as condutas são praticadas.

No assédio moral organizacional, assim como no assédio moral interpessoal, os atos de hostilização provocam graves intimidações, humilhações e constrangimentos aos trabalhadores. A diferença está no contexto organizacional e gerencial em que essas condutas estão inseridas.

A título de exemplo, Lis Soboll e Thereza Gosdal identificam as seguintes práticas abusivas: a) cumprimento de metas exageradas; b) tempo de banheiro controlado; c) imposição e controle do que deve ser dito ao cliente; d) impossibilidade de apresentação de atestados médicos; e) desqualificação do trabalhador, do seu discurso e das suas ações; f) utilização de técnicas de humilhação e perseguição como estratégia para estimular as vendas, em especial por meio da ridicularização pública dos empregados ou equipes que vendem menos ou não alcançam as metas[61].

---

61. GOSDAL, Thereza Cristina; SOBOLL, Lis Andrea Pereira *et al.* Assédio moral organizacional: esclarecimentos conceituais e repercussões. In: SOBOLL, Lis Andrea Pereira; GOSDAL, Thereza Cristina. *Assédio moral interpessoal e organizacional*. São Paulo: LTr, 2009, p. 38.

O controle do método de trabalho dos empregados e a ocultação de medidas ilícitas, como sonegação de direitos trabalhistas ou uso da corrupção pela empresa, também constituem exemplos de atitudes organizacionalmente assediadoras[62].

Ressalte-se que o mecanismo assediador mais peculiar do assédio moral organizacional consiste na imposição de metas exageradas ou, até mesmo, inatingíveis ao trabalhador e na consequente imposição de "prendas" diante do inadimplemento dessas metas.

No tocante às prendas, observa-se que esse é um dos principais instrumentos utilizados perante os trabalhadores ou equipes que não atingem certos objetivos ou metas da empresa ou da chefia[63]. As prendas podem ser pagas das mais diversas formas, por exemplo, deixar um abacaxi sobre a mesa, como um "troféu", durante determinado período, forçar o trabalhador a vestir-se com fantasias e desfilar perante os demais colegas ou, ainda, compelir o empregado a imitar animais[64].

Em que pese a imposição de metas e o cumprimento de prendas sejam a conduta mais característica do assédio moral organizacional, as mais variadas condutas podem ser manejadas, especialmente quando se objetiva reduzir os custos da empresa e forçar o desligamento de trabalhadores.

Com efeito, também constituem ações e omissões organizacionalmente assediadoras, segundo a divisão de Marie-France Hirigoyen, a deterioração proposital das condições de trabalho; o isolamento e a recusa de comunicação; os atentados contra a dignidade, por intermédio de frases ofensivas, zombarias, chacotas, insinuações desqualificativas ou críticas injuriosas; e a violência verbal, física ou sexual[65]. São, ainda, condutas assediadoras, de acordo com a divisão de Heinz Leymann, os ataques sobre a possibilidade de comunicação adequada; sobre a possi-

---

62. ARAÚJO, Adriane Reis de. O uso instrumental do assédio moral pelas organizações. In: SOBOLL, Lis Andréa Pereira (org.). *Violência psicológica no trabalho e assédio moral*. São Paulo: Casa do Psicólogo, 2008, p. 89.

63. LIMA FILHO, Francisco das Chagas. *O assédio moral nas relações laborais e a tutela da dignidade humana do trabalhador*. São Paulo: LTr, 2009, p. 66.

64. GOSDAL, Thereza Cristina; SOBOLL, Lis Andrea Pereira *et al*. Assédio moral organizacional: esclarecimentos conceituais e repercussões. In: SOBOLL, Lis Andrea Pereira; GOSDAL, Thereza Cristina. *Assédio moral interpessoal e organizacional*. São Paulo: LTr, 2009, p. 38.

65. HIRIGOYEN, Marie-France. *Mal-estar no trabalho*: redefinindo o assédio moral. Rio de Janeiro: Bertrand Brasil, 2002, p. 107-111.

bilidade de manutenção de contatos sociais; sobre a possibilidade de manutenção da reputação social; sobre a situação de trabalho; e sobre a saúde física dos trabalhadores[66].

Nesse sentido, no assédio moral organizacional as condutas hostis e perversas também desqualificam, destroem a autoestima, humilham, constrangem e, inclusive, nos casos de recusa de comunicação, isolam o trabalhador.

Além da abusividade da conduta, para que o assédio moral organizacional seja configurado, faz-se necessária a *habitualidade*, ou seja, a reiteração e o prolongamento no tempo dos atos assediadores. A violência psicológica organizacional deve ser, portanto, regular, sistemática e perdurar no tempo.

3.3.2 Contexto organizacional ou gerencial

Outro elemento caracterizador do assédio moral organizacional consiste no *contexto institucional ou geracional* em que as atitudes assediadoras estão inseridas. Assim, para que as condutas abusivas, repetitivas e prolongadas configurem assédio moral organizacional, e não assédio moral interpessoal, figura-se imprescindível que tais práticas estejam inseridas nas estratégias e nos métodos de gestão, ou seja, na política institucional da empresa. As ações ou omissões organizacionalmente assediadoras se estruturam, nesse diapasão, a partir das estratégias de gestão, dos aparatos e políticas gerenciais da empresa e da divisão do trabalho, tendo em vista que o assédio organizacional depende essencialmente de como o trabalho está organizado.

Nesse cerne, o assédio moral organizacional, também denominado assédio moral institucional, via de regra, é vertical descendente, pois os assediadores são os superiores hierárquicos, os prepostos ou os gestores da empresa, que, pautando-se nos ditames e métodos de controle e gestão, perpetram as referidas abusividades. A empresa, por sua vez, participa de forma ativa do assédio moral, promovendo e estimulando as práticas assediadoras.

Como bem observa Lis Soboll, existem pessoas mal-intencionadas que se aproveitam dos espaços na estrutura e nas políticas organizacionais para praticar ações perversas. No entanto, não se pode pressupor que os

---

66. LEYMANN, Heinz. The content and development of mobbing at work. *European Journal of Work and Organizational Psychology*, p. 170, 1996.

gestores agressores "trabalham sozinhos", uma vez que a violência se encontra inserida nas políticas organizacionais e gerenciais da empresa[67].

Conquanto impere no assédio moral organizacional a tipologia vertical descendente, não se pode deixar de observar que essa modalidade de assédio também pode se apresentar sob a tipologia horizontal e, inclusive, vertical ascendente. Isso pode ocorrer, como assevera Adriane Reis, quando alguns trabalhadores, diante de equipes que possuem alguns membros com baixa produtividade, pressionam estes a sair do grupo ou a atingir elevados níveis de produção. Como o grupo é levado a se colocar como empreendedor, em especial diante das políticas e dos métodos empresariais, pode ser praticado assédio moral horizontal. O mesmo ocorre quando a empresa estimula os subordinados a pressionar os chefes imediatos, para que estes demonstrem liderança e atinjam as metas estipuladas pela administração da empresa[68].

Dessa forma, infere-se que, no assédio moral organizacional, as condutas abusivas estão inseridas no contexto estrutural da empresa, encontrando-se precisamente insculpidas na sua política institucional, haja vista que as práticas assediadoras são ínsitas aos seus próprios métodos de gestão.

3.3.3 Natureza coletiva do público-alvo

O assédio moral organizacional é um assédio moral coletivo *lato sensu*, pois atinge os trabalhadores na perspectiva individual homogênea, coletiva e difusa. Isso porque, para a consecução dos objetivos e das políticas institucionais, toda a coletividade de trabalhadores indistintamente deve ser atingida. Existe ainda a possibilidade, em alguns casos, diante de determinados objetivos empresariais, de que grupos ou setores sejam coletivamente assediados ou, ainda, trabalhadores que apresentem determinado perfil.

Os direitos e interesses individuais homogêneos, conforme intelecção do Código de Defesa do Consumidor, são aqueles decorrentes de origem comum. Assim, quando o assédio moral é praticado a partir de métodos e políticas de gestão da empresa contra alguns trabalhadores, individualizados por suas características comuns, visualiza-se a *dimensão individual*

---

67. SOBOLL, Lis Andréa Pereira. *Assédio moral/organizacional*: uma análise da organização do trabalho. São Paulo: Casa do Psicólogo, 2008, p. 87.

68. ARAÚJO, Adriane Reis de. *O assédio moral organizacional*. São Paulo: LTr, 2012, p. 85.

homogênea do assédio moral organizacional[69]. Em outras palavras, quando as condutas agressivas, estruturadas via política organizacional da empresa, são direcionadas a alvos determinados a partir de um perfil, por exemplo, as gestantes da empresa, os trabalhadores acidentados, os trabalhadores que a empresa deseja despedir, mas não quer arcar com os custos da dispensa sem justa causa, verifica-se a dimensão individual homogênea do assédio[70].

Os direitos coletivos são os direitos transindividuais, de natureza indivisível de que seja titular grupo, categoria ou classe de pessoas ligadas entre si ou com a parte contrária por uma relação jurídica base[71]. Assim, resta configurada a *dimensão coletiva em sentido estrito do assédio moral organizacional* no momento em que todos os trabalhadores de determinada empresa são agredidos indistintamente pelas condutas abusivas ligadas à política empresarial. O mesmo raciocínio vale para grupos ou setores que passam a ser perseguidos pela gestão da empresa. Como exemplo, pode-se citar a imposição exagerada de metas para o setor responsável pelas vendas ou, caso todos os trabalhadores sejam vendedores, a imposição desarrazoada para todos eles, indistintamente.

No que se refere à *dimensão difusa do assédio moral organizacional*, deve-se compreender, além de todos os trabalhadores indiscriminadamente atingidos pelas condutas assediantes, os seus amigos, vizinhos e familiares, cujos laços sociais, diante do assédio, restam seriamente comprometidos, assim como os trabalhadores que venham a ser admitidos futuramente pela empresa.

Nesse âmago, no assédio moral institucional o alvo das condutas assediadoras não são trabalhadores específicos, mas sim todos os trabalhadores indistintamente considerados ou determinado setor ou perfil de trabalhadores.

---

69. MUÇOUÇAH, Renato de Almeida Oliveira. *Assédio moral coletivo nas relações de trabalho*. São Paulo: LTr, 2011, p. 191.

70. SOBOLL, Lis Andrea Pereira; EBERLE, André Davi *et al*. Situações distintas do assédio moral. In: SOBOLL, Lis Andrea Pereira; GOSDAL, Thereza Cristina. *Assédio moral interpessoal e organizacional*. São Paulo: LTr, 2009, p. 19.

71. BRASIL. Lei n. 8.078, de 11 de setembro de 1990. Dispõe sobre a proteção do consumidor e dá outras providências. *Diário Oficial [da] República Federativa do Brasil*. Brasília, DF. Disponível em: <http://www.planalto.gov.br/ccivil_03/leis/l8078. htm>. Acesso em: 19 abr. 2014.

3.3.4 Finalidade institucional

Outro traço característico dessa modalidade assediadora diz respeito à sua *finalidade institucional*, haja vista que o objetivo central não é destruir a vítima, mas sim promover atitudes gerenciais abusivas oriundas de uma organização que estimula a competitividade e que está estruturada sobre uma dose significativa de perversidade, além de envolver exigências desmedidas, como o cumprimento de metas inatingíveis[72].

Outrossim, com base na ideia de que os fins justificam os meios, muitas empresas criam sistemas impessoais e perversos com a finalidade de atingir metas extremamente agressivas, acreditando que é válida qualquer estratégia em nome do lucro e da eficiência, mesmo que viole direitos trabalhistas e a dignidade do trabalhador[73].

Podem ser apontados como finalidades institucionais: a) aumento da produtividade; b) diminuição ou redução dos custos; c) controle dos empregados; d) exclusão de trabalhadores que a empresa não deseja manter em seus quadros, forçando pedidos de demissão e desoneração de verbas rescisórias; e) coibição da formação de demandas individuais e coletivas; f) controle do tempo e dos métodos de trabalho; entre outros[74].

Ademais, o objetivo do assédio organizacional não é atingir uma pessoa em especial, mas sim controlar todo o grupo indiscriminadamente, funcionando como uma técnica de aumento do envolvimento no trabalho e, em alguns casos, como um processo de "seleção natural dos menos resistentes ou – na linguagem organizacional – menos resilientes"[75].

Dessa forma, qualquer que seja a finalidade da instituição, não se pode aceitar que um discurso economicista, fundado no capitalismo e na globalização, possa acobertar práticas assediadoras, permeadas de hostilidade e perversão, que ferem a dignidade, a integridade e os direitos fundamentais do trabalhador.

---

72. SOBOLL, Lis Andréa Pereira. *Assédio moral/organizacional*: uma análise da organização do trabalho. São Paulo: Casa do Psicólogo, 2008, p. 23.

73. LIMA FILHO, Francisco das Chagas. *O assédio moral nas relações laborais e a tutela da dignidade humana do trabalhador*. São Paulo: LTr, 2009, p. 66.

74. GOSDAL, Thereza Cristina; SOBOLL, Lis Andrea Pereira *et al*. Assédio moral organizacional: esclarecimentos conceituais e repercussões. In: SOBOLL, Lis Andrea Pereira; GOSDAL, Thereza Cristina. *Assédio moral interpessoal e organizacional*. São Paulo: LTr, 2009, p. 37.

75. Idem, ibidem, p. 22.

3.3.5 Ataque à dignidade e aos direitos fundamentais do trabalhador

Por fim, outro componente essencial do assédio moral organizacional consiste na *agressão* à *dignidade da pessoa humana* e à *integridade física e mental do trabalhador*. Além disso, essa modalidade assediadora atinge, também, outros direitos fundamentais e sociais, entre os quais se destacam: o direito ao trabalho; o direito à imagem, vida privada, intimidade e honra; o direito ao meio ambiente de trabalho saudável e seguro; o direito à igualdade nas relações de emprego, direito esse, inclusive, que impede a prática de atitudes discriminatórias; o direito à saúde; o direito ao lazer; o direito à liberdade de manifestação do pensamento; o direito à liberdade religiosa; e o direito à liberdade de associação profissional ou sindical.

O assédio organizacional, portanto, diante da gravidade e abusividade das condutas perpetradas, também possui caráter pluriofensivo, pois atinge diversos direitos fundamentais do trabalhador. Os discursos organizacionais, pautados nas necessidades econômicas do mercado, não podem legitimar quaisquer tipos de violências, entre as quais a violência psicológica consubstanciada no assédio moral, que atinge a saúde física e mental do trabalhador, comprometendo seu trabalho, sua convivência social e familiar e, até mesmo, sua vida.

4

As Inovações Tecnológicas e o Assédio Moral Organizacional

As inovações tecnológicas e informacionais transformaram a sociedade e a organização do trabalho. Por meio da robótica e da informática, tornaram-se possíveis o aumento da produção e a melhoria da qualidade dos produtos e serviços. A nova organização laboral, todavia, conquanto tenha ampliado a produtividade, não melhorou necessariamente as condições de trabalho. Os trabalhadores submetidos a acelerados ritmos sofrem cada vez mais com o estresse, com o controle do método de trabalho e com o comprometimento das relações interpessoais.

Dessa forma, este capítulo busca examinar a influência das inovações tecnológicas no assédio moral organizacional, bem como as características da nova modalidade assediadora que emerge do contexto de hiperconexão e informatização da organização do labor: o assédio moral virtual.

4.1 A TECNOLOGIA DA INFORMAÇÃO E A NOVA ORGANIZAÇÃO DO TRABALHO

O século XXI marca uma nova sociedade e uma nova organização do trabalho. O desenvolvimento da tecnologia da informação transformou as relações sociais e também o modo de execução do labor.

O desenvolvimento tecnológico e informacional baliza o surgimento de uma nova era. A microeletrônica, conforme lição de Manuel Castells, causou uma "revolução dentro da revolução", em especial com o advento do microprocessador em 1971[1]. O aumento da capacidade dos *chips*, nos

---

1. Segundo Castells, "esse sistema tecnológico, em que estamos totalmente imersos na aurora do século XXI, surgiu nos anos 70. [...] O microcomputador foi inventado em 1975, e o primeiro produto comercial de sucesso, o Apple 11, foi introduzido

últimos vinte anos do século XX, acelerou essa nova era da informatização, assim como os avanços das telecomunicações, da optoeletrônica (transmissão por fibra ótica e *laser*) e da tecnologia de transmissão por pacotes digitais[2]. A criação e o desenvolvimento da internet consolidaram esse progresso informacional.

Esse novo paradigma tecnológico reestruturou o sistema capitalista em escala global, transformando as relações sociais e, inclusive, as relações de trabalho.

A evolução histórica do emprego foi dominada, nessa nova era, pela tendência desenfreada de aumentar a produtividade do trabalho humano. As inovações tecnológicas permitiram que homens e mulheres aumentassem a produção de mercadorias com mais qualidade e menos esforço e recursos. Os trabalhadores, como observa Castells, "mudaram da produção direta para a indireta, do cultivo, extração e fabricação para o consumo de serviços e trabalho administrativo e de uma estreita gama de atividades econômicas para um universo profissional cada vez mais diverso"[3].

A mão de obra, fator decisivo da produção na economia informacional, vivencia um verdadeiro processo de globalização, e a transformação tecnológica e administrativa do trabalho e das relações produtivas dentro e em torno da empresa é o principal instrumento por meio do qual o paradigma informacional afeta a sociedade em geral[4].

---

em abril de 1977, por volta da mesma época em que a Microsoft começava a produzir sistemas operacionais para microcomputadores. A Xerox Alto, matriz de muitas tecnologias de software para os PCs dos anos 90, foi desenvolvida nos laboratórios PARC em Paio Alto, em 1973. O primeiro comutador eletrônico industrial apareceu em 1969, e o comutador digital foi desenvolvido em meados dos anos 70 e distribuído no comércio em 1977. A fibra ótica foi produzida em escala industrial pela primeira vez pela Coming Glass, no início da década de 1970. Além disso, em meados da mesma década, a Sony começou a produzir videocassetes comercialmente, com base em descobertas da década de 1960 nos EUA e na Inglaterra, que nunca alcançaram produção em massa. E, finalmente, mas não menos importante, foi em 1969 que a ARPA (Agência de Projetos de Pesquisa Avançada do Departamento de Defesa Norte-americano) instalou uma nova e revolucionária rede eletrônica de comunicação que se desenvolveu durante os anos 70 e veio a se tomar a Internet" (CASTELLS, Manuel. *A sociedade em rede – a era da informação*: economia, sociedade e cultura. Trad. Roneide Venâncio Majer. 8. ed. São Paulo: Paz e Terra, 2001. v. 1, p. 92).

2. Idem, ibidem, p. 79-81.

3. Idem, ibidem, p. 292-293.

4. Idem, ibidem, p. 170 e 265.

Contudo, em que pese o atual padrão de acumulação de capital tenha se caracterizado tanto pela introdução de novas tecnologias, como a robótica e a informática, como pela admissão de novas formas de organização e gestão do trabalho[5], observa-se que não houve uma melhoria das condições laborais.

A intensificação do ritmo de trabalho, do crescimento da concorrência e dos métodos de gerenciamento feitos para estimular o individualismo constrói uma sociedade de aparência e de intolerância à fraqueza humana[6]. As sociedades informacionais com certeza são sociedades desiguais, e essas disparidades decorrem muito mais das exclusões e discriminações que ocorrem dentro e em torno da força de trabalho do que da própria estrutura ocupacional pós-moderna[7]. É nesse novo cenário paradigmático que se intensifica o assédio moral.

Marie-France Hirigoyen aponta como principais características da nova organização do trabalho o estresse, a má comunicação, a padronização e a falta de reconhecimento. Com relação ao estresse, pontua a autora que o excesso de trabalho não é o responsável pelo assédio moral, mas sim o ambiente de trabalho no qual não existem regras internas, nem para comportamentos, nem para métodos, e o poder dos chefes não tem limites. Além disso, a evolução das novas tecnologias obriga os trabalhadores a se enquadrarem constante e rapidamente às inovações informacionais, levando "a uma robotização das pessoas"[8].

A má comunicação, por sua vez, interfere negativamente nas relações entre os trabalhadores. Seja na comunicação verbal, seja através de *e-mails*, fala-se depressa e vai-se direto ao essencial. Ademais, as novas tecnologias pressupõem a utilização de uma linguagem "técnica" e "codificada", que exclui os não iniciados. A comunicação mais rápida, em verdade, disfarça a incapacidade desses novos métodos de melhorar as relações interpessoais[9].

---

5. SOUZA, Terezinha Martins dos Santos. Formas de gestão e acumulação flexível: o assédio moral. In: BARRETO, Margarida; NETTO, Nilson Berenchtein; PEREIRA, Lourival Batista. *Do assédio moral à morte em si*: significados do suicídio no trabalho. São Paulo: Matsunaga, 2011, p. 101.

6. GUEDES, Márcia Novaes. *Terror psicológico no trabalho*. São Paulo: LTr, 2003, p. 73.

7. CASTELLS, Manuel. *A sociedade em rede – a era da informação*: economia, sociedade e cultura. Trad. Roneide Venâncio Majer. 8. ed. São Paulo: Paz e Terra, 2001. v. 1, p. 285.

8. HIRIGOYEN, Marie-France. *Mal-estar no trabalho*: redefinindo o assédio moral. Rio de Janeiro: Bertrand Brasil, 2002, p. 188-190.

9. Idem, ibidem, p. 192.

A padronização e a falta de reconhecimento, por outro lado, violam a liberdade de manifestação do pensamento do trabalhador, forçando-o, muitas vezes, a perder sua identidade[10]. As diferenças não são aceitas, e as diversidades cada vez menos toleradas.

Nessa senda, infere-se que as inovações tecnológicas e informacionais transformaram a sociedade e a organização do trabalho. Por meio da robótica e da informática, tornaram-se possíveis o aumento da produção e a melhoria da qualidade dos produtos e serviços. A nova organização laboral, todavia, conquanto tenha ampliado a produtividade, não melhorou as condições de trabalho. Os trabalhadores submetidos a acelerados ritmos sofrem cada vez mais com o estresse, com o controle do modo, forma e método de trabalho, com o comprometimento das relações interpessoais e, em alguns casos, com o desrespeito à diversidade.

4.2 O ASSÉDIO MORAL ORGANIZACIONAL NAS INSTITUIÇÕES BANCÁRIAS

As instituições bancárias são fortemente marcadas por práticas de assédio moral organizacional. Com a redução dos postos de trabalho operada pela automatização das instituições financeiras, o trabalhador é forçado a se submeter a condições de exploração, a abusivos métodos de gestão e a violência psicológica, ocasionada, principalmente, pelas constantes pressões.

Em nome dos resultados e do lucro, as instituições financeiras forçam o bancário a laborar em um ritmo excessivo, mediante o cumprimento de metas exageradas, que, caso não sejam cumpridas, o expõem às mais diversificadas formas de constrangimento, humilhação e ridicularização. O bancário sofre diversas consequências na sua saúde física e psíquica, comprometendo as suas relações laborais, sociais e familiares. Nessa senda, busca-se examinar o assédio moral organizacional no setor bancário, destacando a influência da tecnologia da informação na organização laboral dos bancos, além de identificar os mecanismos assediadores e as principais consequências para a saúde mental do trabalhador.

4.2.1 A organização do trabalho nos bancos

Pressão para atingir metas, sobrecarga e ritmo acelerado e excessivo de trabalho, segregação dos empregados, desconsideração de aspectos

---

10. HIRIGOYEN, Marie-France. *Mal-estar no trabalho*: redefinindo o assédio moral. Rio de Janeiro: Bertrand Brasil, 2002, p. 198-199.

éticos e de segurança, sistema de premiações, divisão de tarefas, divisão do tempo, desenho da estrutura hierárquica, estratégias de controle e extrapolação da jornada de trabalho são algumas formas de organização do trabalho bancário.

A *organização do trabalho*, como bem explica João Batista Ferreira, desdobra-se em duas dimensões, quais sejam: a divisão do trabalho e a divisão dos homens. A *divisão do trabalho* corresponde à divisão de tarefas e à repartição do modo operatório prescrito. A *divisão dos homens*, por sua vez, consiste na divisão das relações de poder e no desenho do sistema hierárquico[11]. A organização do trabalho engloba, assim, uma organização horizontal, representada pela divisão de tarefas, e uma organização vertical, relacionada com o escalonamento hierárquico de poder.

Com as inovações tecnológicas, visualizou-se um remodelamento da organização do trabalho bancário, sem a respectiva melhoria das condições laborais. Com a redução dos postos de trabalho operada pela automatização das instituições bancárias e financeiras, o trabalhador é forçado a se submeter a condições de exploração, a abusivos métodos de gestão e a violência psicológica, ocasionada, principalmente, pelas constantes pressões. O assédio moral organizacional emerge nesse contexto.

A Coordenadoria Nacional de Promoção de Igualdade de Oportunidades e Eliminação de Discriminação no Trabalho (Coordigualdade), do Ministério Público do Trabalho, aponta algumas características da organização laboral bancária que propiciam a prática do assédio moral:

- Estrutura hierarquizada.
- Burocracia excessiva.
- Forte pressão por produtividade (cotas e investimentos).
- Metas que desconsideram a situação econômica conjuntural/estrutural.
- Baixa importância dada pela empresa à relação profissional/cliente.
- Discrepância entre a jornada de trabalho real e a jornada de trabalho formal, registrada em cartões de ponto (os funcionários encerram suas atividades na sua própria senha e permanecem trabalhando "logados" em outras senhas fornecidas pela gerência com a finalidade de evitar deixar vestígios da sobrejornada).
- Políticas de demissão (PDVs) e de transferências para agências mais distantes dentro da mesma localidade.
- Tratamento hostil dispensado pelos gestores dos estabelecimentos bancários e pelos demais colegas aos empregados convalescentes.

---

11. FERREIRA, João Batista. Violência e assédio moral no trabalho: patologias da solidão e do silêncio. In: SOBOLL, Lis Andréa Pereira (org.). *Violência psicológica no trabalho e assédio moral*. São Paulo: Casa do Psicólogo, 2008, p. 116.

- Exigência de um perfil (que pode ser estético ou baseado em uma análise da vida pregressa do empregado etc.).
- Resistência ao engajamento sindical, com criação de entraves.
- Insegurança nas agências bancárias, com casuística de agressões físicas e psicológicas decorrentes de constantes assaltos.
- Processo de qualificação permanente.
- Progressão na carreira vinculada ao cumprimento de metas.
- Políticas institucionais de competição entre os bancários.
- Institucionalização de um padrão de comportamento dos bancários pautado nas seguintes premissas: ser amável, comunicativo, ter disposição para vender produtos, fidelizar clientes[12].

Nesse contexto, situações como automação do trabalho dos bancários, pressão pelo cumprimento de metas, sistema de comparações, políticas de demissão, extrapolação da jornada de trabalho, estrutura hierarquizada e despreparo de muitos chefes marcam o cenário organizacional do setor bancário, propiciando o assédio moral, de modo que se fazem necessárias mais considerações sobre esses aspectos.

4.2.1.1 *Controle automatizado do trabalhador bancário: assédio moral virtual*

Independentemente da posição hierárquica, o trabalhador bancário é monitorado por sistemas informatizados de identificação do operador. Além do controle da jornada de trabalho, o sistema automatizado computa as tarefas realizadas e os resultados obtidos por determinado trabalhador, haja vista que, tanto em bancos públicos como em privados, o trabalho é operacionalizado por intermédio de um "sistema computadorizado" acessado pelo número de matrícula do bancário. Assim, torna-se possível controlar a jornada e a produtividade instantânea e permanente do trabalhador[13].

Esse tipo de controle, como sinaliza Lis Soboll, é constante, sutil, onipresente e persistente no tempo, registrando todas as vendas realizadas. Ademais, as avaliações de desempenho ficam arquivadas nesse sistema, podendo ser acessadas por outros profissionais, a depender da posição hierárquica[14].

---

12. MINISTÉRIO PÚBLICO DO TRABALHO. *Assédio moral em estabelecimentos bancários* (Cartilha). Brasília: Coordigualdade, 2013, p. 10.

13. SOBOLL, Lis Andréa Pereira. *Assédio moral/organizacional*: uma análise da organização do trabalho. São Paulo: Casa do Psicólogo, 2008, p. 92.

14. Idem, ibidem.

A respectiva forma de vigilância pode ser comparada, inclusive, com o *Panóptico* estudado por Michel Foucault, segundo o qual a inspeção funciona constantemente e o olhar está alerta em toda parte, de modo a induzir no indivíduo um estado consciente e permanente de visibilidade, tendo em vista que, como os menores movimentos são controlados e todos os acontecimentos são registrados, o poder é exercido sem divisão, segundo uma figura hierárquica contínua[15].

Além do controle e da vigilância realizada pela automatização do trabalho bancário, verifica-se, também, em algumas agências, que a conexão do funcionário ao sistema da instituição financeira somente é possível após a aceitação de alterações no seu contrato de trabalho. Como em muitos casos o bancário só pode laborar a partir do seu acesso ao terminal computadorizado, ele é obrigado a aceitar as alterações contratuais, geralmente lesivas, para poder trabalhar. Assim, são compelidos a aderir às mudanças propostas no sistema, ainda que não desejadas, já que este

---

15. Segundo Foucault, "A inspeção funciona constantemente. O olhar está alerta em toda parte: [...] Esse espaço fechado, recortado, vigiado em todos os seus pontos, onde os indivíduos estão inseridos num lugar fixo, onde os menores movimentos são controlados, onde todos os acontecimentos são registrados, onde um trabalho ininterrupto de escrita liga o centro e a periferia, onde o poder é exercido sem divisão, segundo uma figura hierárquica contínua, onde cada indivíduo é constantemente localizado, examinado e distribuído entre os vivos, os doentes e os mortos – isso tudo constitui um modelo compacto do dispositivo disciplinar. [...] O *Panóptico* de Bentham é a figura arquitetural dessa composição. O princípio é conhecido: na periferia uma construção em anel; no centro, uma torre; esta é vazada de largas janelas que se abrem sobre a face interna do anel; a construção periférica é dividida em celas, cada uma atravessando toda a espessura da construção; elas têm duas janelas, uma para o interior, correspondendo às janelas da torre; outra, que dá para o exterior, permite que a luz atravesse a cela de lado a lado. Basta então colocar um vigia na torre central, e em cada cela trancar um louco, um doente, um condenado, um operário ou um escolar. Pelo efeito da contraluz, pode-se perceber da torre, recortando-se exatamente sobre a claridade, as pequenas silhuetas cativas nas celas da periferia. [...] Daí o efeito mais importante do Panóptico: induzir no detento um estado consciente e permanente de visibilidade que assegura o funcionamento automático do poder. Fazer com que a vigilância seja permanente em seus efeitos, mesmo se é descontínua em sua ação; que a perfeição do poder tenda a tornar inútil a atualidade de seu exercício; que esse aparelho arquitetural seja uma máquina de criar e sustentar uma relação de poder independente daquele que o exerce; enfim, que os detentos se encontrem presos numa situação de poder de que eles mesmos são os portadores" (FOUCAULT, Michel. *Vigiar e punir*: nascimento da prisão. Trad. Raquel Ramalhete. 20. ed. Petrópolis: Vozes, 1999, p. 162-164).

permanece travado até que as alterações sejam confirmadas[16]. É nesse contexto que emerge o **assédio moral organizacional virtual**, uma modalidade nova e bastante presente no setor bancário.

Por fim, cumpre evidenciar que muitas instituições estimulam os trabalhadores a direcionarem os clientes para o terminal de atendimento automatizado, induzindo-os a colaborar com a organização no sentido de torná-los dispensáveis[17].

4.2.1.2 Pressão por produtividade e cumprimento de metas abusivas

Depois da reestruturação do setor financeiro, em especial com a tecnologia da informação, a venda de produtos tornou-se uma das atividades centrais do setor bancário. Seguros, cartões de crédito, planos de previdência, planos de capitalização, consórcios, empréstimos e investimentos são alguns dos produtos vendidos pelos empregados das instituições bancárias. Atrelado a essas vendas está o cumprimento de metas.

O estabelecimento de metas é uma estratégia legítima. Entretanto, a especificidade dessa estratégia, ao lado do processo de definição de metas, das pressões para a produtividade e do sistema de punições e recompensas, torna essa exigência abusiva e favorece a prática de assédio moral[18]. A alta hierarquia do banco define as metas, que, por sua vez, são distribuídas aos setores e gerentes, sendo acompanhadas das pressões por todo sistema, até chegar ao trabalhador individualizado. A pressão se transmite, assim, em cascata, restando disseminada por todos os setores e níveis hierárquicos[19], nos seguintes moldes:

> a meta é estabelecida pela alta cúpula do banco, que a repassa ao seu diretor imediato, que a repassa ao seu diretor regional, que a repassa aos seus gerentes. Por sua vez, o gerente repassará as metas para a sua equipe, isto é, aos gerentes de conta, de expansão, chefes de serviços, caixas, escriturários, que terão que cumpri-las sem muito discutir os meios para atingi-las[20].

---

16. MINISTÉRIO PÚBLICO DO TRABALHO. *Assédio moral em estabelecimentos bancários* (Cartilha). Brasília: Coordigualdade, 2013, p. 18.

17. SOBOLL, Lis Andréa Pereira. *Assédio moral/organizacional*: uma análise da organização do trabalho. São Paulo: Casa do Psicólogo, 2008, p. 93.

18. Idem, ibidem, p. 94.

19. Idem, ibidem, p. 94-95.

20. AULER, Sabrina. Sob pressão: cobrança excessiva e metas de produção podem estar adoecendo os bancários. *Proteção*: revista mensal de saúde e segurança do trabalho, Novo Hamburgo, RS, ano XXIII, jan. 2010.

Observa-se, desse modo, uma exacerbação da lógica de que *os fins justificam os meios*, tendo em vista que muitas instituições criam sistemas impessoais e perversos com a finalidade de atingir metas extremamente agressivas, acreditando que é válida qualquer estratégia em nome do lucro e da eficiência, mesmo que viole direitos trabalhistas e a dignidade do trabalhador[21].

Faz-se mister destacar que, muitas vezes, a progressão na carreira está vinculada ao cumprimento de metas, fato que ocasiona maior pressão e preocupação aos bancários, que extrapolam os seus limites físicos e psíquicos para alcançar os elevados índices de produtividade e conseguir a progressão. Para tanto, muitos excedem as suas jornadas de trabalho, comprometendo a saúde e a convivência social e familiar.

Atrelado ao cumprimento de metas, as instituições bancárias geralmente utilizam o sistema de "prendas". Trata-se, em verdade, de um mecanismo punitivo, pautado na ridicularização pública do trabalhador que não alcançou as metas estabelecidas. Na maioria das vezes, ele é desqualificado por meio de gestos, palavras, gritos, olhares ou atitudes, sendo forçado a "pagar prendas" perante colegas de trabalho, gerentes ou, até mesmo, clientes, como forma de compeli-lo a aumentar a produtividade, atingir as metas ou pedir o desligamento do quadro funcional.

Além do sistema de punições, podem ser utilizados os sistemas de premiações ou recompensas, principalmente pela classificação em *ranking*. O referido mecanismo estimula uma forte competitividade, tornando o ambiente de trabalho hostil e individualista. Como salienta Lis Soboll, esse processo, sem limites, inserido na estratégia de gestão, naturaliza o sofrimento e a violência, além de configurar um ambiente laboral de constante controle, avaliação e exposição, sobretudo porque a produtividade é fixada de acordo com um padrão estabelecido pela própria organização. A comparação rompe com a solidariedade e transforma os pares em concorrentes, operando-se, desse modo, um processo de isolamento e individualização[22]. Além disso, os que conseguem atingir as metas estabelecidas sentem-se constrangidos diante das exposições e comparações de resultados[23].

---

21. LIMA FILHO, Francisco das Chagas. *O assédio moral nas relações laborais e a tutela da dignidade humana do trabalhador*. São Paulo: LTr, 2009, p. 66.

22. SOBOLL, Lis Andréa Pereira. *Assédio moral/organizacional*: uma análise da organização do trabalho. São Paulo: Casa do Psicólogo, 2008, p. 109.

23. Idem, ibidem, p. 110.

Com efeito, seja pelo sistema de punição, seja pelo sistema de recompensa, os trabalhadores que "não foram produtivos" para a instituição financeira são humilhados e têm sua dignidade e integridade gravemente feridas.

Nesse contexto, o ambiente laboral bancário é marcado pela imposição do cumprimento de metas abusivas e pela forte pressão por produtividade. Em nome dos resultados e do lucro, as instituições financeiras forçam o bancário a laborar em um ritmo excessivo, mediante o cumprimento de metas exageradas, que, caso não sejam cumpridas, o expõem às mais diversificadas formas de constrangimento, humilhação e ridicularização. A concorrência entre os colegas de trabalho é acirrada, e o meio ambiente laboral torna-se cada vez mais hostil e violento.

4.2.1.3 Perversidade e despreparo dos superiores hierárquicos

A organização do trabalho nos bancos também é marcada por uma forte estrutura hierarquizada. O trabalho bancário atual é uma atividade desenvolvida entre as demandas dos clientes, as cobranças dos supervisores e as metas impostas pela empresa. Como abordado, o trabalho no setor bancário organiza-se com base na venda de produtos. Nesse contexto, profissionais bons vendedores tornam-se supervisores focados em resultados, muitas vezes sem preparo ou perfil para a função, utilizando estratégias desumanas ou inadequadas de gerenciamento do grupo, como palavras ofensivas, xingamentos, rebaixamentos e desprezo[24].

Ressalte-se que os mesmos métodos usados por gestores despreparados também são praticados por diretores, observando-se, portanto, um abuso do poder formal, que se repete com frequência em todos os níveis hierárquicos[25].

A carreira do bancário depende diretamente da produtividade individual. Ao assumir um cargo de gerência ou supervisão, o gestor impõe aos seus subordinados dedicação, submissão e docilidade sem limites, gerando perseguições aos empregados que não aceitam essa entrega absoluta ao líder[26]. A falta de treinamento para a função de supervisor e a inexistência de acompanhamento dos processos, como bem assinala Lis Soboll,

---

24. SOBOLL, Lis Andréa Pereira. *Assédio moral/organizacional*: uma análise da organização do trabalho. São Paulo: Casa do Psicólogo, 2008, p. 46-47.

25. Idem, ibidem, p. 47.

26. PRATA, Marcelo Rodrigues. *Anatomia do assédio moral no trabalho*: uma abordagem transdisciplinar. São Paulo: LTr, 2008, p. 402-403.

abrem espaço para as mais diversas estratégias de gestão que ofereçam os resultados esperados[27].

Outro ponto que merece análise diz respeito às características pessoais do gestor. Isso porque a história pessoal, os momentos de vida e a personalidade do bancário gestor interferem, e muito, na execução do trabalho. Além disso, para que os aspectos pessoais sejam determinantes à instalação da violência psicológica no setor bancário, faz-se necessário que a organização seja conivente, estimulando, propiciando, incentivando e permitindo que tais práticas aconteçam dentro da sua estrutura[28].

Assim, a associação entre os resultados de venda e a ascensão profissional nem sempre é positiva, principalmente porque acarreta o despreparo dos gestores, que, ao serem cobrados pelos superiores hierárquicos e pela própria organização bancária, utilizam-se das mais variadas e perversas formas de gestão, que pressionam, humilham e constrangem os trabalhadores a eles subordinados, retirando-lhes, muitas vezes, a dignidade.

4.2.1.4 Excesso de jornada

Outro aspecto da doentia organização do trabalho bancário está relacionado ao excesso da jornada. Isso porque, na busca por metas e produtividade, os bancários extrapolam a jornada de trabalho para atender às demandas impostas e não sofrer humilhação, rebaixamento ou hostilização. As constantes ameaças de demissão ou de perda da função comissionada também agravam essa realidade.

Como bem assevera Maria Maeno, "o banco é um grande balcão de produtos. Lá, vendem crédito, empréstimos, seguros de vida, contra incêndio, contra roubos, previdência privada, o que mostra que todos os bancários foram 'convertidos' em vendedores"[29].

Nesse ínterim, os gestores pressionam os bancários a vender cada vez mais, fixando prazos desnecessariamente curtos para o cumprimento das metas de venda. O trabalhador não tem alternativa senão exceder a

---

27. SOBOLL, Lis Andréa Pereira. *Assédio moral/organizacional*: uma análise da organização do trabalho. São Paulo: Casa do Psicólogo, p. 103.

28. Idem, ibidem, p. 106.

29. AULER, Sabrina. Sob pressão: cobrança excessiva e metas de produção podem estar adoecendo os bancários. *Proteção*: revista mensal de saúde e segurança do trabalho, Novo Hamburgo, RS, ano XXIII, jan. 2010.

jornada de trabalho para atingir os resultados fixados pelo banco. Ademais, para não comprometer a produtividade, muitas reuniões são marcadas depois do expediente normal de trabalho.

Os bancos, com frequência, fazem teleconferência para passar orientações e cobrar metas dos funcionários. Acontece que, em muitos casos, em virtude das reuniões, os trabalhadores costumam ultrapassar o expediente e sair das agências depois das 19 horas. Dessa forma, além de exceder a jornada, muitos empregados que moram distantes do local de labor enfrentam graves dificuldades para retornar para casa.

Outra situação relativa ao excesso de jornada diz respeito à discrepância entre a jornada de trabalho real e a jornada de trabalho formal, tendo em vista que, em muitos bancos, os empregados encerram suas atividades na sua própria senha e permanecem trabalhando logados em outras senhas fornecidas pela gerência, sem deixar vestígio da jornada extraordinária[30].

4.2.1.5 Planos de Demissão Voluntária

Com relação ao Plano de Demissão Voluntária (PDV) ou Plano de Demissão Incentivada (PDI), cumpre em breves linhas pontuar que eles surgiram no ordenamento jurídico brasileiro como etapa prévia dos processos de privatização dos anos 1990, para a redução do quadro de pessoal, tendo por objetivo a concessão de uma vantagem pecuniária ao empregado que se desligar voluntariamente. Além disso, segundo Adriane Reis, todos os trabalhadores indesejados, como os reivindicativos, os mais antigos e os doentes, eram perseguidos pela organização para assinar a sua opção pelo plano, instaurando-se um clima de pânico geral[31].

De acordo com a Orientação Jurisprudencial n. 270 da SDI-I do TST, o empregado que aderisse ao PDV não concedia quitação geral ao contrato de trabalho, mas tão somente às parcelas e aos valores constantes do recibo. Todavia, em abril de 2015, o STF, no julgamento do RE 590.415/SC, decidiu pela validade da cláusula de quitação geral, ampla e irrestrita das verbas trabalhistas decorrentes do contrato de trabalho, desde que prevista em acordo coletivo e nos demais instrumentos assinados pelo empregado.

---

30. MINISTÉRIO PÚBLICO DO TRABALHO. *Assédio moral em estabelecimentos bancários* (Cartilha). Brasília: Coordigualdade, 2013, p. 18.

31. ARAÚJO, Adriane Reis de. *O assédio moral organizacional*. São Paulo: LTr, 2012, p. 84.

A Lei n. 13.467/2017 inseriu o art. 477-B na CLT, prevendo que o PDV ou PDI, para dispensa individual, plúrima ou coletiva, previsto em convenção coletiva ou acordo coletivo de trabalho, enseja quitação plena e irrevogável dos direitos decorrentes da relação empregatícia, salvo ajuste em contrário.

Cumpre evidenciar que a cláusula de quitação plena e irrevogável não deve constituir um óbice ao acesso à justiça, bem como à satisfação dos direitos indisponíveis e das verbas alimentares trabalhistas, sob pena de criação de um mecanismo de renúncia e retrocesso social. Nesse sentido, o Enunciado n. 58 da 2ª Jornada de Direito Material e Processual do Trabalho, cujo texto assim dispõe:

Enunciado n. 58

Termo de quitação anual

I) Os pagamentos efetuados por conta de termo de compromisso arbitral, "quitação anual" de obrigações trabalhistas, extinção do contrato por "mútuo acordo" e *plano de demissão voluntária ou incentivada só podem produzir eficácia liberatória limitada aos valores efetivamente adimplidos das parcelas discriminadas. Em respeito à garantia constitucional de acesso à jurisdição (art. 5º, XXXV) e ao artigo 25 da Convenção Americana de Direitos Humanos, mantém-se o pleno direito de acesso ao judiciário para solucionar situações conflituosas, inclusive para satisfação de diferenças sobre rubricas parcialmente pagas.* II) O termo de quitação deverá estar necessariamente acompanhado de documentos comprobatórios, sob assistência efetiva do sindicato. III) O termo de quitação deve, pois, ser interpretado restritivamente, com eficácia liberatória de alcance limitado aos valores das parcelas expressamente especificadas no documento, sem implicar renúncia ou extinção da obrigação e nem impedir o exercício do direito fundamental de ação. IV) O referido termo será nulo de pleno direito se desvirtuar, impedir ou fraudar as disposições de proteção ao trabalho, os contratos coletivos e as decisões das autoridades trabalhistas competentes[32].

Por fim, insta observar que, além dos PDVs, muitas instituições bancárias coagem os trabalhadores a assinarem planos de previdência, menos favoráveis que os anteriores, sob ameaça de não progressão na carreira. Trata-se de uma forma de assédio moral organizacional, que atinge todos os bancários indistintamente, em prol dos fins almejados pelo banco.

---

32. SEGUNDA JORNADA DE DIREITO MATERIAL E PROCESSUAL DO TRABALHO. *Enunciado n. 58.* Disponível em: <http://www.jornadanacional.com.br/listagem-enunciados-aprovados-vis1.asp>. Acesso em: 2 ago. 2018.

Nessa senda, a atual organização do trabalho é marcada pelo controle automatizado do trabalhador bancário, pelas constantes pressões por produtividade, pela imposição de metas inatingíveis, pelo despreparo dos superiores hierárquicos, pelo excesso de jornada e planos prejudiciais coletivos, entre outras práticas que tornam o ambiente laboral no setor bancário altamente competitivo, hostil e agressivo, atingindo ferozmente a dignidade e integridade do trabalhador, além de comprometer a sua saúde física e mental.

4.2.2 O assédio moral organizacional e a saúde do bancário

O setor bancário é um dos que mais lucram no Brasil. A título de exemplo, os lucros das quatro maiores instituições financeiras brasileiras, quais sejam, Itaú Unibanco, Bradesco, Banco do Brasil e Santander, no 1º trimestre de 2018, totalizou 16,3 bilhões de reais[33]. Em contrapartida, a organização laboral bancária traz uma série de consequências à saúde física e mental dos trabalhadores.

A organização do trabalho nos bancos é marcada pelo individualismo, pela competitividade, pela falta de solidariedade, pela instrumentalização do medo e por práticas de gestão manipuladoras. Referidas práticas tornam o ambiente laboral das instituições bancárias perverso e instrumentalizam o assédio moral organizacional, que, gradativamente, destrói o trabalhador, comprometendo sua saúde e convivência social e familiar. Por isso, objetiva-se identificar as principais consequências do assédio moral organizacional bancário para a saúde dos trabalhadores.

4.2.2.1 Características do assédio moral organizacional nos bancos

A organização do trabalho bancário, evidenciada no tópico anterior, propicia o aparecimento de um ambiente laboral perverso e hostil, caracterizado por constantes práticas de assédio moral. Como a violência psicológica perpetrada está inserida na política organizacional e gerencial da instituição financeira, sendo dirigida a todos os bancários indistintamente ou a determinado setor ou perfil de bancários, infere-se que o assédio moral ultrapassa as relações interpessoais, configurando-se, em verdade, como um assédio moral organizacional.

---

33. G1. Lucro dos maiores bancos do Brasil no 1º trimestre é o maior desde 2015. *G1 Economia*. Disponível em: <https://g1.globo.com/economia/noticia/lucro-dos--maiores-bancos-do-brasil-no-1o-trimestre-e-o-maior-desde-2015.ghtml>. Acesso em: 2 ago. 2018.

A organização laboral do setor bancário possibilita o aparecimento de todas as características do assédio moral organizacional, a saber: abusividade da conduta, habitualidade, contexto organizacional ou gerencial, natureza coletiva do público-alvo, finalidade institucional e ataque à dignidade e aos direitos fundamentais do trabalhador.

Nesse diapasão, podem-se destacar como atitudes que expressam o assédio moral no setor bancário as seguintes:

- Retirar a autonomia do empregado.
- Contestar, a todo momento, as decisões do empregado.
- Sobrecarregar o funcionário de novas tarefas.
- Retirar o trabalho que normalmente competia àquele empregado ou não atribuir atividades a ele, deixando-o sem quaisquer tarefas a cumprir, provocando a sensação de inutilidade e de incompetência, ou colocando-o em uma situação humilhante frente aos demais colegas de trabalho.
- Ignorar a presença do empregado, dirigindo-se apenas aos demais trabalhadores.
- Falar com o empregado aos gritos.
- Espalhar rumores a respeito do bancário.
- Não levar em conta seus problemas de saúde.
- Criticar a vida particular do empregado.
- Evitar a comunicação direta com o assediado: ocorre quando o assediador se comunica com a vítima apenas por *e-mail*, bilhetes ou terceiros e outras formas indiretas de comunicação.
- Isolar fisicamente o empregado no ambiente de trabalho, para que ele não se comunique com os demais colegas.
- Desconsiderar, injustificadamente, opiniões da vítima.
- Impor condições e regras de trabalho personalizadas ao empregado, diferentes das que são cobradas dos demais, mais trabalhosas ou mesmo inúteis.
- Delegar tarefas impossíveis de serem cumpridas ou que normalmente são desprezadas pelos outros.
- Determinar prazo desnecessariamente curto para finalização de um trabalho.
- Manipular informações, deixando de repassá-las com a devida antecedência necessária para que o empregado realize as atividades.
- Vigiar excessivamente apenas o empregado assediado.
- Limitar o número de vezes e monitorar o tempo em que o empregado permanece no banheiro.
- Fazer comentários indiscretos quando o empregado falta ao serviço para ir a consultas médicas.
- Adverti-lo arbitrariamente.
- Divulgar boatos ofensivos sobre a moral do empregado.
- Pressionar os bancários a realizar tarefas para as quais não se sentem habilitados (p. ex.: se falta um caixa, o empregado deve suprir a ausência, ainda que não se sinta habilitado para este fim).

- Instigar o controle de um empregado por outro, fora do contexto da estrutura hierárquica, espalhando, assim, a desconfiança e buscando evitar a solidariedade entre colegas[34].

Ressalte-se que no assédio moral organizacional bancário as represálias se apresentam pelo binômio gratificação-sanção, uma vez que existem empregados que são exaltados por se encaixarem no perfil da instituição e outros que são sistematicamente hostilizados em virtude da baixa rentabilidade de sua carteira de clientes ou porque não venderam bem os produtos bancários, por exemplo, certo número de títulos de capitalização ou seguros de vida[35].

Com efeito, seja por meio da gestão por estresse, da gestão por injúria, da gestão por medo, da exposição constrangedora de resultados, das premiações negativas, das ameaças e das cobranças exageradas, a organização do trabalho bancário propicia o assédio moral organizacional, em especial pela inserção da violência psicológica nos aparatos e nas estruturas do próprio banco. Os trabalhadores, submetidos a constantes pressões, vigilâncias e imposições de metas, suportam até o último limite, até quando o corpo e a mente aguentarem essa insustentável situação.

4.2.2.2 A saúde mental do trabalhador bancário

Com o desenvolvimento tecnológico e o aumento da intensidade e sobrecarga de trabalho, em especial em um contexto de hiperconexão e telepressão, verifica-se o aparecimento de doenças osteomusculares[36], cardíacas, neurológicas, estomacais, reumáticas e mentais nos trabalhadores. A CF/1988, alicerçada na dignidade da pessoa humana e nos valores sociais do trabalho, consagra o direito fundamental à saúde (arts. 6º, 7º, XXII, e 196), que, de acordo com a Organização Mundial de Saúde, abrange

---

34. MINISTÉRIO PÚBLICO DO TRABALHO. *Assédio moral em estabelecimentos bancários* (Cartilha). Brasília: Coordigualdade, 2013, p. 16-17.

35. Idem, ibidem, p. 13.

36. Entre os transtornos osteomusculares e do tecido conjuntivo (LER/DORT) que mais acometem os teletrabalhadores, pode-se destacar: síndrome cervicobraquial (M53.1), dorsalgia (M54.-), sinovites e tenossinovites (M65.-), bursite da mão (M70.1), bursite do ombro (M75.5), síndrome do manguito rotatório (M75.1), entre outros (SOUZA, Ilan Fonseca de; BARROS, Lidiane de Araújo; FILGUEIRAS, Vitor Araújo. *Saúde e segurança do trabalho*: curso prático. Brasília: ESMPU, 2017, p. 121-122).

não apenas a ausência de afecções e enfermidades, mas, principalmente, um estado de completo bem-estar físico, psíquico e social[37].

Destarte, o assédio moral organizacional, praticado de forma presencial ou virtual, pode acarretar várias consequências para a saúde mental do trabalhador bancário, identificando-se, precipuamente, os seguintes transtornos: estresse, desordem de estresse pós-traumático, síndrome do *burn-out*, depressão e suicídio.

O termo "estresse" teve origem nas ciências físicas no século XVIII e significa um estado de tensão de um sistema, induzido por forças externas. Hans Selye, a partir de 1950, utilizou o termo "estresse" para descrever uma resposta fisiológica estruturada com a função defensiva do organismo vivo contra o ambiente, identificando três fases: a) fase do alarme, quando o organismo percebe um estímulo estressor, prepara-se fisiológica e psicologicamente para lutar com ele ou fugir dele; b) fase de resistência, ocorre quando o estímulo é de grande intensidade ou persistente, forçando o organismo a restabelecer o equilíbrio. Surgem sinais de desgaste nessa fase; c) fase da exaustão ou esgotamento, aparece quando a resistência não é suficiente para superar o desgaste. Essa fase é acompanhada de graves lesões na saúde física e psicológica do indivíduo[38].

O estresse, como bem observa Rodrigues Pinto, não é, em si mesmo, uma enfermidade, mas um portal de acesso a diversas patologias físicas e mentais, haja vista que a negligência diante dos seus pré-avisos tem decorrências médicas que o convertem em graves moléstias ou em veículo de perda da capacidade para o trabalho[39].

Os principais pré-avisos do estresse são: a) dores de cabeça atípicas; b) repousos noturnos intranquilos; c) desconcentração mental; d) irritabilidade; e) inapetência; f) distonia e perturbações estomacais; g) insatisfação com o trabalho; h) depressão física ou moral[40].

---

37. ORGANIZAÇÃO MUNDIAL DA SAÚDE. *Constituição da Organização Mundial da Saúde*. Documentos básicos, suplemento da 45. ed., out. 2006. Disponível em: <https://www.who.int/governance/eb/who_constitution_sp.pdf?ua=1>. Acesso em: 29. nov. 2019.

38. SELYE, 1974, *apud* SOBOLL, Lis Andrea Pereira; EBERLE, André Davi *et al*. Situações distintas do assédio moral. In: SOBOLL, Lis Andrea Pereira; GOSDAL, Thereza Cristina. *Assédio moral interpessoal e organizacional*. São Paulo: LTr, 2009, p. 46.

39. PINTO, José Augusto Rodrigues. Viagem em torno da segurança e da saúde no trabalho. In: FERREIRA, Januário Justino (coord.). *Saúde mental no trabalho*: coletânea do Fórum de Saúde e Segurança no Trabalho do Estado de Goiás. Goiânia: Cir Gráfica, 2013, p. 56.

40. Idem, ibidem.

O estresse decorrente do trabalho excessivo, ocasionado por pressões e exagero de tarefas múltiplas e repetitivas, pode levar o trabalhador a uma fase avançada de destruição, denominada desordem de estresse pós--traumático, ou a uma situação de depressão por esgotamento, também conhecida como síndrome do *burn-out*[41].

O Transtorno de Estresse Pós-Traumático (TEPT), como bem explicita Carlos Eduardo Carrusca Vieira, consiste no quadro psiquiátrico que tem como característica essencial o desenvolvimento de determinados sintomas depois da exposição a um extremo estressor traumático, a uma revivência persistente de um evento traumático ou, até mesmo, a esquiva persistente de estímulos associados com o trauma[42].

O estado de estresse pós-traumático, nessa senda, é um transtorno decorrente da vivência de uma agressão psíquica desencadeada por um evento violento, e a sintomatologia se inicia geralmente depois de um período de latência, período esse que inclui revivescências da cena traumática (fenômenos de *flash back*) e, também, a ocorrência de sonhos repetidos referentes à mesma cena. Referido quadro é acompanhado por ansiedade e pode desencadear depressão[43].

Por outro lado, o estresse pode levar o trabalhador a uma situação de depressão por esgotamento, também conhecida como Síndrome do Esgotamento Profissional ou Síndrome do *burn-out*, que significa "queimar até a exaustão". Desse modo, a expressão *burn-out* denota a ideia de "fogo que vai se apagando aos poucos, até definitivamente cessar"[44].

A Síndrome do *burn-out,* como bem preleciona Pablo Bernardes, consiste no "estado físico e mental de profunda extenuação, que se desenvolve em decorrência de exposição significativa a situações de alta deman-

---

41. HIRIGOYEN, Marie-France. *Mal-estar no trabalho*: redefinindo o assédio moral. Rio de Janeiro: Bertrand Brasil, 2002, p. 20.

42. VIEIRA, Carlos Eduardo Carrusca. *Assédio*: do moral ao psicossocial. Curitiba: Juruá, 2008, p. 124.

43. SELIGMANN-SILVA, Edith. Psicopatologia no trabalho: aspectos contemporâneos. In: FERREIRA, Januário Justino (coord.). *Saúde mental no trabalho*: coletânea do Fórum de Saúde e Segurança no Trabalho do Estado de Goiás. Goiânia: Cir Gráfica, 2013, p. 234.

44. BERNARDES, Pablo Ferreira. Síndrome de *burn-out* – Considerações iniciais. In: MENDANHA, Marcos Henrique; BERNARDES, Pablo Ferreira; SHIOZAWA, Pedro. *Desvendando o* burn-out: uma análise interdisciplinar da síndrome do esgotamento profissional. São Paulo: LTr, 2018, p. 7.

da emocional no ambiente de trabalho"[45]. Sendo assim, o *burn-out* é caracterizado por um esgotamento emocional que acarreta sentimentos de fracasso e baixa autoestima, que, com o tempo, pode ocasionar o aparecimento de exaustão, alterações no sono e problemas gastrointestinais[46]. Não se pode deixar de destacar que o *burn-out* representa o nível máximo de estresse e tem diagnóstico difícil, em virtude do quadro de depressão que geralmente acomete os portadores dessa síndrome.

O *burn-out*, consoante lição da psicóloga Ana Maria Benevides-Pereira, é uma síndrome multidimensional caracterizada pela exaustão emocional, desumanização e reduzida realização pessoal no trabalho. A exaustão emocional consiste na sensação de esgotamento, traduzida na falta de energia do trabalhador para as atividades laborais. A desumanização, por sua vez, revela-se em atitudes de distanciamento emocional em relação às pessoas e aos colegas de trabalho, transformando os contatos interpessoais desumanos e desprovidos de afetividade. Por sua vez, a realização pessoal nas atividades ocupacionais decresce, de modo que o labor perde o sentido e passa a ser um fardo[47].

Se o assédio moral organizacional se prolonga demasiadamente, a vítima pode extrapolar os sintomas do estresse, da desordem de estresse pós-traumático e da síndrome do *burn-out* e desenvolver depressão.

A depressão, como observa Marie-France Hirigoyen, acarreta na vítima um quadro de apatia, tristeza, complexo de culpa, obsessão e até desinteresse por seus próprios valores. Falta-lhe, muitas vezes, vontade de viver, e sua autoestima permanece cada vez mais baixa[48].

Os sintomas mais comuns da depressão são: isolamento do convívio familiar, desinteresse pelas atividades normais, perda da autoestima, concentração diminuída, inquietação e hostilidade, perda de interesse pelo trabalho, alteração do apetite, diminuição da libido, cansaço, alteração nos

---

45. BERNARDES, Pablo Ferreira. Síndrome de *burn-out* – Considerações iniciais. In: MENDANHA, Marcos Henrique; BERNARDES, Pablo Ferreira; SHIOZAWA, Pedro. *Desvendando o* burn-out: uma análise interdisciplinar da síndrome do esgotamento profissional. São Paulo: LTr, 2018, p. 7.

46. LIMA FILHO, Francisco das Chagas. *O assédio moral nas relações laborais e a tutela da dignidade humana do trabalhador*. São Paulo: LTr, 2009, p. 80.

47. BENEVIDES-PEREIRA, Ana Maria T. A síndrome de *burnout*. In: FERREIRA, Januário Justino (coord.). *Saúde mental no trabalho*: coletânea do Fórum de Saúde e Segurança no Trabalho do Estado de Goiás. Goiânia: Cir Gráfica, 2013, p. 389.

48. HIRIGOYEN, Marie-France. *Mal-estar no trabalho*: redefinindo o assédio moral. Rio de Janeiro: Bertrand Brasil, 2002, p. 160.

ciclos de sono, com insônia ou sonolência exagerada, falta de reações emocionais, evidência objetiva de retardo ou agitação psicomotora marcante e ideias de suicídio[49].

O estresse decorrente da nova lógica do viver, da hiperconexão e do constante medo da perda do emprego tem inclusive, em alguns casos, o potencial de levar o trabalhador a enxergar um único caminho de fuga: a sua própria destruição, o suicídio.

No Brasil, de acordo com Roberto Heloani, registram-se duas grandes ondas de suicídios no setor bancário. Uma no período de 1993 a 1995, com 72 suicídios; e a segunda, de 1996 a 2005, com 181 suicídios, ocorridos no Banco Estadual do Sergipe, Banco Estadual da Bahia, Bamerindus, Meridional, Banco Estadual do Pará, Banco Estadual do Ceará, Banco Estadual do Rio Grande do Sul, Caixa Econômica Federal, Banco do Estado de São Paulo (Banespa) e Banco do Brasil[50]. Acrescenta, por conseguinte, que um dos principais responsáveis pelo aumento de casos de suicídio foram os PDVs, pelos quais os bancos públicos modernizaram o seu quadro de funcionários, desprezando a carreira dos trabalhadores, o difícil concurso pelo qual haviam sido aprovados, assim como o envolvimento emocional que muitos tinham com a instituição[51].

Os empregados que permaneceram nos bancos sofreram diversas consequências, como xingamentos perante os próprios subordinados, esvaziamento de funções, desqualificações constantes e isolamentos, sendo forçados a integrar os referidos programas de demissão ou, nos casos de permanência, a sofrer em silêncio com a situação assediadora, cometendo até mesmo suicídio.

Nesse cerne, vale transcrever o pensamento externado por Nilson Berenchtein Netto:

> Buscou-se evidenciar, portanto, a enorme implicação das condições de trabalho nos desejos de vida e de morte dos trabalhadores. Frente a isso, é fundamental que não se perca de vista a centralidade da categoria trabalho na formação do humano no homem e o quanto, dentro das condições apresentadas até o momento, o trabalho,

---

49. THOME, Candy Florencio. *O assédio moral nas relações de emprego*. São Paulo: LTr, 2008, p. 92.

50. HELOANI, Roberto. Quando alguém se mata no trabalho, o que está querendo dizer? In: BARRETO, Margarida; NETTO, Nilson Berenchtein; PEREIRA, Lourival Batista. *Do assédio moral à morte em si*: significados do suicídio no trabalho. São Paulo: Matsunaga, 2011, p. 261-262.

51. Idem, ibidem, p. 262.

sob a égide dos modos de produção apresentados, também desumaniza, bestializa e faz perecer o homem. Muitos desses suicídios, de fato, não foram mortes intencionalmente desejadas e buscadas, por sujeitos conscientes de si e de sua condição humana, ao contrário, foram mortes impostas, por outros sujeitos que em geral não se reconhecem como iguais, como pares, como humanos, mas os veem como peças, descartáveis e facilmente substituíveis. Muitos desses homens e mulheres não se mataram, mas foram mortos, não se suicidaram, mas foram suicidados pela sociedade, como já dizia Antonin Artaud acerca de Van Gogh e de si mesmo, ao responder em uma enquete surrealista: "E certamente já morri faz tempo, já me suicidei. Me suicidaram, quero dizer"[52].

Durante todo o tempo os bancos, nesta etapa de desemprego crônico, utilizam-se da escassez de postos de trabalho para exigir uma produção excessiva e sob pressão, com ritmo e tempo determinados, sem nenhuma possibilidade de reivindicações ou mesmo de participação. O trabalhador, por sua vez, diante de uma competitividade acirrada, abandona o coletivo, convivendo diária e constantemente com o individualismo destrutivo e com o medo de reivindicar os seus direitos[53].

Nesse sentido, o assédio moral organizacional, tanto na modalidade presencial quanto virtual, emerge das políticas de gestão e da própria estruturação do trabalho, revelando-se extremamente perverso. Perverso porque enfraquece e isola os trabalhadores, impedindo a solidariedade que os uniria para lutar contra as condições de trabalho indignas. Perverso porque desumaniza e adoece os empregados em silêncio. Perverso porque compromete a saúde física e mental dos trabalhadores, ocasionando, até mesmo, em alguns casos, a sua morte.

4.3 O ASSÉDIO MORAL ORGANIZACIONAL NO SETOR DE TELEATENDIMENTO

Com as inovações tecnológicas e o desenvolvimento da telemática, as empresas de telemarketing, em busca da elevação dos índices de produtividade e lucro, utilizam mecanismos informatizados para fiscali-

---

52. NETTO, Nilson Berenchtein. A morte proibida do trabalhador – Análise histórico-social das relações entre suicídio e trabalho. In: BARRETO, Margarida; NETTO, Nilson Berenchtein; PEREIRA, Lourival Batista. Do assédio moral à morte em si: significados do suicídio no trabalho. São Paulo: Matsunaga, 2011, p. 156-157.

53. HAZAN, Ellen Mara Ferraz. A falta de estabilidade no emprego e o desemprego como fatores de risco para a saúde mental do trabalhador. In: FERREIRA, Januário Justino (coord.). Saúde mental no trabalho: coletânea do Fórum de Saúde e Segurança no Trabalho do Estado de Goiás. Goiânia: Cir Gráfica, 2013, p. 188.

zar os trabalhadores e controlar o tempo e a forma de execução do labor, criando uma política gerencial baseada em metas abusivas, punições e constrangimentos.

As condutas assediadoras estão inseridas na própria organização do trabalho, atingindo todos os operadores de telemarketing indistintamente. Desse modo, objetiva-se examinar o assédio moral organizacional no setor de teleatendimento, que, enraizado na estrutura laboral, degrada o meio ambiente de trabalho e adoece os trabalhadores.

4.3.1 A organização do trabalho nas empresas de telemarketing ou *call centers*

O assédio moral organizacional também se encontra bastante presente no setor de teleatendimento. Pressão para atingir metas, sobrecarga e ritmo acelerado e intenso de trabalho, rigor excessivo na cobrança, humilhação dos que não atingem metas, sistema de premiações, pausas mínimas e controladas para uso de sanitário e alto grau de vigilância dos supervisores são algumas formas de organização do trabalho nas empresas de telemarketing, também conhecidas como *call centers* ou *contact centers*.

O trabalho de teleatendimento consiste na atividade de comunicação com interlocutores clientes e usuários, realizada a distância, por intermédio da voz ou de mensagens eletrônicas, com a utilização simultânea de terminais de computador, equipamentos de audição ou escuta e fala telefônica, consoante definição constante do item 1.1.2 do Anexo II da NR 17 (trabalho em teleatendimento/telemarketing)[54].

O trabalho em *call centers* envolve características típicas, quais sejam:

- Atendimento a clientes via uso de interface telefônico-informática ("telemática").
- Grandes empresas oferecendo o primeiro emprego a centenas de milhares de jovens.
- Grandes centrais de teleatendimento prestadoras de serviços "terceirizados" (subcontratação) principalmente em telecomunicação, mercado financeiro e bancário, comércio eletrônico, atendimento ao consumidor, cobranças, entre outros.
- Centrais de teleatendimento ativas (em que se busca o cliente) e centrais receptivas (que recebem ligações de clientes para atendimento, transações, reclamações etc.).
- Alta eficiência, induzida pela tecnologia, em termos de número de chamadas e tempos médios de atendimento, requerendo dos atendentes a submissão a regime rígido de controle.

---

54. BRASIL. Ministério do Trabalho. *Norma Regulamentadora 17*. Disponível em: <http://trabalho.gov.br/images/Documentos/SST/NR/NR17.pdf>. Acesso em: 4 ago. 2018.

- População trabalhadora de perfil jovem (95%) e feminino (80% a 85%).
- Alta rotatividade nos empregos (até 5% ou mais ao mês).
- Trabalho em turnos ininterruptos e noturno, com intervalos exíguos para repouso e refeições.
- Remuneração da grande maioria dos trabalhadores em torno do salário mínimo oficial brasileiro, sujeita a variações por gratificações.
- Uso de roteiros e *scripts* pré-planejados e controlados.
- Trabalho sob pressão "quando as filas de espera de atendimento aumentam" (CBO, 2016).
- Trabalho estático em células de atendimento de pequenas dimensões.
- Jornadas de 6 horas e 20 minutos diários, com previsão de 2 pausas de 10 minutos cada e mais 20 minutos de intervalo para repouso e alimentação[55].

A organização do trabalho e a política gerencial das empresas de telemarketing são marcadas pela exigência de metas abusivas, controle da forma e do tempo de labor, bem como por sistemas de premiação e punição, que degradam o meio ambiente de trabalho e propiciam a prática de assédio moral organizacional. Assim, convém analisar de forma mais detalhada alguns aspectos da estrutura de trabalho no setor de teleatendimento, como forma de facilitar a compreensão do fenômeno do assédio moral organizacional e do consequente adoecimento dos trabalhadores.

4.3.1.1 Rigor excessivo na cobrança de metas abusivas

A união da telefonia com a informática reformulou a atividade, tornando-a mais intensa e complexa, com diferentes problemas a serem solucionados, além de impor um ritmo de trabalho definido por aparelhos que distribuem automaticamente as ligações e controlam o trabalho e os trabalhadores[56].

A maioria das empresas de teleatendimento funciona prestando serviços terceirizados a setores de telecomunicação, mercado financeiro e bancário, comércio eletrônico, atendimento ao consumidor, cobranças, entre outros. Com objetivo de manter e captar novos clientes e aumentar o lucro, as empresas buscam altos índices de produtividade, exigindo, para tanto, metas abusivas.

---

55. SOUZA, Ilan Fonseca de; BARROS, Lidiane de Araújo; FILGUEIRAS, Vitor Araújo. *Saúde e segurança do trabalho*: curso prático. Brasília: ESMPU, 2017, p. 115-116.

56. REIS, Odete Cristina Pereira. A atividade de teleatendimento dez anos após a regulamentação do Ministério do Trabalho para o setor (Anexo II da Norma Regulamentadora 17). In: FILGUEIRAS, Vitor Araújo. *Saúde e segurança do trabalho no Brasil*. Brasília: Gráfica Movimento, 2017, p. 364.

As metas podem ser individuais ou coletivas, podendo variar no tempo, em módulos diários, mensais ou semanais[57]. O estabelecimento de metas é uma estratégia legítima. Entretanto, a especificidade dessa estratégia, aliada ao processo de definição de metas, às pressões para a produtividade e ao sistema de punições e recompensas, torna essa exigência abusiva e favorece a prática de assédio moral[58].

Como forma de aumentar a produtividade, as empresas de telemarketing dividem o salário dos operadores em uma parcela fixa, que corresponde geralmente a um salário mínimo, e outra parcela que é variável, vinculada ao alcance de metas[59]. Como observa Odete Reis, os critérios utilizados para o recebimento da remuneração adicional empregam cálculos complexos, alterados com muita frequência, o que causa confusão e indefinição aos trabalhadores[60]. Além disso, muitas empresas utilizam "deflatores", ou seja, após a apuração da produção do trabalhador e da parcela variável, são feitos descontos com base em faltas (inclusive justificadas), sanções disciplinares, atrasos na jornada e não cumprimento do *script*, o que dificulta ainda mais a percepção da parcela[61].

O meio ambiente laboral também é estruturado para o alcance das metas. A disposição dos trabalhadores é feita em cabines ou baias, para que não conversem entre si e permaneçam todo o tempo observados pelo supervisor[62].

Com efeito, as metas abusivas e inatingíveis, atreladas ao pagamento de comissões por produtividade, ocasionam um ritmo acelerado de trabalho. A pressão por produção e o rigor excessivo na cobrança, com o controle do tempo de trabalho e do modo de execução do labor, potencia-

---

57. ARAÚJO, Adriane Reis de. O resgate da cidadania na empresa: reflexões sobre o sistema de metas e assédio moral. In: FARAH, Bruno Leal. *Assédio moral e organizacional*: novas modulações do sofrimento psíquico nas empresas contemporâneas. São Paulo: LTr, 2016, p. 38.

58. SOBOLL, Lis Andréa Pereira. *Assédio moral/organizacional*: uma análise da organização do trabalho. São Paulo: Casa do Psicólogo, 2008, p. 94.

59. REIS, Odete Cristina Pereira. A atividade de teleatendimento dez anos após a regulamentação do Ministério do Trabalho para o setor (Anexo II da Norma Regulamentadora 17). In: FILGUEIRAS, Vitor Araújo. *Saúde e segurança do trabalho no Brasil*. Brasília: Gráfica Movimento, 2017, p. 375.

60. Idem, ibidem, p. 376.

61. Idem, ibidem, p. 376-377.

62. CERQUEIRA, Vinícius da Silva. *Assédio moral organizacional nos bancos*. São Paulo: LTr, 2015, p. 145.

lizam o assédio moral organizacional no setor de teleatendimento. Para intensificar ainda mais as condutas assediadoras, o cumprimento das metas é acompanhado de um sistema de punições e recompensas.

4.3.1.2 Sistema de premiação e punição

As metas de alta produtividade encontram-se geralmente atreladas ao sistema de premiação e punição, também conhecido como controle por **stick and carrots** (porrete e premiação), tendo em vista que aqueles que seguem a programação recebem premiações na forma de bonificações e prêmios; por outro lado, aqueles que não observam os comandos são cortados ou punidos[63]. As empresas de telemarketing utilizam esse mecanismo abusivo para coagir os trabalhadores a aumentar a produção.

Com efeito, o sistema da premiação, principalmente por meio da classificação em *ranking*, enaltece o operador que cumpriu as metas, estimulando uma forte competitividade, além de tornar o ambiente de trabalho hostil e individualista. A publicização do desempenho dos operadores, como bem observa Odete Reis, com a divulgação dos nomes dos "destaques do mês" estampados pelos corredores das empresas ou a colocação de balões nos postos de trabalho daqueles que obtiveram melhores índices de produtividade, é uma forma comumente utilizada no sistema de premiações[64].

Por outro lado, o sistema da punição está pautado na ridicularização pública do trabalhador que não alcançou as metas estabelecidas, sendo, na maioria das vezes, desqualificado, por meio de gestos, palavras, gritos, olhares, advertências, suspensões ou utilização de fantasias.

Ressalte-se que o item 5.13 do Anexo II da NR 17 veda a utilização de métodos que causem assédio moral, medo ou constrangimento, nos seguintes termos:

> É vedada a utilização de métodos que causem assédio moral, medo ou constrangimento, tais como: a) estímulo abusivo à competição entre trabalhadores ou grupos/equipes de trabalho; b) exigência de que os trabalhadores usem, de forma perma-

---

63. SUPIOT, Alain. *Homo Juridicus. Essai sur la fonction anthropologique du droit.* Paris: Seuil, 2005, p. 339.

64. REIS, Odete Cristina Pereira. A atividade de teleatendimento dez anos após a regulamentação do Ministério do Trabalho para o setor (Anexo II da Norma Regulamentadora 17). In: FILGUEIRAS, Vitor Araújo. *Saúde e segurança do trabalho no Brasil*. Brasília: Gráfica Movimento, 2017, p. 392.

nente ou temporária, adereços, acessórios, fantasias e vestimentas com o objetivo de punição, promoção e propaganda; c) exposição pública das avaliações de desempenho dos operadores[65].

Além das punições pelo não cumprimento das metas, os operadores de telemarketing são constantemente advertidos ou suspensos pela inobservância do *script*[66]. As empresas de teleatendimento possuem um setor específico de monitoria dos operadores, cuja função é escutar as ligações[67], zelar pelo cumprimento do *script* e observar a cordialidade, segurança, entonação da voz[68] e capacidade de resolução de problemas durante o atendimento[69].

As "pausas indevidas" também são computadas na "escala pedagógica", que consiste na escala de punições relativas a determinadas condutas do operador. Desse modo, as empresas acabam punindo os trabalhadores por atitudes variadas, como estourar as pausas permitidas; tirar pausas indevidas; utilizar livros, celulares ou lanchar na Posição de Atendimento (PA); atrasar-se injustificadamente; descumprir o *script*, entre outras condutas que instauram uma sensação de medo entre os trabalhadores pela iminente possibilidade do recebimento de penalizações[70].

Por fim, convém destacar que, além das punições pelo descumprimento de metas e pela inobservância do *script* e das pausas, o operador de *call center* também é alvo de agressão dos consumidores. O Decreto n. 6.523/2008 regulamenta a Lei n. 8.078/90, fixando normas gerais sobre o Serviço de Atendimento ao Consumidor (SAC).

---

65. BRASIL. Ministério do Trabalho. *Norma Regulamentadora 17*. Disponível em: <http://trabalho.gov.br/images/Documentos/SST/NR/NR17.pdf>. Acesso em: 4 ago. 2018.

66. *Script* são os roteiros elaborados pelas empresas para cada tipo de atendimento, que devem ser seguidos pelos trabalhadores durante as ligações.

67. Vale destacar que o item 5.12 do Anexo II da NR 17 dispõe que a utilização de procedimentos de monitoramento por escuta e gravação de ligações deve ocorrer somente mediante o conhecimento do operador. Contudo, apesar da exigência da legislação, esse item é muitas vezes descumprido.

68. As empresas de teleatendimento exigem uma entonação específica da voz, conhecida como "sorriso na voz", que deve ser adotada independentemente do tipo de diálogo e da reação do cliente.

69. REIS, Odete Cristina Pereira. A atividade de teleatendimento dez anos após a regulamentação do Ministério do Trabalho para o setor (Anexo II da Norma Regulamentadora 17). In: FILGUEIRAS, Vitor Araújo. *Saúde e segurança do trabalho no Brasil*. Brasília: Gráfica Movimento, 2017, p. 384-385.

70. Idem, ibidem, p. 386-388.

O SAC consiste no serviço de atendimento telefônico das prestadoras de serviços regulados que tenham como finalidade resolver as demandas dos consumidores sobre informação, dúvida, reclamação, suspensão ou cancelamento de contratos e de serviços, nos termos do art. 2º do Decreto n. 6.523/2008. Contudo, não obstante as empresas de teleatendimento devam respeitar os ditames do regulamento, na prática verifica-se um reiterado descumprimento das suas disposições. A título de exemplo, cumpre mencionar o art. 10, § 2º, que estabelece que, "nos casos de reclamação e cancelamento de serviço, não será admitida a transferência da ligação, devendo todos os atendentes possuir atribuições para executar essas funções"[71].

Esse descumprimento, em muitas situações, é proposital. O trabalho no setor de teleatendimento é organizado de modo a cansar o consumidor para que ele desista, por exemplo, de cancelar serviços. Assim, o atendente acaba sendo vítima de assédio moral organizacional, como também das agressões de consumidores que descarregam nos operadores suas insatisfações com a prestadora de serviço[72].

4.3.1.3 Controle do tempo de trabalho e restrição ao uso de banheiro

As empresas de teleatendimento apresentam uma estrutura hierárquica destinada ao controle dos trabalhadores e da produção. Para cada grupo de aproximadamente vinte trabalhadores, há um supervisor que, além do controle visual, monitora em tempo real o número de ligações, o tempo médio de atendimento, bem como o cumprimento do horário de trabalho e das pausas para descanso, alimentação e banheiro[73].

---

71. BRASIL. Decreto n. 6.523, de 31 de julho de 2008. Regulamenta a Lei n. 8.078, de 11 de setembro de 1990, para fixar normas gerais sobre o Serviço de Atendimento ao Consumidor – SAC. *Diário Oficial [da] República Federativa do Brasil*. Brasília, DF. Disponível em: <http://www.planalto.gov.br/ccivil_03/_ato2007-2010/2008/decreto/d6523.htm>. Acesso em: 4 ago. 2018.

72. GOMES, Lília. Exploração, insatisfação e muito lucro: empresas têm resultados recordes à custa de péssimas condições de trabalho dos operadores de teleatendimento. *Labor*: revista do Ministério Público do Trabalho, Brasília, ano II, n. 4, p. 35-39, 2014.

73. REIS, Odete Cristina Pereira. A atividade de teleatendimento dez anos após a regulamentação do Ministério do Trabalho para o setor (Anexo II da Norma Regulamentadora 17). In: FILGUEIRAS, Vitor Araújo. *Saúde e segurança do trabalho no Brasil*. Brasília: Gráfica Movimento, 2017, p. 382.

Ademais, as inovações tecnológicas e telemáticas possibilitam o controle preciso da atuação do empregado, em especial pelo cômputo do tempo de atendimento, das pausas, da gravação de conversas e das estatísticas de atendimento.

Faz-se mister evidenciar que, além do registro das pausas no computador, com a respectiva exposição do motivo, o trabalhador deve solicitar autorização do supervisor, inclusive para satisfação de necessidades fisiológicas, devendo explicar os motivos de idas mais frequentes, como período menstrual ou problemas intestinais[74]. A disposição física dos postos de trabalho facilita ainda mais esse controle por parte do supervisor.

Convém destacar que o item 5.7 da NR 17 dispõe que "o trabalhador deve ter permissão para sair de seu posto de trabalho a qualquer tempo, sem qualquer tipo de prejuízo, para satisfação de suas necessidades fisiológicas"[75]. As empresas de *call center*, todavia, em total desrespeito à dignidade e aos direitos personalíssimos do trabalhador, restringem a utilização dos banheiros, penalizando-os pela extrapolação das pausas predefinidas.

Nesse sentido, cabe transcrever a ementa do acórdão proferido pela 7ª Turma do TST, *in verbis*:

> Recurso de revista da reclamante – Processo sob a égide da Lei n. 13.015/2014, do CPC/2015 e da Instrução Normativa n. 40 do TST – Atendente de telemarketing – *Call center* – Controle do uso do banheiro – Anexo II da NR-17 do MTE – Indenização por danos morais.
>
> 1. As disposições do Anexo II da NR-17 do MTE permitem perceber que o Executivo exerceu seu poder regulamentar em matéria de saúde e segurança do trabalho voltando-se não apenas para a proteção da integridade física, mas também para a tutela da integridade mental do trabalhador e, em última análise, de sua própria dignidade, num resgate valioso dos parâmetros constitucionais de proteção. E, havendo uma normatização disciplinadora das condições de trabalho que permite contemplar a dignidade dos trabalhadores do setor, resulta mitigada a margem de ponderação de valores da qual o Poder Judiciário vinha lançando mão com fundamento na lacuna normativa.

---

74. REIS, Odete Cristina Pereira. A atividade de teleatendimento dez anos após a regulamentação do Ministério do Trabalho para o setor (Anexo II da Norma Regulamentadora 17). In: FILGUEIRAS, Vitor Araújo. *Saúde e segurança do trabalho no Brasil*. Brasília: Gráfica Movimento, 2017, p. 383.

75. BRASIL. Ministério do Trabalho. *Norma Regulamentadora 17*. Disponível em: <http://trabalho.gov.br/images/Documentos/SST/NR/NR17.pdf>. Acesso em: 4 ago. 2018.

2. No caso, o item 5.7 da NR-17, Anexo II, do MTE é taxativo no sentido de que o acesso do trabalhador ao banheiro em qualquer momento da jornada deve ser assegurado, quantas vezes forem necessárias.

3. Desse modo, a tão só vinculação da possibilidade de ir ao banheiro nas pausas estabelecidas na norma já constitui restrição à liberdade de disposição do próprio corpo ali assegurada. É dizer que o simples fato de ter que pedir autorização para ir ao banheiro, ainda que essa autorização seja sempre deferida pelo empregador, no tempo em que lhe convier, representa extrapolação inadmissível do poder diretivo do empregador para colonizar aspectos inerentes à autonomia corporal do sujeito que trabalha, traduzindo-se em constrangimento e desrespeitando o disposto na referida norma regulamentar.

4. O controle, por meio da submissão de cada uma das idas do trabalhador ao sanitário à prévia autorização do empregador, e o estabelecimento antecipado de momentos preferenciais em que os empregados possam ir ao banheiro torna constrangedora, excepcional e desprovida da preservação da intimidade eventual a ida ao banheiro que ocorra fora desses parâmetros.

5. Ademais, transfere para o empregador o controle sobre uma dimensão íntima e inerente ao exercício da mais primeva autonomia do ser humano adulto. É importante observar que as medidas previstas na referida NR se apresentam como resposta necessária ao panorama atual de adoecimento dos trabalhadores em *call center*.

6. A realidade encontrada por muitas pesquisas realizadas no setor retrata, além de um cenário de precarização propício à manifestação de diversas enfermidades, com destaque para o adoecimento psíquico dos trabalhadores, em razão do alto nível de cobrança, estresse, intensidade e controle do tempo e dos procedimentos laborais, um novo indicador de adoecimento específico e diferenciado em relação às demais categorias: problemas do trato urinário e distúrbios miccionais, imediatamente relacionados ao controle e repressão tácita ao uso do sanitário durante a jornada de trabalho.

7. Por isso a relevância de se trazer o trato específico e responsivo das normas regulamentares em matéria de medicina e segurança do trabalho para o âmbito da efetivação dos valores constitucionais da saúde e também da dignidade de quem trabalha. Devida, portanto, a reparação por danos morais em razão do controle do uso do banheiro. Recurso de revista conhecido e provido[76].

Conclui-se, assim, que a organização do trabalho no setor de teleatendimento é marcada por um total controle do tempo de labor, das pausas e do modo de execução das atividades (escuta das ligações e monitora-

---

76. BRASIL. TST. Processo RR-999-36.2015.5.20.0004. Relator: Ministro Luiz Philippe Vieira de Mello Filho, 7ª Turma. *DEJT* 4-5-2018. Disponível em: <http://aplicacao4. tst.jus.br/consultaProcessual/resumoForm.do?consulta=1&numeroInt=233129& anoInt=2016>. Acesso em: 5 ago. 2018.

mento do *script*), o que retira a liberdade do trabalhador, mantendo-o em intensa e constante vigilância. A pressão por produtividade, a exigência de metas abusivas e o temor das penalizações potencializam o assédio moral organizacional nas empresas de telemarketing, violando gravemente os direitos fundamentais dos trabalhadores.

4.3.2 O adoecimento do trabalhador em teleatendimento

O assédio moral organizacional adoece os trabalhadores em teleatendimento das mais diversas formas. Alarmantes estatísticas de afastamentos e altos índices de rotatividade demonstram a perversidade da organização laboral no setor de telemarketing. Doenças osteomusculares, doenças psíquicas, distúrbios de fonação, distúrbios auditivos e doenças geniturinárias são algumas das doenças geradas nos operadores de *call center*.

O trabalho em teleatendimento, por envolver uma contínua interação entre computador e telefone (*headset*), ocasiona graves riscos de adoecimento osteomuscular. Isso porque são necessárias posturas estáticas, em ambientes exíguos (cabines ou baias), com movimentos repetitivos de digitação e sem pausas adequadas para recuperação e repouso, tendo em vista o número de chamadas e metas a cumprir[77]. Além disso, em muitas empresas o mobiliário não atende às especificações previstas no item 2 do Anexo II da NR 17, gerando a manutenção de posturas inadequadas e desconfortáveis.

Com efeito, entre os transtornos osteomusculares e do tecido conjuntivo (LER/DORT) que mais acometem os operadores de telemarketing pode-se destacar: síndrome cervicobraquial (M53.1), dorsalgia (M54.-), sinovites e tenossinovites (M65.), bursite da mão (M70.1), bursite do ombro (M75.5), síndrome do manguito rotatório (M75.1), entre outros[78].

O labor intensivo em interface telemática, com o controle preciso do tempo de trabalho, das pausas e do modo de execução das funções, aliado ao cumprimento de metas abusivas, acompanhadas de punições, compromete seriamente a saúde mental do operador de telemarketing.

Conforme lição de Christophe Dejours, o ritmo e a velocidade da produção geram ansiedade no trabalhador, acarretando um progressivo

---

77. SOUZA, Ilan Fonseca de; BARROS, Lidiane de Araújo; FILGUEIRAS, Vitor Araújo. *Saúde e segurança do trabalho*: curso prático. Brasília: ESMPU, 2017, p. 121-122.

78. Idem, ibidem, p. 122.

esgotamento e desgaste[79]. Assim, nesse estado de ansiedade e estresse, surgem doenças psíquicas, tais como transtorno de estresse pós-traumático (F43.1), síndrome do *burn-out* (Z73.0) e depressão (F32.-).

O assédio moral organizacional, como bem preleciona Ileana Mousinho, ao impor "ritmos penosos de trabalho por meio de metas de produtividade excessiva é fator de risco que faz eclodir vários transtornos mentais, inclusive a Neurose Profissional (CID F.48.8)"[80].

Os trabalhadores em teleatendimento também são acometidos por distúrbios de fonação, em virtude do uso intenso e contínuo da voz como ferramenta de trabalho, agravados por fatores de riscos ambientais (expressivo ruído de fundo, equipamentos deficientes, mudanças bruscas e frequentes de temperatura, dificuldade de acesso a hidratação e sanitários) e organizacionais (estresse relacionado ao trabalho, obrigação de repetição de longos *scripts* pré-formatados, falta de intervalos adequados, falta de treinamento para uso adequado da voz, entre outros)[81].

Assim como a voz, o *headset* (conjunto de microfone e fone de ouvido) também é uma ferramenta de trabalho, sendo utilizado durante toda a jornada. Os ruídos de alta frequência e intensidade forçam o trabalhador a aumentar o volume do *headset*, lesionando o seu canal auditivo. Outrossim, os fatores de riscos ambientais e organizacionais apontados agravam as lesões, acarretando sensação de parestesia ao redor da orelha, perda de audição, zumbido no ouvido afetado, alterações do equilíbrio, além de potencializar o quadro de ansiedade e depressão que geralmente acompanha esses trabalhadores[82]. Por fim, as restrições ao uso do banheiro ocasionam doenças geniturinárias, como infecções urinárias.

Conclui-se, assim, que a organização do labor nas empresas de telemarketing compromete seriamente a saúde dos empregados, violando diversas convenções internacionais e disposições constitucionais que tutelam o meio ambiente do trabalho e os direitos fundamentais dos trabalhadores.

---

79. DEJOURS, Christophe. *A loucura do trabalho*: estudo de psicopatologia do trabalho. 6. ed. São Paulo: Cortez, 2015, p. 95.

80. MOUSINHO, Ileana Neiva. Os transtornos mentais relacionados ao trabalho e a atuação do Ministério Público do Trabalho. In: MIESSA, Élisson; CORREIA, Henrique. *Estudos aprofundados Ministério Público do Trabalho*. Salvador: JusPodivm, 2015. v. 2, p. 147-148.

81. SOUZA, Ilan Fonseca de; BARROS, Lidiane de Araújo; FILGUEIRAS, Vitor Araújo. *Saúde e segurança do trabalho*: curso prático. Brasília: ESMPU, 2017, p. 123.

82. Idem, ibidem, p. 124.

4.4 O TELETRABALHO E O ASSÉDIO MORAL ORGANIZACIONAL VIRTUAL

Caracterizado pela verticalização da empresa, o modelo de produção fordista estava calcado no domínio e na centralização de todo processo produtivo, com base na eliminação dos tempos ociosos de trabalho e na intensa subordinação jurídica, consubstanciada em ordens diretas e específicas, em horário fixo e rígido de labor, bem como na constante vigilância do empregado.

Com o processo de globalização e desenvolvimento da tecnologia informacional, aliado à crise do petróleo, emerge um novo modelo de produção: o Toyotismo. Com a produção horizontalizada, distribuída em redes e cadeias, o Toyotismo é marcado pelo **outsourcing**, que consiste na descentralização produtiva e externalização dos meios de produção.

A disseminação da internet e o surgimento de aplicativos e plataformas digitais, no contexto da Quarta Revolução Industrial[83], acarretam o advento de um novo modelo de produção, cuja organização do trabalho, alicerçada no **crowdsourcing**[84], é controlada pela programação ou pelo algoritmo. Sendo assim, o *outsourcing* e o *crowdsourcing* intensificaram as formas atípicas de execução do labor, ancoradas em plataformas eletrônicas e sistemas informatizados, entre as quais se destaca o teletrabalho. As inovações tecnológicas, contudo, possibilitam o surgimento de uma nova modalidade assediadora: o assédio moral virtual ou teleassédio moral.

Este tópico busca estudar a disciplina do teletrabalho no Brasil, com especial destaque para as alterações trazidas pela Lei n. 13.467/2017, examinando também o assédio moral virtual no teletrabalho.

---

83. A Quarta Revolução Industrial, segundo Klaus Schwab, é caracterizada pela gama de novas tecnologias que estão fundindo os mundos físico, digital e biológico, impactando em todas as disciplinas, economias e indústrias, além de desafiar ideias sobre o que significa ser humano (SCHWAB, Klaus. *The fouth industrial revolution*. Davos: World Economic Forum, 2016).

84. O *crowdwork* ou *crowdsource* (trabalho em multidão) consiste no trabalho que é executado por meio de plataformas *on-line* que colocam em contato, por um tempo indefinido, determinado número de organizações, empresas e indivíduos através da Internet, conectando clientes e trabalhadores em uma base global (DE STEFANO, Valerio. *The rise of the "just-in-time workforce"*: On-demand work, crowdwork and labour protection in the "gig-economy". Jan. 2016. Disponível em: <http://www.ilo.org/wcmsp5/groups/public/---ed_protect/---protrav/---travail/documents/publication/wcms443267.pdf>. Acesso em: 20 ago. 2018).

4.4.1 Teletrabalho e Reforma Trabalhista (Lei n. 13.467/2017)

O teletrabalho, consoante definição de Rodrigues Pinto, consiste no labor executado a distância "mediante o uso da tecnologia da informação, sobretudo a telecomunicação e a informática, substitutivas da relação humana direta"[85]. Com efeito, segundo Manuel Martín Pino Estrada, o teletrabalho é aquele realizado por intermédio de antigas e novas formas de telecomunicação, permitindo a sua execução a distância, prescindindo da presença física do trabalhador em lugar específico de trabalho[86].

Originado na década de 1970, nos Estados Unidos, após a crise do petróleo, como forma de reduzir o deslocamento ao local de trabalho[87], o teletrabalho é uma modalidade cada vez mais presente na dinâmica sociolaboral[88].

No Brasil, o teletrabalho subordinado foi reconhecido no ordenamento jurídico com a alteração promovida pela Lei n. 12.551/2011 no art. 6º da

---

85. PINTO, José Augusto Rodrigues. *Tratado de direito material do trabalho*. São Paulo: LTr, 2007, p. 133.

86. ESTRADA, Manuel Martín Pino. Teletrabalho: conceitos e a sua classificação em face aos avanços tecnológicos. In: COLNAGO, Lorena de Mello Rezende; CHAVES JUNIOR, José Eduardo de Resende; ESTRADA, Manuel Martín Pino (coord.). *Teletrabalho*. São Paulo: LTr, 2017, p. 11.

87. SILVA, Leonardo Rabelo de Matos Silva; FIGUEIRA, Hector Luiz Martins. Metamorfoses das relações laborais: o teletrabalho no tsunami neoliberal brasileiro. *Revista do Tribunal Regional do Trabalho 3ª Região*, n. 96, p. 183-203, jul./dez. 2017.

88. Entre as vantagens do teletrabalho, conforme lição de Mariana Bastos, pode-se identificar, para a sociedade: 1) inclusão de pessoas com deficiência; 2) diminuição do tráfego urbano, fato esse que reduz a poluição e permite a melhor gestão dos espaços urbanos. Para o teletrabalhador: 1) maior convívio familiar; 2) maior autonomia para organizar o tempo, melhorando a articulação entre a vida profissional e a vida privada; 3) menos estresse, maior produtividade e maior motivação; 4) redução do tempo e das despesas no deslocamento entre residência e trabalho; 5) redução das despesas com transporte, vestimenta e alimentação. Para o empregador: 1) diminuição dos custos para manutenção de grandes instalações; 2) maior facilidade para recrutar mão de obra, inclusive em outras localidades; 3) possibilidade de adoção do método de gestão por resultados. Por outro lado, podem ser identificadas as seguintes desvantagens: 1) possibilidade de isolamento do teletrabalhador, repercutindo nos aspectos profissionais, pessoais e psicológicos; 2) enfraquecimento na participação sindical; 3) confusão entre a vida familiar e a vida profissional; 4) prestação de serviço além dos períodos de labor; 5) dificuldade de o empregador exercer o poder de direção (BASTOS, Mariana Candini. *Teletrabalho, subordinação e seus reflexos*: uma análise comparada entre Brasil e Portugal. Curitiba: Juruá, 2017, p. 78-80).

CLT, no sentido de que, presentes os requisitos da relação de emprego, não há distinção entre o trabalho realizado no estabelecimento do empregador, o executado no domicílio do empregado e o realizado a distância. Ademais, conforme o parágrafo único do referido artigo, "os meios telemáticos e informatizados de comando, controle e supervisão se equiparam, para fins de subordinação jurídica, aos meios pessoais e diretos de comando, controle e supervisão do trabalho alheio".

A Lei n. 13.467/2017, com o objetivo de regulamentar o trabalho realizado por intermédio da tecnologia da informação, incluiu o Capítulo II-A na CLT, disciplinando o teletrabalho nos arts. 75-A a 75-E, além de inserir o inciso III no art. 62 da CLT.

De acordo com o art. 75-B da CLT, o teletrabalho pode ser conceituado como "a prestação de serviços preponderantemente fora das dependências do empregador, com a utilização de tecnologias de informação e de comunicação que, por sua natureza, não se constituam como trabalho externo". Outrossim, o parágrafo único do referido dispositivo ressalta que o comparecimento às dependências do empregador para a realização de atividades específicas não descaracteriza o regime de teletrabalho.

Convém observar que a definição legal do teletrabalho prevista no art. 75-B da CLT encontra-se em consonância com a conceituação prevista no art. 165 do Código do Trabalho Português, cujo texto assim dispõe: "considera-se teletrabalho a prestação laboral realizada com subordinação jurídica, habitualmente fora da empresa e através do recurso a tecnologias de informação e de comunicação"[89].

Verifica-se, dessa forma, que os dois principais traços característicos do teletrabalho são: a) desnecessidade de prestação do labor em um lugar específico; b) utilização de recursos de tecnologia da informação na execução do trabalho.

A Reforma Trabalhista, além da definição legal de teletrabalho (art. 75-B), disciplinou as formalidades contratuais (art. 75-C), a responsabilidade pela aquisição e manutenção da infraestrutura adequada ao labor (art. 75-D), as medidas de proteção ao meio ambiente de trabalho (art. 75-E) e a ausência de controle de jornada (art. 62, III).

No que concerne às formalidades contratuais, o art. 75-C da CLT estabelece que a modalidade de teletrabalho deverá constar expressamente do contrato individual de trabalho, que especificará as atividades que serão realizadas pelo empregado. Destarte, caso o trabalhador não

---

89. PORTUGAL. *Código do Trabalho*. Disponível em: <http://cite.gov.pt/pt/legis/CodTrab_indice.html>. Acesso em: 22 ago. 2018.

desempenhe as atividades elencadas no contrato, será possível a formulação de pleitos de pagamento de diferenças salariais por acúmulo de função, com fundamento na violação da boa-fé objetiva e na ruptura do equilíbrio contratual[90].

O art. 75-C, § 1º, da CLT prevê a possibilidade de alteração entre o regime de trabalho presencial e o regime de teletrabalho, sendo necessário, nesse particular, o mútuo acordo entre as partes, registrado em aditivo contratual. Por outro lado, o art. 75-C, § 2º, da CLT estabelece a possibilidade de modificação unilateral pelo empregador do regime de teletrabalho para o presencial, desde que garantido o prazo de transição mínimo de quinze dias.

Desse modo, devem constar expressamente do contrato de emprego do teletrabalhador os seguintes dados: a) submissão ao regime de teletrabalho (art. 75-C, *caput*); b) atividades que serão realizadas pelo empregado (art. 75-C, *caput*); c) alteração entre os regimes de trabalho, mediante aditivo contratual (art. 75-C, §§ 1º e 2º); d) disposições relativas à responsabilidade pela aquisição, manutenção ou fornecimento dos equipamentos tecnológicos e da infraestrutura necessária e adequada à prestação do trabalho remoto, bem como ao reembolso de despesas arcadas pelo empregado (art. 75-D)[91].

Cumpre destacar que o rol de cláusulas contratuais exigidas na pactuação do teletrabalho no Brasil aproxima-se daquele consagrado no art. 166, item 5, do Código do Trabalho de Portugal, a seguir transcrito:

O contrato está sujeito a forma escrita e deve conter: a) Identificação, assinaturas e domicílio ou sede das partes; b) Indicação da atividade a prestar pelo trabalhador, com menção expressa do regime de teletrabalho, e correspondente retribuição; c) Indicação do período normal de trabalho; d) Se o período previsto para a prestação de trabalho em regime de teletrabalho for inferior à duração previsível do contrato de trabalho, a atividade a exercer após o termo daquele período; e) Propriedade dos instrumentos de trabalho bem como o responsável pela respetiva instalação e manutenção e pelo pagamento das inerentes despesas de consumo e de utilização; f) Identificação do estabelecimento ou departamento da empresa em cuja dependência fica o trabalhador, bem como quem este deve contactar no âmbito da prestação de trabalho[92].

---

90. PAMPLONA FILHO, Rodolfo; FERNANDEZ, Leandro. Tecnologia da informação e as relações de trabalho no Brasil: o teletrabalho na Lei n. 13.467/17. *Revista Direito UNIFACS*, n. 216, ago. 2018. Disponível em: <https://revistas.unifacs.br/index.php/redu/article/view/5461>. Acesso em: 18 set. 2018.

91. Idem, ibidem.

92. PORTUGAL. *Código do Trabalho*. Disponível em: <http://cite.gov.pt/pt/legis/CodTrab_indice.html>. Acesso em: 22 ago. 2018.

Observa-se, nesse sentido, que o regramento português exige a indicação da duração do trabalho no pacto laboral, diferentemente da disciplina brasileira, cujo ajuste do regime de teletrabalho importa no afastamento das regras sobre limitação da jornada, nos termos do art. 62, III, da CLT. Sendo assim, além dos empregados que exercem atividade externa incompatível com a fixação de horário de trabalho (art. 62, I) e dos exercentes de cargo de gestão (art. 62, II), os teletrabalhadores também estão excluídos da disciplina celetista da duração do trabalho.

Fruto de árduas lutas e conquistas históricas, a limitação razoável do número de horas de trabalho é um direito humano que encontra alicerce em diversas convenções e tratados internacionais, a exemplo da Declaração Universal de Direitos Humanos (art. 24), do Pacto Internacional dos Direitos Econômicos, Sociais e Culturais (art. 7º) e do Protocolo de San Salvador (art. 7º).

No plano constitucional, o direito fundamental à limitação das horas de labor também possui vasta proteção, a saber: direito ao lazer (art. 6º); regra geral da duração do trabalho em oito horas diárias e 44 horas semanais (art. 7º, XIII); jornada de seis horas diárias para o trabalho realizado em turnos ininterruptos de revezamento (art. 7º, XIV); repouso semanal remunerado (art. 7º, XV), férias (art. 7º, XVII) e redução dos riscos inerentes ao trabalho (art. 7º, XXII).

Com efeito, o direito fundamental ao trabalho digno[93] somente será alcançado com a limitação da jornada de trabalho. Ademais, a duração razoável do labor constitui norma de saúde, higiene e segurança do trabalho, pois somente com a delimitação da jornada será possível evitar acidentes de trabalho e doenças ocupacionais, garantir o equilíbrio entre a vida familiar e a vida profissional, preservar o trabalhador da fadiga e beneficiar economicamente o empregador com o aumento da produtividade do obreiro.

Nessa linha de intelecção, o art. 611-B, parágrafo único, da CLT, inserido pela Lei n. 13.467/2017, que estabelece que as regras de duração do

---

93. Como bem leciona Gabriela Neves Delgado, com o advento da CF/1988, percebe-se, na seara constitucional, o destaque dado ao direito fundamental ao trabalho, sobretudo se relacionado aos seguintes valores e princípios: dignidade da pessoa humana, justiça social e valor social do trabalho. Desse modo, como afirma a autora, a abertura democrática e inclusiva promovida pela Constituição Federal permitiu uma revisitação do *princípio da proteção* pelo discurso constitucional trabalhista, como resultado de um processo contínuo de amadurecimento da proteção destinada ao sujeito trabalhador (DELGADO, Gabriela Neves. *Direito fundamental ao trabalho digno*. São Paulo: LTr, 2015, p. 74-76).

trabalho e intervalos não são normas de saúde, higiene e segurança do trabalho, revela-se inconvencional e inconstitucional, pois viola todo arcabouço protetivo acima elencado.

Outrossim, ao permitir negociações coletivas que ofendam os preceitos relativos à duração da jornada, conforme art. 611-A da CLT, resta também violado o art. 7º, *caput*, da CF/1988, que consagra os princípios da progressividade dos direitos trabalhistas, da vedação do retrocesso social, da proteção, bem como da norma mais favorável. Violam-se, ainda, os diplomas normativos internacionais que garantem a progressividade dos direitos humanos e a melhoria das condições de trabalho por meio das negociações coletivas, a exemplo do Pacto Internacional dos Direitos Econômicos, Sociais e Culturais (art. 2º), da Convenção Americana dos Direitos Humanos (art. 26), do Protocolo de San Salvador (art. 1º) e das Convenções 98 e 154 da OIT.

Nesse sentido, a Comissão de Peritos da OIT, ao examinar a aplicação das Convenções Internacionais da OIT pelo Estado brasileiro, concluiu que os arts. 611-A e 611-B devem ser revistos à luz dos ditames das Convenções 98, 151 e 154 da OIT, a fim de possibilitar a melhoria da proteção dos trabalhadores:

> O Comitê recorda uma vez mais a este respeito que o objetivo geral das Convenções n. 98 e 154, além da Convenção n. 151 – sobre as relações de trabalho no serviço público, é promover a negociação coletiva com a intenção de acordar termos e condições de emprego mais favoráveis em relação àquelas estabelecidas por lei, e que a definição de negociação coletiva como um processo destinado a melhorar a proteção dos trabalhadores previsto em lei foi expressamente reconhecido nos trabalhos preparatórios da Convenção n. 154, instrumento que tem como objetivo, conforme estabelecido em seus parágrafos do preâmbulo, contribuir para a consecução dos objetivos da Convenção n. 98. À luz do que precede, solicita que o Governo forneça comentários sobre as observações dos parceiros sociais em relação aos arts. 611-A e 611-B da CLT, bem como que examine, após consulta aos parceiros sociais, a revisão dessas disposições, a fim de as tornar conformes com o art. 4ª da Convenção n. 98[94].

Desse modo, o art. 62, III, da CLT, em conjunto com os arts. 611-A, VIII, e 611-B, parágrafo único, da CLT, possibilitam a realização de jorna-

---

94. INTERNATIONAL LABOUR ORGANIZATION. International Labour Office, Geneva. *Application of International Labour Standards 2018*: Report of the Committee of Experts on the Application of Conventions and Recommendations. International Labour Conference, 107th Session, 2018. Disponível em: <https://www.ilo.org/wcmsp5/groups/public/---ed_norm/---relconf/documents/ meetingdocument/ wcms_617065.pdf>. Acesso em: 18 set. 2018.

das extenuantes por parte do teletrabalhador, em especial diante da exigência de metas abusivas e alta produtividade. Como bem observa Homero Batista da Silva, o enquadramento do contrato de trabalho no espectro do art. 62 da CLT acarreta numerosas consequências, entre as quais a retirada do direito às horas extras, ao adicional noturno, à hora noturna e aos intervalos[95].

Ademais, o art. 62, III, da CLT está em descompasso com a realidade, tendo em vista que os atuais avanços tecnológicos, em especial com uso de aplicativos de *smartphone*[96], conseguem monitorar cada passo do empregado, inclusive sua exata localização por intermédio do sistema de rastreamento por GPS[97].

Os meios informatizados, vinculados a determinada atividade de trabalho, segundo Sandro Nahmias Melo e Karen Rodrigues, "ainda que, potencialmente, possam estabelecer maior flexibilidade na rotina do trabalhador, ampliam, sobremaneira, a possibilidade de fiscalização do trabalho diário"[98]. Em semelhante sentido, Salomão Resedá:

> Em contrapartida, à primeira vista, o teletrabalho apresenta-se apenas como uma nova modalidade de exploração, agora por meios virtuais, do trabalho do empregado. Sob o manto de garantia de um maior conforto com a redução do estresse pró-funcionário, empregadores têm em suas mãos uma ferramenta de grande utilidade para aumentar o nível de atividades exigidas ao empregado. Isto porque da mesma forma que a tecnologia possibilita a realização de tarefas nos mais diversos locais, também viabiliza a fiscalização por parte do empregador em qualquer área que ele se encontre[99].

---

95. SILVA, Homero Batista Mateus da. *Comentários à reforma trabalhista*. São Paulo: Revista dos Tribunais, 2017.

96. O uso abusivo de *smartphones*, segundo Sandro Nahmias Melo e Karen Rodrigues, pode ocasionar a "nomofobia", uma abreviação, do inglês, para *no-mobile-phone phobia*, que descreve a dependência do *smartphone* e seus aplicativos, bem como o respectivo pavor de estar sem o celular disponível (MELO, Sandro Nahmias; RODRIGUES, Karen Rosendo de Almeida Leite. *Direito à desconexão do trabalho*: com análise crítica da reforma trabalhista [Lei n. 13.467/2017]. São Paulo: LTr, 2018, p. 55).

97. Idem, ibidem, p. 58.

98. Idem, ibidem, p. 59.

99. RESEDÁ, Salomão. *O direito à desconexão*: uma realidade no teletrabalho. Disponível em: <http://www.egov.ufsc.br/portal/sites/default/files/anexos/23040-23042-1-PB.pdf>. Acesso em: 18 set. 2018.

Assim, a desnecessidade de prestação do labor em um lugar específico, aliada a uma maior flexibilidade para definir o horário de trabalho, não torna o teletrabalho incompatível com o controle e a fiscalização da jornada. Além disso, o teletrabalho pode ser exercido sem nenhuma flexibilidade, possuindo horários predeterminados e fiscalização mediante recursos telemáticos.

A título de exemplo, como bem prelecionam Rodolfo Pamplona Filho e Leandro Fernandez, a jornada do teletrabalhador pode ser verificada por intermédio de programas e aplicativos concebidos precisamente para o controle da duração do labor mediante:

> Programação do tempo médio para o cumprimento de cada tarefa ou projeto, com a criação de rotinas de trabalho; o acompanhamento dos períodos de *login* e *logout*; o envio de relatórios das atividades desempenhadas; o encaminhamento de mensagens *online* para acompanhamento das tarefas e fornecimento de *feedback*; a identificação instantânea da visualização de mensagens; o monitoramento em tempo real do trabalho que está sendo executado pelo obreiro, até mesmo com visualização da imagem em seu monitor e do conteúdo do texto digitado pelo empregado[100].

Existe, portanto, uma total desarmonia entre o contexto fático-tecnológico atual e o art. 62, III, da CLT. Sustentar que o teletrabalho é um trabalho flexível e insuscetível de controle de jornada, consoante lição de Talita Nunes, "tem por objetivo manter salários precários, impedir o pagamento de horas extras e utilizar características próprias dessa modalidade para explorar o trabalho humano de maneira sutil e perversa"[101].

Com efeito, a ausência de limitação da jornada de labor possibilita a realização de jornadas superiores a oito horas diárias e 44 horas semanais, comprometendo o direito fundamental à saúde e à integridade física e mental do trabalhador (arts. 5°, V e X, 6°, 7°, XXII, e 196 da CF/1988)[102], além

---

100. PAMPLONA FILHO, Rodolfo; FERNANDEZ, Leandro. Tecnologia da informação e as relações de trabalho no Brasil: o teletrabalho na Lei n. 13.467/17. *Revista Direito UNIFACS*, n. 216, ago. 2018. Disponível em: <https://revistas.unifacs.br/index.php/redu/article/view/5461>. Acesso em: 18 set. 2018.

101. NUNES, Talita Camila Gonçalves. *A precarização no teletrabalho*: escravidão tecnológica e impactos na saúde física e mental do trabalhador. Belo Horizonte: RTM, 2018, p. 187.

102. O direito fundamental à saúde do trabalho, de acordo com a Organização Mundial de Saúde, abrange não apenas a ausência de enfermidades, mas também um completo estado de bem-estar físico, mental e social (ORGANIZAÇÃO MUNDIAL DE SAÚDE. *Constituição da Organização Mundial de Saúde*. 1946. Disponível em: <http://apps.who.int/gb/bd/PDF/bd47/EN/constitution-en.pdf?ua=1>. Acesso em: 19 set. 2018).

de violar o direito à irredutibilidade salarial (art. 7º, VI, da CF/1988)[103] e o direito à desconexão. Possibilita, ainda, a prática do assédio moral virtual.

4.4.2 Telepressão e assédio moral organizacional virtual

Com o desenvolvimento informacional e tecnológico, muitas empresas, em busca da elevação dos lucros, passam a exigir metas abusivas e ritmos acelerados de labor. Com o teletrabalho, a demanda por alta produtividade é ainda maior. Além da ausência de limitação das horas de trabalho, conforme intelecção do art. 62, III, da CLT, que, em princípio, torna possíveis jornadas superiores a oito horas diárias, a própria natureza do teletrabalho demanda a constante conexão do trabalhador aos meios telemáticos e informatizados.

Ademais, frequentemente são utilizados programas ou aplicativos para acompanhar a rotina de trabalho, cobrar resultados e fiscalizar a execução do labor, e em muitos casos, o empregador demanda o empregado em qualquer hora do dia, inclusive nos feriados ou repousos semanais, exercendo uma intromissão abusiva na vida privada do trabalhador. É nesse contexto que emerge a telepressão.

O termo **"telepressão"** tem origem no relatório sobre *Workplace Telepressure and Employee Recovery*, elaborado pelas pesquisadoras Larissa Barber e Alecia Santuzzi, do Departamento de Psicologia da Northern Illinois University. De acordo com elas, a telepressão consiste no envio de mensagens por meios tecnológicos acompanhadas de uma esmagadora urgência de resposta[104].

Nesse sentido, em decorrência da hiperconectividade das pessoas aos meios informatizados nas relações de labor, a telepressão corresponde

---

103. Além dos tratados e das convenções internacionais que garantem a limitação razoável das horas de trabalho, ao se possibilitar a retirada de direitos trabalhistas básicos, como o direito a horas extras, intervalos e adicional noturno, resta também violada a irredutibilidade salarial e proteção ao salário, consagrada na Convenção 95 da OIT.

104. "We conceptualize telepressure as a single construct defined by thinking about ICT messages accompanied by an overwhelming urge to respond" (BARBER, Larissa; SANTUZZI, Alecia. Please Respond ASAP: Workplace Telepressure and Employee Recovery. *Journal of Occupational Health Psychology*, 2014. Disponível em: <https://www.researchgate.net/publication/267753716_ Please_Respond_ASAP_Workplace_Telepressure_and_Employee_Recovery>. Acesso em: 22 set. 2018.

à urgência com que os empregados têm de responder a *e-mails* e mensagens instantâneas de texto ou voz a clientes, colegas e supervisores[105].

Sendo assim, em virtude da cultura organizacional de constante conexão e disponibilidade, existe uma pressão por respostas imediatas, independentemente de dia, lugar e horário. É comum, portanto, que o trabalhador responda a *e-mails* de madrugada ou envie mensagens instantâneas ao supervisor fora do horário de trabalho. Quando essa cobrança por conexão permanente e respostas rápidas é acompanhada de condutas abusivas e hostis, inseridas na política gerencial da empresa, surge o assédio moral organizacional virtual.

O *assédio moral virtual*, também denominado assédio moral eletrônico, assédio moral digital, *cyberbullying*[106] laboral, tecnoassédio e teleassédio moral, consiste no assédio moral praticado por meios telemáticos e informatizados.

Consoante definição de Talita Nunes, o teleassédio moral consiste na:

> Conduta dirigida ao trabalhador, de forma velada ou não, porém reiterada, na qual a vítima fica exposta a situação vexatória e humilhante relativa ao trabalho ou a sua pessoa, em mensagem por escrito, áudio ou visual, direcionada individualmente ou em grupo, por meio de correio eletrônico pessoal ou corporativo, aplicativos de mensagens instantâneas ou reuniões virtuais por teleconferência, configurada ou não a intencionalidade do agente[107].

Geraldo Magela Melo conceitua o *cyberbullying* laboral como a prática de assédio moral em relação ao trabalhador ou ao empregador no ciberespaço, cuja "ocorrência mais expressiva tem sido nas plataformas de relacionamento, com postagens que almejam denegrir a imagem

---

105. MELO, Sandro Nahmias, RODRIGUES, Karen Rosendo de Almeida Leite. *Direito à desconexão do trabalho*: com análise crítica da reforma trabalhista (Lei n. 13.467/2017). São Paulo: LTr, 2018, p. 55.

106. A definição legal de *cyberbullying* encontra-se no art. 2º, parágrafo único, da Lei n. 13.185/2015, cujo texto assim dispõe: "Há intimidação sistemática na rede mundial de computadores (*cyberbullying*), quando se usarem os instrumentos que lhe são próprios para depreciar, incitar a violência, adulterar fotos e dados pessoais com o intuito de criar meios de constrangimento psicossocial" (BRASIL. Lei n. 13.185, de 6 de novembro de 2015. Institui o Programa de Combate à Intimidação Sistemática [*Bullying*]. *Diário Oficial [da] República Federativa do Brasil*. Brasília, DF. Disponível em: <http://www.planalto.gov.br/ccivil_03/_ato2015-2018/2015/lei/L13185.htm>. Acesso em: 22 set. 2018).

107. NUNES, Talita Camila Gonçalves. *A precarização no teletrabalho*: escravidão tecnológica e impactos na saúde física e mental do trabalhador. Belo Horizonte: RTM, 2018, p. 251.

e a honra do ofendido"[108]. Em semelhante sentido, Marcelo Prata conceitua o *cyberbullying* como a prática de assédio moral feita por meio da comunicação eletrônica, sendo *"especialmente insidioso* haja vista que a tentativa de desmoralizar a vítima pode alcançar um público indefinido de pessoas"[109].

Aqui, será utilizada a nomenclatura *assédio moral virtual*. Desse modo, com base nas contribuições doutrinárias, o assédio moral virtual pode ser conceituado como a **tortura psicológica perpetrada por um conjunto de ações ou omissões, abusivas e reiteradas, praticadas por meios de comunicação escritos, orais e visuais, por intermédio de plataformas eletrônicas, aplicativos de mensagens instantâneas, correio eletrônico ou sistemas informatizados, que violam os direitos fundamentais do trabalhador.**

Como bem sinaliza Talita Nunes, a blindagem fornecida pelos meios telemáticos potencializa a crueldade do assédio moral e reforça os comportamentos agressivos[110]. A título exemplificativo, a autora elenca algumas características do assédio moral virtual:

- Ausência de verdadeira autonomia do teletrabalhador; horário de trabalho (se flexível), local e ritmo de trabalho.
- Privar o teletrabalhador do acesso aos instrumentos telemáticos e informáticos necessários à realização do trabalho.
- Críticas injustas e exageradas.
- Acréscimo permanente de novas tarefas e/ou tarefas superiores à sua competência ou incompatíveis com sua saúde.
- Não permitir descansos e férias. Impedir a promoção.
- Enviar tarefas ou quaisquer *e-mails* em períodos de descanso e de férias.
- Isolamento do teletrabalhador nos grupos de correio eletrônico ou aplicativos de mensagens instantâneas.
- Envio de vídeos e/ou figuras e *emoji* de natureza depreciativa, injuriosa, violenta ou que ridicularizam o teletrabalhador sem a aceitação deste.
- Exclusão de reuniões e videoconferências que exigem a presença do trabalhador.

---

108. MELO, Geraldo Magela. *A reconfiguração do direito do trabalho a partir das redes sociais digitais*. São Paulo: LTr, 2018, p. 168.

109. PRATA, Marcelo Rodrigues. *Assédio moral no trabalho sob novo enfoque*: cyberbullying, "indústria do dano moral", carga dinâmica da prova e o futuro CPC. Curitiba: Juruá, 2014, p. 92-93.

110. NUNES, Talita Camila Gonçalves. *A precarização no teletrabalho*: escravidão tecnológica e impactos na saúde física e mental do trabalhador. Belo Horizonte: RTM, 2018, p. 252.

- Difusão de rumores relativos à origem, nacionalidade, vida privada, deficiência física, crença religiosa ou convicção política.
- Ameaças por escrito, áudio ou vídeo, de violência física.
- Invasão de dados do teletrabalhador – e-mails, mensagens em aplicativos e documentos em geral, de natureza pessoal ou laboral.
- Envio de vírus ou qualquer procedimento que danifique instrumentos eletrônicos, programas de computador ou aplicativos móveis.
- Desrespeito à condição de saúde do teletrabalhador e o não fornecimento de EPIs.
- Não envio de profissionais para averiguar as condições de trabalho no domicílio ou local de trabalho, para fins de comprovação de acidente de trabalho ou manutenção das ferramentas tecnológicas[111].

Além do assédio moral virtual interpessoal, quando dirigido a determinado trabalhador ou a trabalhadores específicos, também pode ser vislumbrado o assédio moral organizacional virtual, que, por estar inserido na política gerencial da empresa, atinge todos os trabalhadores indistintamente.

Nesse sentido, o *assédio moral organizacional virtual* consiste na **tortura psicológica perpetrada por um conjunto de condutas abusivas e reiteradas, praticadas por meios de comunicação escritos, orais e visuais, por intermédio de plataformas eletrônicas, aplicativos de mensagens instantâneas, correio eletrônico ou sistemas informatizados, que estão inseridas na política organizacional e gerencial da empresa, dirigidas a todos os trabalhadores indistintamente ou a determinado setor ou perfil de trabalhadores, cuja finalidade é exercer o controle sobre a coletividade e garantir o alcance dos objetivos institucionais.**

A partir da conceituação proposta, observa-se que a principal diferença entre o assédio moral organizacional e o assédio moral organizacional virtual diz respeito à forma digital ou eletrônica por meio da qual as condutas abusivas são praticadas. Desse modo, quando o assédio moral for praticado predominantemente por mecanismos telemáticos e informatizados de comunicação, restará configurada a modalidade virtual.

Presente em diversas organizações laborais, como instituições bancárias e empresas de teleatendimento, em especial por intermédio das plataformas eletrônicas que controlam, monitoram e fiscalizam o trabalhador, o assédio moral organizacional virtual torna-se ainda mais presente no teletrabalho.

---

111. NUNES, Talita Camila Gonçalves. *A precarização no teletrabalho*: escravidão tecnológica e impactos na saúde física e mental do trabalhador. Belo Horizonte: RTM, 2018, p. 252-253.

Como exemplo de condutas abusivas praticadas de forma organizacional e telemática, pode-se citar a cobrança de metas desarrazoadas, geradas pelos próprios sistemas eletrônicos, cujo descumprimento acarreta punições ao teletrabalhador, inclusive com a exposição do seu "fracasso" perante supervisores e demais colegas de trabalho em *e-mails*, em grupos de aplicativos de mensagens instantâneas ou nos sistemas informatizados da própria empresa. A situação torna-se ainda mais hostil nos casos em que a exposição da "incompetência" do empregado nas redes sociais da empresa é acompanhada por palavras depreciativas e humilhantes.

Convém explicitar, nesse sentido, o caso *ilha sem papel*, julgado pelo Tribunal Regional do Trabalho da 3ª Região. A empresa reclamada criou um dispositivo, por meio de um programa de computador, denominado *ilha sem papel*, com a função de controlar diariamente a produtividade e o cumprimento das metas dos empregados[112]. Ao longo do dia, os trabalhadores recebiam mensagens na tela de seus computadores com elogios, caso cumprissem as metas, ou com ofensas, em caso de descumprimento, sendo chamados de "perdedores da ilha", "burros" e "incompetentes". Além disso, recebiam mensagens depreciativas, com ameaças de dispensa, por parte do supervisor. Com efeito, a 11ª Turma do TRT 3ª Região reconheceu o assédio moral, conforme ementa a seguir transcrita:

> Dano moral. Cobranças excessivas por metas. Forma pela qual são realizadas as cobranças. Dano moral. Configuração. Demonstrada a efetiva ocorrência de tratamento humilhante à reclamante, pelas cobranças excessivas da empregadora em relação às metas estipuladas, condutas essas aptas à desestabilização emocional da empregada e ao enfraquecimento de sua integridade psicológica, bem como caracterizadoras do abuso no exercício do poder diretivo, transbordando para o campo da ilicitude, enseja a reparação à esfera moral da obreira, circunstâncias que restaram demonstradas na instrução probatória[113].

Em que pese não tenha sido utilizada a expressão *assédio moral virtual* ou *teleassédio moral*, observa-se, pela análise fática do caso e pelos fundamentos constantes do acórdão, a prática de *assédio moral organizacional virtual*, tendo em vista que os trabalhadores estavam submetidos a metas

---

112. NUNES, Talita Camila Gonçalves. *A precarização no teletrabalho*: escravidão tecnológica e impactos na saúde física e mental do trabalhador. Belo Horizonte: RTM, 2018, p. 252.

113. BRASIL. Tribunal Regional do Trabalho da 3ª Região. Processo n. 0001260-82.2011.5.03.0143. Relator: Desembargador Heriberto de Castro, 11ªTurma. *DEJT* 6-12-2012. Disponível em: <http://as1.trt3.jus.br/consulta/detalheProcesso1_0.htm?conversationId=14143761>. Acesso em: 24 set. 2018.

excessivas, inseridas na gestão da empresa, monitoradas pelo sistema computadorizado, sendo acompanhadas de mensagens constrangedoras e humilhantes.

Além das metas, as condutas abusivas assediadoras também podem estar presentes nos mecanismos informatizados de fiscalização do teletrabalhador, que objetivam controlar a jornada e o modo de execução das atividades. Entre os instrumentos de monitoramento, convém citar: câmeras instaladas nos computadores que transmitem em tempo real a imagem do empregado; programas que espelham a imagem do monitor ou captam os dados digitados pelo teclado; sistemas eletrônicos acessíveis por *login* e *logout*, com o monitoramento dos respectivos períodos ou das atividades realizadas; exigência de envio imediato de cada tarefa realizada, seja por *e-mail*, aplicativo ou plataforma computadorizada, entre outros.

Assim, se a utilização desses sistemas for feita de modo desarrazoado, submetendo o empregado a uma vigilância ostensiva, geralmente seguida por mensagens de cobrança ou de desqualificação, restará também caracterizado o assédio moral organizacional virtual.

A exigência de conexão permanente e respostas imediatas (telepressão) também ocasiona assédio moral virtual. Isso porque sujeita o teletrabalhador a uma constante pressão para realizar as atividades, independentemente de lugar, dia ou horário, o que acaba por comprometer seu descanso, lazer e convívio familiar, violando o direito fundamental à desconexão.

4.4.3 Teletrabalho e direito à desconexão

O **direito à desconexão** ou direito ao não trabalho, segundo Sandro Nahmias Melo e Karen Rodrigues, "significa que o empregado, em seus momentos de folga, feriados, ou ao fim de sua jornada, não pode estar à disposição do empregador, devendo se desconectar totalmente de seus afazeres, com a finalidade de descansar e se revigorar física e mentalmente"[114].

Nessa linha de intelecção, considerando a elevada média diária de *e-mails* e mensagens instantâneas recebidas pelo trabalhador, deve ser garantida uma total desconexão, como forma de afastar o indivíduo de qualquer atividade relacionada ao trabalho fora do horário do expediente[115].

---

114. MELO, Sandro Nahmias; RODRIGUES, Karen Rosendo de Almeida Leite. *Direito à desconexão do trabalho*: com análise crítica da reforma trabalhista (Lei n. 13.467/2017). São Paulo: LTr, 2018, p. 73.

115. Idem, ibidem, p. 72-73.

Ressalte-se que o direito à desconexão não se encontra enunciado textualmente na CF/1988. Trata-se de um direito fundamental implícito[116], que, com base no art. 5º, § 2º, da CF/1988[117], decorre do regime e dos princípios constitucionais, sendo extraído do direito à saúde (arts. 6º, 7º, XXII, e 196), direito à vida privada (art. 5º, X), direito ao lazer (art. 6º), direito à limitação da jornada (art. 7º, XIII), direito ao repouso semanal remunerado (art. 7º, XV), direito às férias (art. 7º, XVII), direito à redução dos riscos inerentes ao trabalho (art. 7º, XXII). Ademais, também é extraído da dignidade da pessoa humana e do valor social do trabalho (art. 1º, III e IV), bem como do meio ambiente ecologicamente equilibrado (art. 225), nele incluído o meio ambiente do trabalho (art. 200, VIII).

Dessa forma, o direito à desconexão, como corolário da dignidade da pessoa humana, da valorização social do trabalho e dos diversos direitos fundamentais que garantem o descanso, a saúde e o lazer ao trabalhador, é um direito fundamental, compondo o bloco de constitucionalidade.

Com efeito, a "falta de linhas limítrofes visíveis entre a vestimenta de trabalhador e a vestimenta de ser humano como ser social dotado de necessidades básicas como descanso (direito à desconexão), cuidados próprios e a simples interação social"[118] submete o trabalhador a uma escravidão psicológica, sujeitando-o ao assédio moral virtual. Nessa senda,

---

116. Os direitos fundamentais implícitos, como o próprio termo já induz, são direitos que não estão expressos, explícitos, positivados, escritos ou enumerados no texto constitucional, mas que, por apresentarem fundamentalidade material e derivarem do regime e dos princípios basilares da ordem constitucional pátria, são, também, direitos fundamentais. Nesse sentido, para que, amparado no art. 5º, § 2º, um direito implícito seja considerado um direito fundamental, faz-se necessária a observância dos seguintes requisitos: a) decorra do regime e dos princípios constitucionais constantes no Título I da CF/1988; b) tenha sintonia com e equivalência aos direitos fundamentais elencados no Título II do diploma constitucional, devendo, para tanto, ser vislumbrados os critérios da relevância e substância; e, por fim, c) esteja vinculado com a dignidade da pessoa humana ou com a limitação de poder.

117. Com base na cláusula de abertura material dos direitos e garantias fundamentais, prevista no art. 5º, § 2º, da Carta Magna, tornou-se possível o reconhecimento, para além do conceito formal de Constituição e para além do catálogo de direitos fundamentais, de novos direitos que, por seu conteúdo e substância, pertencem ao corpo fundamental da Constituição de um Estado (SARLET, Ingo Wolfgang. *A eficácia dos direitos fundamentais*: uma teoria geral dos direitos fundamentais na perspectiva constitucional. Porto Alegre: Livraria do Advogado, 2011, p. 78).

118. Idem, ibidem, p. 68.

violam-se o direito à saúde e os demais direitos personalíssimos dele, além de poder comprometer seu projeto de vida e sua vida de relações[119].

Conclui-se que a violação ao direito à desconexão do trabalhador, ao lado da telepressão e do constante monitoramento, viabiliza a prática de assédio moral virtual, muitas vezes ínsito à própria organização do trabalho. Mensagens eletrônicas desqualificando ou apontando as supostas falhas do teletrabalhador enviadas individualmente ou nos grupos corporativos agravam esse quadro. O adoecimento físico e mental do empregado é uma decorrência lógica desse processo, que, inclusive, pode levá-lo à morte. Além do suicídio, muito comum nos casos de assédio moral, tem-se observado atualmente o aumento de incidência do **karoshi**, termo de origem japonesa que significa *morte súbita por excesso de trabalho*.

A Lei n. 13.467/2017, ao excluir o teletrabalhador da limitação de jornada, potencializa a hiperconexão e a realização de jornadas extenuantes. Destarte, deve-se considerar que a presunção fixada no art. 62, III, da CLT possui natureza relativa[120], estando vinculada ao exame dos elementos fático-jurídicos do caso concreto. Constatada a possibilidade de controle da jornada ou de sua efetiva realização, resta configurada a submissão do teletrabalhador ao regime geral de duração do trabalho, cabendo o ônus probatório ao empregador, nos moldes do art. 373 do CPC e art. 818, II, da CLT[121].

Nessa senda, se for possível, no plano fático, o controle da jornada do teletrabalhador, seja por meio de programas informatizados, seja pela fixação do tempo médio para a realização de cada tarefa, restará configurada a disciplina constitucional e celetista da duração do trabalho. O que não se pode permitir é a utilização pelo empregador das disposições dos arts. 62, III, 611-A, VIII, e 611-B, parágrafo único, da CLT de maneira abusi-

---

119. É nesse contexto que emerge o dano existencial, "entendido como aquele que inviabiliza o projeto de vida da vítima, que a impede de alcançar suas aspirações" (PAMPLONA FILHO, Rodolfo; ANDRADE FILHO, Luiz Carlos Vilas Boas. A torre de babel das novas adjetivações do dano. *Revista Direito UNIFACS*, n. 176, fev. 2015. Disponível em: <https://revistas.unifacs.br/index.php/redu/article/viewFile/3477/2491>. Acesso em: 24 set. 2018).

120. DELGADO, Maurício Godinho; DELGADO, Gabriela Neves. *Reforma trabalhista no Brasil*: com os comentários da Lei n. 13.467/2017. São Paulo: LTr, 2017, p. 133 e 138.

121. PAMPLONA FILHO, Rodolfo; FERNANDEZ, Leandro. Tecnologia da informação e as relações de trabalho no Brasil: o teletrabalho na Lei n. 13.467/17. *Revista Direito UNIFACS*, n. 216, ago. 2018. Disponível em: <https://revistas.unifacs.br/index.php/redu/article/view/5461>. Acesso em: 18 set. 2018.

va, para exigir metas desarrazoadas, jornadas extenuantes e conexão permanente, praticando assédio moral virtual contra o teletrabalhador.

Sendo assim, as previsões legais sobre o teletrabalho inseridas pela Lei n. 13.467/2017 não podem ser aplicadas de modo absoluto, em desconsideração à interpretação sistemática do ordenamento jurídico brasileiro, alicerçada na filtragem constitucional, no diálogo das fontes e na máxima efetividade dos direitos sociolaborais. Ademais, com base na cláusula de abertura dos direitos e garantias fundamentais (art. 5º, § 2º, da CF/1988), os tratados internacionais de direitos humanos devem ser aplicados e utilizados como parâmetro de convencionalidade das normas internas.

As disposições previstas nos arts. 62, III, 611-A, VIII, e 611-B, parágrafo único, da CLT não podem constituir uma barreira para a limitação razoável das horas de labor nem servir como justificativa para a precarização das relações de teletrabalho, prática de assédio moral virtual e coisificação do ser humano trabalhador.

5

Convenção 190 da OIT: Violência e Assédio no Mundo do Trabalho

Em 10 de junho de 2019, na 108ª Sessão da Conferência Internacional do Trabalho, em Genebra, em comemoração ao centenário da OIT, foi aprovada a Convenção 190, que versa sobre a eliminação da violência e do assédio no mundo do trabalho.

Alicerçada nas *core obligations*[1], a Convenção 190 da OIT reconhece que a violência e o assédio nas relações laborais violam os direitos humanos, ameaçam a igualdade de oportunidades e são incompatíveis com o trabalho decente[2]. Ademais, comprometem o meio ambiente do trabalho,

---

1. A Declaração da OIT sobre os Princípios e Direitos Fundamentais no Trabalho, de 1998, consagra as obrigações essenciais (*core obligations*), a saber: (a) a liberdade sindical e o reconhecimento efetivo do direito de negociação coletiva; (b) a eliminação de todas as formas de trabalho forçado ou obrigatório; (c) a efetiva abolição do trabalho infantil; e (d) a eliminação da discriminação em matéria de emprego e ocupação. Desse modo, ainda que os Estados-Membros da OIT não tenham ratificado as Convenções relativas às referidas obrigações (Convenções 29, 87, 98, 100, 111, 105, 138 e 182), pelo simples fato de pertencer à Organização, nasce o compromisso de respeitar, promover e tornar realidade os respectivos princípios e direitos fundamentais.

2. "O trabalho decente consiste no trabalho produtivo, adequadamente remunerado, exercido em condições de liberdade, equidade e segurança e capaz de garantir uma vida digna. Como condição fundamental para a superação da pobreza, redução das desigualdades sociais, garantia da governabilidade democrática e desenvolvimento sustentável, o conceito de trabalho decente foi formalizado pela OIT em 1999 e é eixo central para onde convergem os quatro objetivos estratégicos da OIT, quais sejam: i) respeito às normas internacionais do trabalho, em especial aos princípios e direitos fundamentais do trabalho; ii) promoção do emprego de qualidade; iii) extensão da proteção social; iv) fortalecimento do diálogo social" (ORGANIZAÇÃO INTERNACIONAL DO TRABALHO. *Trabalho Decente*. Disponível em: <https://www.ilo.org/brasilia/temas/trabalho-decente/lang--pt/index.htm>. Acesso em: 15 ago. 2019).

afetando a organização do labor, o desenvolvimento sustentável, as relações pessoais, a produtividade e a qualidade dos serviços, além de impedir que as pessoas, em especial as mulheres, tenham acesso ao mercado de trabalho, permaneçam e progridam profissionalmente.

Com efeito, como aviltam a dignidade, a saúde psicológica, física e sexual da pessoa, além das suas relações familiares e sociais, as referidas práticas devem ser prevenidas e combatidas, com vistas a garantir a todo ser humano o direito ao mundo do trabalho livre de violência e assédio.

Nesse sentido, convém examinar os contornos conceituais e principiológicos trazidos pela Convenção 190 da OIT, bem como as principais inovações desse importante diploma normativo.

5.1 VIOLÊNCIA E ASSÉDIO NO MUNDO DO TRABALHO: CONCEITO

A Convenção 190 da OIT, em seu art. 1º, na versão oficial em inglês, conceitua a violência e o assédio no mundo do trabalho (*violence and harassment in the world of work*) como:

A range of unacceptable behaviours and practices, or threats thereof, whether a single occurrence or repeated, that aim at, result in, or are likely to result in physical, psychological, sexual or economic harm, and includes gender-based violence and harassment[3].

Na versão oficial em espanhol, a violência e o assédio no mundo do trabalho (*violencia y acoso en el mundo del trabajo*) são conceituados como:

Un conjunto de comportamientos y prácticas inaceptables, o de amenazas de tales comportamientos y prácticas, ya sea que se manifiesten una sola vez o de manera repetida, que tengan por objeto, que causen o sean susceptibles de causar, un daño físico, psicológico, sexual o económico, e incluye la violencia y el acoso por razón de género[4].

Por sua vez, na versão oficial em francês, conceitua-se a violência e o assédio no mundo do trabalho (*violence et harcèlement dans le monde du travail*) como:

---

3. INTERNATIONAL LABOUR ORGANIZATION. International Labour Conference. *Standard Setting Committee*: violence and harassment in the world of work, 2019 (No. 190). Disponível em: <https://www.ilo.org/wcmsp5/groups/public/---ed_norm/---relconf/documents/meetingdocument/wcms_711570.pdf>. Acesso em: 15 ago. 2019.

4. ORGANIZACIÓN INTERNACIONAL DEL TRABAJO. Conferencia Internacional del Trabajo. *Comisión normativa*: violencia y acoso en el mundo del trabajo, 2019 (No. 190). Disponível em: <https://www.ilo.org/wcmsp5/groups/public/---ed_norm/---relconf/documents/meetingdocument/wcms711719.pdf>. Acesso em: 16 ago. 2019.

S'entend d'un ensemble de comportements et de pratiques inacceptables, ou de menaces de tels comportements et pratiques, qu'ils se produisent à une seule occasion ou de manière répétée, qui ont pour but de causer, causent ou sont susceptibles de causer un dommage d'ordre physique, psychologique, sexuel ou économique, et comprend la violence et le harcèlement fondés sur le genre[5].

Dessa forma, como ainda não há a tradução oficial da Convenção 190 da OIT em português, com base nas definições delineadas, pode-se traduzir a violência e o assédio no mundo do trabalho como:

Um conjunto de comportamentos e práticas inaceitáveis, ou ameaças de tais comportamentos e práticas, que se manifestam apenas uma vez ou repetidamente, que objetivam causar, causam ou são suscetíveis de causar danos físicos, psicológicos, sexuais ou econômicos, incluída a violência e o assédio em razão de gênero.

A partir da conceituação constante da Convenção 190 da OIT, convém observar, inicialmente, que: a) a violência e o assédio são tratados de forma conjunta; b) é utilizada a expressão *world of work*, na versão em inglês, em vez de *workplace* (local de trabalho), possibilitando um maior alcance das disposições convencionais; c) uma única manifestação é suficiente para sua configuração; e d) é conferido um tratamento especial à violência e ao assédio em razão de gênero. Nesse sentido, cabe examinar as inovações conceituais previstas no art. 1º da Convenção 190 da OIT.

5.2 TERMINOLOGIA E ÂMBITO DE APLICAÇÃO

Com relação à terminologia, cumpre observar que a Convenção 190 da OIT utiliza os vocábulos *harassment*[6], no texto oficial em inglês; *acoso*, no texto oficial em espanhol; e *harcèlement*, no texto oficial em francês, para fazer referência ao assédio.

Além disso, amplia o âmbito de aplicação do instituto ao utilizar a expressão *world of work*, na versão em inglês; *mundo del trabajo*, na versão em espanhol; e *monde du travail*, na versão em francês, acarretando, portanto, um maior alcance das disposições convencionais.

---

5. ORGANISATION INTERNATIONALE DU TRAVAIL. Conférence internationale du Travail. *Commission normative*: violence et harcèlement dans le monde du travail 2019 (No. 190). Disponível em: <https://www.ilo.org/wcmsp5/groups/public/--ed_norm/---relconf/documents/meetingdocument/wcms_711570.pdf>. Acesso em: 18 ago. 2019.

6. Com relação às terminologias, observa-se que o assédio é conhecido como: *mobbing*, na Itália e Alemanha; *bullying*, na Inglaterra; *harassment*, nos Estados Unidos; *harcélement*, na França; *ijime*, no Japão; *acoso*, na Espanha; e assédio, no Brasil e em Portugal (ÁVILA, Rosemari Pedrotti de. *As consequências do assédio moral no ambiente de trabalho*. São Paulo: LTr, 2009, p. 19).

151

Ressalte-se que, durante as tratativas, houve a tentativa de substituição da expressão *world of work* por *workplace* (local de trabalho), o que restringiria sua aplicação[7].

Desse modo, ao utilizar de forma conjugada as expressões "violência e assédio", aliadas à referência "mundo do trabalho", em vez de "local de trabalho", possibilitou-se um maior alcance da Convenção 190 da OIT.

Outrossim, com base nos arts. $2^{\underline{o}}$ e $3^{\underline{o}}$, verifica-se o alargamento do âmbito de aplicação do novel diploma normativo, em especial quanto às pessoas tuteladas, aos setores abarcados, momentos da ocorrência dos atos abusivos e lugares abrangidos.

Com relação às pessoas, a Convenção 190 da OIT, consoante seu art. $2^{\underline{o}}$, tutela todos aqueles envolvidos no mundo laboral, por exemplo, empregados, trabalhadores autônomos, estagiários, aprendizes, voluntários, trabalhadores despedidos, candidatos a emprego, bem como os trabalhadores que exercem cargos de chefia e gestão. Ademais, é aplicada aos setores públicos e privados, à economia formal e informal, assim como às zonas urbanas e rurais (art. $2^{\underline{o}}$, item 2)[8].

No tocante ao momento da ocorrência de práticas e comportamentos abusivos, a Convenção 190 da OIT abrange os atos perpetrados durante o trabalho, como também os que tenham relação ou resultem do labor (art. $3^{\underline{o}}$). Engloba, portanto, as condutas abusivas praticadas nas fases pré-contratual, contratual e pós-contratual.

Quanto ao lugar, a utilização da expressão *world of work* (mundo do trabalho) amplia o alcance convencional, e o art. $3^{\underline{o}}$ enumera as seguintes localidades:

a) espaços públicos e privados, quando constituem um local de trabalho;

b) locais onde o trabalhador é remunerado, onde descansa, onde se alimenta ou onde utiliza vestiários e instalações sanitárias;

c) em deslocamentos, viagens, eventos, atividades sociais ou treinamentos relacionados ao trabalho;

---

7. INTERNATIONAL LABOUR ORGANIZATION. International Labour Conference. *Report V(2A)*: ending violence and harassment in the world of work. Disponível em: <https://www.ilo.org/wcmsp5/groups/public/---ed_norm/---relconf/documents/meetingdocument/wcms_675567.pdf>. Acesso em: 16 ago. 2019.

8. INTERNATIONAL LABOUR ORGANIZATION. International Labour Conference. *Standard Setting Committee*: violence and harassment in the world of work, 2019 (No. 190). Disponível em: <https://www.ilo.org/wcmsp5/groups/public/---ed_norm/---relconf/documents/meetingdocume nt/wcms_711570.pdf>. Acesso em: 27 ago. 2019, tradução nossa.

d) no âmbito das comunicações relacionadas com o trabalho, incluindo as realizadas através de tecnologias de informação e comunicação;

e) no alojamento fornecido pelo empregador;

f) nos trajetos entre a casa e o local de trabalho[9].

Nesse sentido, como bem concluíram os peritos da OIT, considera-se que o mundo do trabalho abrange "não apenas o local de trabalho físico tradicional, mas também o deslocamento para o trabalho, os eventos sociais relacionados ao trabalho, os espaços públicos, inclusive para trabalhadores informais, como vendedores ambulantes, assim como o lar, em particular para trabalhadores domésticos e teletrabalhadores"[10].

Sendo assim, as expressões "violência e assédio" e "mundo do trabalho" utilizadas no conceito possibilitam um maior alcance da Convenção 190 da OIT, abrangendo todas as condutas assediadoras, bem como todas as pessoas, lugares, setores ou momentos que, no âmbito das relações de labor, tenham relação com os respectivos atos.

5.3 ABORDAGEM INTEGRADA: VIOLÊNCIA E ASSÉDIO COMO CONCEITO ÚNICO

Uma das principais inovações da Convenção 190 da OIT diz respeito ao tratamento conjunto da violência e do assédio. Com a utilização da expressão "violência e assédio" (*violence and harassment*), o novo diploma internacional apresentou os vocábulos de forma conjugada, oferecendo um único conceito para os referidos fenômenos. Assim, ampliou-se a definição, alargando-se, por conseguinte, a sua incidência.

5.3.1 Contextualização

A opção pela abordagem integrada dos referidos conceitos resulta das pesquisas produzidas pela Reunião de Peritos, em outubro de 2016, que concluiu pela substituição do termo "violência" pela expressão "violência e assédio", com vistas a assegurar uma adequada compreensão e

---

9. INTERNATIONAL LABOUR ORGANIZATION. International Labour Conference. *Standard Setting Committee*: violence and harassment in the world of work, 2019 (No. 190). Disponível em: <https://www.ilo.org/wcmsp5/groups/public/---ed_norm/---relconf/documents/meetingdocume nt/wcms_711570.pdf>. Acesso em: 27 ago. 2019, tradução nossa.

10. INTERNATIONAL LABOUR ORGANIZATION. Conditions of Work and Equality Department. *Final report*: Meeting of Experts on Violence against Women and Men in the World of Work. Disponível em: <http://cite.gov.pt/pt/destaques/complementosDestqs2/Relat_violencia.pdf>. Acesso em: 18 ago. 2019, tradução nossa.

153

abordagem dos diferentes comportamentos inaceitáveis[11]. Além disso, observou-se que deveria ser conferida uma especial atenção à violência baseada em gênero e à violência decorrente do uso inadequado das tecnologias da informação.

Destarte, para uma melhor intelecção da violência no mundo do trabalho, a Reunião de Peritos apresentou as seguintes conclusões:

3. Embora a terminologia possa variar entre os países, a expressão "violência e assédio" inclui um contínuo de comportamentos e práticas inaceitáveis que podem resultar em danos ou sofrimentos físicos, psicológicos ou sexuais. Um foco particular precisa ser colocado na violência baseada em gênero. O uso inadequado da tecnologia também é reconhecido como fonte de preocupação.

4. A violência e o assédio podem ser horizontais e verticais, de fontes internas e externas (incluindo clientes e outros terceiros e autoridades públicas), no setor público ou privado, ou na economia formal ou informal.

5. Considera-se que o mundo do trabalho abrange não apenas o local de trabalho físico tradicional, mas também o deslocamento para o trabalho, eventos sociais relacionados ao trabalho, espaços públicos, inclusive para trabalhadores informais, como vendedores ambulantes, e o lar, em particular para trabalhadores domésticos e teletrabalhadores.

6. A violência doméstica e outras formas de violência e assédio são relevantes para o mundo do trabalho quando impactam no local de trabalho.

7. A violência e o assédio podem ter uma ocorrência única ou repetida, sendo a natureza e o efeito de tal conduta critérios-chave para determinar se ela se qualifica como violência e assédio.

8. Os especialistas concordam que é importante distinguir entre as várias formas de violência e assédio e o contexto em que elas ocorrem, pois diferentes respostas podem ser necessárias[12].

Ressalte-se que a referida reunião foi convocada na 325ª Sessão do Conselho de Administração da OIT, em 2015, com o objetivo de orientar os trabalhos sobre a violência contra mulheres e homens no mundo do trabalho a serem realizados na 107ª Conferência Internacional do Trabalho.

Desse modo, a partir das conclusões da Reunião de Peritos, foi elaborado, na 107ª Conferência Internacional do Trabalho, em 2018, um rela-

---

11. INTERNATIONAL LABOUR ORGANIZATION. Conditions of Work and Equality Department. *Final report*: Meeting of Experts on Violence against Women and Men in the World of Work. Disponível em: <http://cite.gov.pt/pt/destaques/complementosDestqs2/Relat_violencia.pdf>. Acesso em: 18 ago. 2019.

12. Idem, ibidem. Tradução nossa.

tório com a análise sistemática do tratamento da violência e do assédio nas relações de trabalho em 80 países[13]. Partindo do pressuposto de que não existe atualmente uma definição universalmente aceita dos termos "assédio" ou "violência" no contexto laboral, o referido relatório optou por abordar de forma integrada os referidos vocábulos, sem deixar de distinguir, contudo, os tipos de violência e assédio no âmbito do trabalho.

5.3.2 Tipos de violência e assédio no mundo do trabalho

Com vistas a garantir uma maior abrangência à Convenção 190 da OIT, inclusive diante da evolução das modalidades de trabalho e da tecnologia, utilizou-se a expressão "violência e assédio" como gênero, que, por sua vez, engloba diversas espécies, como violência sexual, assédio sexual, violência doméstica, violência física, violência psicológica, assédio moral, violência estrutural, assédio organizacional, assédio virtual (*cyberbullying*), violência de gênero e assédio em razão de gênero.

A *violência sexual* compreende, conforme definição constante da Lei Maria da Penha, qualquer conduta que constranja a vítima a

presenciar, a manter ou a participar de relação sexual não desejada, mediante intimidação, ameaça, coação ou uso da força; que a induza a comercializar ou a utilizar, de qualquer modo, a sua sexualidade, que a impeça de usar qualquer método contraceptivo ou que a force ao matrimônio, à gravidez, ao aborto ou à prostituição, mediante coação, chantagem, suborno ou manipulação; ou que limite ou anule o exercício de seus direitos sexuais e reprodutivos[14].

Com efeito, a violência sexual no trabalho é uma forma de discriminação sexual que inclui o assédio sexual e as agressões físicas e psicoló-

---

13. ORGANIZAÇÃO INTERNACIONAL DO TRABALHO. Conferência Internacional do Trabalho, 107ª Sessão, 2018. *Relatório V(1)*: Acabar com a violência e o assédio contra mulheres e homens no mundo do trabalho. Disponível em: <http://cite.gov. pt/pt/destaques/complementosDestqs2/Violencia_Assedio_Relatorio_V1_ OIT_2018.pdf>. Acesso em: 18 ago. 2019.

14. BRASIL. Presidência da República. Lei 11.340, de 7 de agosto de 2006. Cria mecanismos para coibir a violência doméstica e familiar contra a mulher, nos termos do § 8º do art. 226 da Constituição Federal, da Convenção sobre a Eliminação de Todas as Formas de Discriminação contra as Mulheres e da Convenção Interamericana para Prevenir, Punir e Erradicar a Violência contra a Mulher; dispõe sobre a criação dos Juizados de Violência Doméstica e Familiar contra a Mulher; altera o Código de Processo Penal, o Código Penal e a Lei de Execução Penal; e dá outras providências. *Diário Oficial [da] República Federativa do Brasil*. Brasília, DF. Disponível em: <http://www.planalto.gov.br/ccivil_03/_Ato2004-2006/2006/Lei/ L11340.htm>. Acesso em: 20 ago. 2019.

gicas de natureza sexual no mundo do trabalho. A violência sexual engloba tanto insinuações ligadas à sexualidade como contatos físicos forçados e convites impertinentes, que envolvem diferenças de posição hierárquica e chantagens ou ameaças profissionais em troca de favores sexuais[15].

A violência sexual abarca, portanto, uma dimensão da violência psicológica, principalmente por olhares constrangedores, propostas intimidadoras e comentários, piadas e brincadeiras de conotação sexual, que prescindem de contato físico, como também uma dimensão da violência física, por meio de agressões físicas sexuais.

O *assédio sexual* constitui uma violência sexual no trabalho e, apesar de possuir uma dimensão psicológica, não se confunde com o assédio moral, situado no plano da violência psicológica no trabalho. Como bem conceitua Rodolfo Pamplona Filho, o assédio sexual é "toda conduta de natureza sexual não desejada que, embora repelida pelo destinatário, é continuamente reiterada, cerceando-lhe a liberdade sexual"[16].

Podem ser identificadas duas modalidades de assédio sexual: a) o assédio sexual por chantagem ou *quid pro quo*, no qual o assediador utiliza de sua autoridade para exercer poder sobre o assediado, exigindo favores sexuais; e b) o assédio sexual por intimidação ou assédio sexual ambiental, constituído por incitações sexuais inoportunas, verbais ou físicas, com o intuito de prejudicar a atuação de uma pessoa ou criar uma situação ofensiva, hostil e abusiva no meio ambiente de trabalho[17].

A *violência doméstica* consiste na violência física, sexual, psicológica ou patrimonial, que provoca danos, castiga, humilha, intimida ou atemoriza uma vítima no âmbito doméstico ou familiar[18].

---

15. SOBOLL, Lis Andréa Pereira. *Assédio moral/organizacional*: uma análise da organização do trabalho. São Paulo: Casa do Psicólogo, 2008, p. 136.

16. PAMPLONA FILHO, Rodolfo. *O assédio sexual na relação de emprego*. São Paulo: LTr, 2011, p. 35.

17. Idem, ibidem, p. 46.

18. Conforme definições constantes do art. 7º da Lei Maria da Penha, são formas de violência doméstica e familiar contra a mulher, entre outras:

"I – a violência física, entendida como qualquer conduta que ofenda sua integridade ou saúde corporal;

II – a violência psicológica, entendida como qualquer conduta que lhe cause dano emocional e diminuição da autoestima ou que lhe prejudique e perturbe o pleno desenvolvimento ou que vise degradar ou controlar suas ações, comportamentos, crenças e decisões, mediante ameaça, constrangimento, humilhação, manipulação, isolamento, vigilância constante, perseguição contumaz, insulto, chantagem,

Ressalte-se que a Entidade das Nações Unidas para a Igualdade de Gênero e o Empoderamento das Mulheres (ONU Mulheres) recomenda a utilização do termo "controle coercitivo" nas definições legislativas internas. Isso porque o referido vocábulo engloba conceitos de violência psicológica e patrimonial, vinculando-os a um padrão de dominação por meio de intimidação, isolamento, degradação, agressão física e privação. O controle coercitivo é definido como:

Um ato ou padrão de atos de agressão, coerção sexual, ameaças, humilhação e intimidação ou outro abuso que é usado para prejudicar, punir ou amedrontar a vítima. Esse controle inclui uma série de atos destinados a tornar as vítimas subordinadas e/ou dependentes, isolando-as de fontes de apoio, explorando seus recursos e capacidades para ganhos pessoais, privando-as dos meios necessários à independência, resistência e fuga e regulando seu comportamento cotidiano[19].

violação de sua intimidade, ridicularização, exploração e limitação do direito de ir e vir ou qualquer outro meio que lhe cause prejuízo à saúde psicológica e à autodeterminação;
III – a violência sexual, entendida como qualquer conduta que a constranja a presenciar, a manter ou a participar de relação sexual não desejada, mediante intimidação, ameaça, coação ou uso da força; que a induza a comercializar ou a utilizar, de qualquer modo, a sua sexualidade, que a impeça de usar qualquer método contraceptivo ou que a force ao matrimônio, à gravidez, ao aborto ou à prostituição, mediante coação, chantagem, suborno ou manipulação; ou que limite ou anule o exercício de seus direitos sexuais e reprodutivos;
IV – a violência patrimonial, entendida como qualquer conduta que configure retenção, subtração, destruição parcial ou total de seus objetos, instrumentos de trabalho, documentos pessoais, bens, valores e direitos ou recursos econômicos, incluindo os destinados a satisfazer suas necessidades;
V – a violência moral, entendida como qualquer conduta que configure calúnia, difamação ou injúria" (BRASIL. Presidência da República. Lei n. 11.340, de 7 de agosto de 2006. Cria mecanismos para coibir a violência doméstica e familiar contra a mulher, nos termos do § 8º do art. 226 da Constituição Federal, da Convenção sobre a Eliminação de Todas as Formas de Discriminação contra as Mulheres e da Convenção Interamericana para Prevenir, Punir e Erradicar a Violência contra a Mulher; dispõe sobre a criação dos Juizados de Violência Doméstica e Familiar contra a Mulher; altera o Código de Processo Penal, o Código Penal e a Lei de Execução Penal; e dá outras providências. *Diário Oficial [da] República Federativa do Brasil*. Brasília, DF. Disponível em: <http://www.planalto.gov.br/ccivil_03/_Ato2004-2006/2006/Lei/L11340.htm>. Acesso em: 20 ago. 2019).

19. UN WOMEN. The Virtual Knowledge Centre to End Violence against Women and Girls. *Definition of domestic violence*. Disponível em: <http://www.endvawnow.org/en/articles/398-definition-of-domestic-violence.html?next=399>. Acesso em: 19 ago. 2019.

A *violência física* consiste na agressão ou tentativa de agressão, pelo emprego de força física, contra uma pessoa ou grupo de pessoas, que produz danos físicos, sexuais ou psicológicos[20].

A *violência psicológica* é a violência não física que humilha e ofende o indivíduo por meio de palavras, gestos, comportamentos e atitudes permeadas de abusos, maus-tratos, isolamentos, perseguições, intimidações, ameaças, constrangimentos e pressões exageradas. Pode atingir tanto a integridade física quanto a integridade psíquica da vítima.

Ademais, consoante lição de Margarida Barreto e Roberto Heloani:

A violência psicológica pode ser tão ou mais destrutiva que a de natureza física, pois ela não só fere o corpo, mas deixa marcas na memória afetiva, são microtraumas que dependem da intensidade do ato; todo corpo cedo ou mais tarde sente o sofrimento que lhe foi imposto sob a forma de constrangimentos e humilhações, sem deixar marcas aparentes, porém hematomas na alma. Simultaneamente, atinge a mente desfigurando e reafirmando a memória dos fatos vividos de forma repetitiva que se manifestam em flashbacks ante qualquer cena que recorde o sucedido, vivenciado ou presenciado[21].

Nesse contexto, estão englobados no conceito de violência psicológica no trabalho, entre outros, as humilhações, discriminações e agressões pontuais[22], bem como a gestão por injúria[23] e o assédio moral.

---

20. ORGANIZAÇÃO INTERNACIONAL DO TRABALHO. Conferência Internacional do Trabalho, 107ª Sessão, 2018. *Relatório V(1)*: Acabar com a violência e o assédio contra mulheres e homens no mundo do trabalho. Disponível em: <http://cite.gov. pt/pt/destaques/complementosDestqs2/Violencia_Assedio_Relatorio_V1_OIT_2018.pdf>. Acesso em: 18 ago. 2019.

21. HELOANI, Roberto; BARRETO, Margarida. *Assédio moral*: gestão por humilhação. Curitiba: Juruá, 2018, p. 28.

22. As agressões pontuais são atos de violência psicológica, que se manifestam por meio de condutas abusivas, hostis e autoritárias, perpetradas por meio de atitudes, palavras e comportamentos ameaçadores, que constrangem, desrespeitam e humilham as pessoas agredidas, mas que ocorrem pontualmente. Destarte, o principal aspecto distintivo entre o assédio moral e as agressões pontuais consiste na frequência e na repetição dos comportamentos hostis (SOBOLL, Lis Andrea Pereira; EBERLE, André Davi *et al*. Situações distintas do assédio moral. In: SOBOLL, Lis Andrea Pereira; GOSDAL, Thereza Cristina. *Assédio moral interpessoal e organizacional*. São Paulo: LTr, 2009, p. 42-43).

23. A gestão por injúria é o tipo de comportamento despótico de certos profissionais despreparados, que submetem os empregados a terríveis pressões, tratando-os com violência e desrespeito, por meio de injúrias e insultos (HIRIGOYEN, Marie--France. *Mal-estar no trabalho*: redefinindo o assédio moral. Rio de Janeiro: Bertrand Brasil, 2002, p. 28).

O *assédio moral*[24] é a tortura psicológica perpetrada por um conjunto de ações ou omissões, abusivas e intencionais, praticadas por meio de palavras, gestos e atitudes, de forma reiterada e prolongada, que atingem a dignidade, a integridade física e mental, além de outros direitos fundamentais do trabalhador, comprometendo o exercício do labor e, até mesmo, a convivência social e familiar[25].

---

24. O assédio moral é um fenômeno enraizado no mundo do trabalho desde os primórdios da sociedade. Entretanto, somente a partir da década de 1980 ampliaram-se as discussões e pesquisas acadêmicas, em especial por juristas, médicos, psicólogos e estudiosos da saúde do trabalhador. A figura do assédio moral foi utilizada pela primeira vez na área da Biologia, mediante pesquisas realizadas por *Konrad Lorenz*, na década de 1960, acerca do comportamento de um grupo de animais de pequeno porte físico em face da ameaça de um único animal de grande porte (ÁVILA, Rosemari Pedrotti de. *As consequências do assédio moral no ambiente de trabalho*. São Paulo: LTr, 2009, p. 17). Posteriormente, na década de 1970, o médico sueco *Peter Paul Heinemann* utilizou os estudos de Lorenz para descrever o comportamento agressivo de crianças com relação a outras dentro das escolas. Para tanto, tomou emprestado da etologia a denominação *mobbing*, vocábulo inglês que significa maltratar, atacar, perseguir (CASTRO, Cláudio Roberto Carneiro de. *O que você precisa saber sobre o assédio moral nas relações de emprego*. São Paulo: LTr, 2012, p. 20). Na seara laboral, os estudos sobre assédio moral iniciaram-se com as investigações de *Heinz Leymann*, doutor em psicologia do trabalho, alemão, radicado na Suécia, que, em 1984, publicou um pequeno ensaio científico intitulado *National Board of Occupational Safety and Health in Stockholm* sobre as consequências do *mobbing* na esfera neuropsíquica de pessoas expostas a humilhações no ambiente de trabalho (GUEDES, Márcia Novaes. *Terror psicológico no trabalho*. São Paulo: LTr, 2003, p. 27). Na França, Marie-France Hirigoyen foi a primeira a denunciar o fenômeno do assédio moral no trabalho, por meio da obra *Assédio moral: a violência perversa no cotidiano*, que debate a questão a partir de casos reais (HIRIGOYEN, Marie-France. *Assédio moral: a violência perversa no cotidiano*. 6. ed. Rio de Janeiro: Bertrand Brasil, 2003). Com a amplitude alcançada pela primeira obra, Hirigoyen publicou seu segundo livro, *Mal-estar no trabalho: redefinindo o assédio moral*, objetivando uma análise mais acurada sobre o assédio moral, redefinindo o seu conceito e apontando as diferenças entre o assédio moral e as outras formas de sofrimento no trabalho (HIRIGOYEN, Marie-France. *Mal-estar no trabalho: redefinindo o assédio moral*. Rio de Janeiro: Bertrand Brasil, 2002, p. 11). No Brasil, os debates em torno do assédio moral desenvolveram-se a partir de 2000, com a tradução do livro de Marie-France Hirigoyen, psiquiatra francesa, e com a defesa da dissertação de mestrado da médica Margarida Barreto, na área de psicologia social. Ressalte-se que o sítio eletrônico www.assediomoral.org.br, fundado em 2001, foi um importante marco no processo de divulgação e conscientização (SOBOLL, Lis Andréa Pereira. *Assédio moral/organizacional*: uma análise da organização do trabalho. São Paulo: Casa do Psicólogo, 2008, p. 18).

25. SANTOS, Claiz Maria Pereira Gunça dos. Assédio moral organizacional nas instituições bancárias. *Revista da Escola Nacional da Inspeção do Trabalho*, ano 2,

A *violência estrutural*, por seu turno, engloba as formas de organização ou de estrutura do trabalho que expõe os trabalhadores a situações de violência, entre as quais se incluem as "cargas de trabalho excessivas, a falta de autonomia para a tomada de decisões, a baixa consideração pelo trabalho das pessoas, a rigidez dos procedimentos rotineiros do trabalho e a atenção insuficiente à manutenção de boas relações interpessoais"[26].

Em decorrência da violência estrutural ou organizacional, emerge o *assédio moral organizacional*, também denominado *straining*[27], que consiste na tortura psicológica perpetrada por um conjunto de condutas abusivas e hostis, reiteradas e prolongadas, que estão inseridas na política organizacional e gerencial da empresa, dirigidas a todos os trabalhadores indistintamente ou a determinado setor ou perfil de trabalhadores, cuja finalidade é exercer o controle sobre a coletividade e garantir o alcance dos objetivos institucionais, atingindo gravemente a dignidade, a integridade física e mental, além de outros direitos fundamentais do trabalhador[28].

Por fim, convém destacar o *assédio virtual*, também denominado assédio eletrônico, assédio digital, *cyberbullying*[29] e tecnoassédio, que

---

2018. Disponível em: <https://enit.trabalho.gov.br/revista/index.php?journal=Rev istaEnit&page=issue&op=view&path%5B%5D=2>. Acesso em: 25 ago. 2019.

26. ORGANIZAÇÃO INTERNACIONAL DO TRABALHO. Conferência Internacional do Trabalho, 107ª Sessão, 2018. *Relatório V(1)*: Acabar com a violência e o assédio contra mulheres e homens no mundo do trabalho. Disponível em: <http://cite.gov. pt/pt/destaques/complementosDestqs2/Violencia_Assedio_Relatorio_V1_ OIT_2018.pdf>. Acesso em: 26 ago. 2019.

27. O termo *"strain"* significa puxar, esticar, tensionar. Nas relações de trabalho, o vocábulo *straining*, consoante estudos de Harald Ege, consiste na situação de estresse forçado, na qual a vítima é um grupo de trabalhadores de determinado setor ou repartição, que é obrigado a trabalhar sob grave pressão psicológica e ameaça iminente de sofrer castigos humilhantes. Desse modo, no *straining*, todo o grupo indistintamente é pressionado para aumentar produtividade, atingir metas, bater recordes nas vendas, sob pena de ser acusado de desinteressado, sofrer punições ou, até mesmo, perder o emprego (CALVO, Adriana. *O direito fundamental à saúde mental no ambiente de trabalho*: o combate ao assédio moral institucional – visão dos tribunais trabalhistas. São Paulo: LTr, 2014, p. 74-76).

28. SANTOS, Claiz Maria Pereira Gunça dos. Assédio moral organizacional nas instituições bancárias. *Revista da Escola Nacional da Inspeção do Trabalho*, ano 2, 2018. Disponível em: <https://enit.trabalho.gov.br/revista/index.php?journal=Rev istaEnit&page=issue&op=view&path%5B%5D=2>. Acesso em: 25 ago. 2019.

29. No Brasil, a definição legal de *cyberbullying* encontra-se no art. 2º, parágrafo único, da Lei n. 13.185/2015, cujo texto assim dispõe: "Há intimidação sistemática na rede mundial de computadores (*cyberbullying*), quando se usarem os instrumentos que lhe são próprios para depreciar, incitar a violência, adulterar fotos e

consiste no *conjunto de ações ou omissões abusivas, praticadas por meios de comunicação escritos, orais e visuais, por intermédio de plataformas eletrônicas, aplicativos de mensagens instantâneas, correio eletrônico ou sistemas informatizados, que violam os direitos fundamentais do trabalhador.* Ressalte-se que o art. 3º, alínea "d", da Convenção 190 da OIT reconhece expressamente o assédio virtual ao reafirmar a ocorrência da violência e do assédio no âmbito das comunicações relacionadas ao trabalho, inclusive por meio de tecnologias de informação e comunicação.

5.3.3 Interdependência e único ato

O conceito único de violência e assédio contido no art. 1º da Convenção 190 da OIT apresenta um importante avanço na coibição de práticas abusivas no mundo laboral. Ao tratar de forma conjunta dos fenômenos da violência e do assédio, torna-se possível um maior alcance das disposições da Convenção, abrangendo as diversas ações que podem causar danos físicos, psicológicos ou sexuais e, inclusive, as novas manifestações de violência e de assédio.

Além disso, o conceito integrado abarca a interdependência e inter-relação entre os tipos de violência e assédio. Isso porque a prática de uma modalidade de violência engloba, de certo modo, os outros tipos de condutas violentas e assediadoras, que não devem ser vistas, portanto, de forma isolada. Assim, por exemplo, ao se praticar o assédio sexual, pratica-se, simultaneamente, uma violência sexual, uma violência psicológica e uma violência física. Em semelhante sentido, a violência doméstica compreende a violência física, sexual, psicológica ou patrimonial perpetrada no âmbito doméstico ou familiar.

Com efeito, as modalidades de violência e de assédio, em que pese a importância das conceituações e distinções, não podem ser vistas isoladamente, pois suas naturezas, efeitos e consequências são interdependentes.

Outra importante inovação diz respeito ao único ato. O art. 1º da Convenção 190 da OIT, seguindo a orientação do relatório elaborado na Reunião de Peritos, em 2016, traz uma novidade conceitual ao considerar que a violência e o assédio podem ser configurados com uma única ocorrência.

---

dados pessoais com o intuito de criar meios de constrangimento psicossocial" (BRASIL. Lei n. 13.185, de 6 de novembro de 2015. Institui o Programa de Combate à Intimidação Sistemática (*Bullying*). *Diário Oficial [da] República Federativa do Brasil*. Brasília, DF. Disponível em: <http://www.planalto.gov.br/ccivil_03/_ato2015-2018/2015/lei/L13185.htm>. Acesso em: 22 abr. 2019).

Nesse sentido, a conclusão dos peritos da OIT dispõe que "violence and harassment can be a one-off occurrence or repeated, and the nature and the effect of such conduct are key criteria to establishing whether it qualifies as violence and harassment"[30]. Destarte, para a OIT, o ponto--chave para verificar se o ato será qualificado como violência ou assédio é a natureza e os efeitos da conduta, e não o número de ocorrências.

Não se pode deixar de destacar, contudo, que a Conferência Internacional do Trabalho, na redação final da Convenção 190, incluiu mais um item no seu art. 1º, de forma a possibilitar um tratamento conceitual distinto entre os fenômenos da violência e do assédio nas legislações internas dos Estados-Membros.

Sob o fundamento de que um conceito único permitiria uma gama de comportamentos e práticas, os empregadores, durante as tratativas de natureza tripartite, exigiram definições separadas, com uma redação específica para "violência" e outra para "assédio"[31].

Nesse contexto, aliado à preocupação de alguns Estados na ratificação e implementação da Convenção, foi inserido um segundo item no art. 1º, possibilitando que a violência e o assédio fossem definidos pela legislação nacional de forma conjunta ou separada, *in verbis*: "2. Without prejudice to subparagraphs (a) and (b) of paragraph 1 of this Article, definitions in national laws and regulations may provide for a single concept or separate concepts"[32].

Desse modo, apesar de não atendida diretamente a solicitação de diversos empregadores, o item 2 do art. 1º do novel diploma normativo possibilitou um desmembramento conceitual no âmbito interno. No entan-

---

30. INTERNATIONAL LABOUR ORGANIZATION. Conditions of Work and Equality Department. *Final report*: Meeting of Experts on Violence against Women and Men in the World of Work. Disponível em: <http://cite.gov.pt/pt/destaques/complementosDestqs2/Relat_violencia.pdf>. Acesso em: 18 ago. 2019.

31. INTERNATIONAL LABOUR ORGANIZATION. International Labour Conference. *Report V(2A)*: ending violence and harassment in the world of work. Disponível em: <https://www.ilo.org/wcmsp5/groups/public/---ed_norm/---relconf/documents/meetingdocument/wcms_675567.pdf>. Acesso em: 16 ago. 2019.

32. "Sem prejuízo do disposto nas alíneas 'a' e 'b' do parágrafo 1º do presente Artigo, violência e assédio podem ser definidos na legislação nacional como um conceito único ou como conceitos separados" (INTERNATIONAL LABOUR ORGANIZATION. International Labour Conference. *Violence and Harassment Convention*, 2019 [No. 190]. Disponível em: <https://www.ilo.org/wcmsp5/groups/public/---ed_norm/---relconf/documents/meetingdocument/wcms_711570.pdf>. Acesso em: 16 ago. 2019, tradução nossa).

to, caso seja essa a opção adotada por determinado Estado, os demais parâmetros delineados na Convenção 190 da OIT continuarão a ser aplicados, funcionando como importantes marcos na promoção do trabalho decente e na garantia de um mundo do trabalho livre de violência e assédio.

5.4 VIOLÊNCIA E ASSÉDIO EM RAZÃO DE GÊNERO NO MUNDO DO TRABALHO

Desde a fundação da OIT, em 1919, a igualdade de gênero e a não discriminação têm sido os pilares da sua missão de promover a justiça social no mundo do trabalho. Com o objetivo de proibir a violência de gênero nas relações de labor e propor medidas de prevenção, na 98ª Conferência Internacional do Trabalho, em 2009, foi adotado o Relatório VI, intitulado "A igualdade de gênero como eixo do trabalho decente"[33].

Em semelhante sentido, o relatório "Mulheres no Trabalho: Tendências de 2016"[34] examinou dados de cerca de 178 países e concluiu que a desigualdade entre homens e mulheres persiste em um amplo espectro do mercado de trabalho global, devendo ser implementadas ações imediatas, efetivas e de longo alcance, com o objetivo inclusive de concretizar o Objetivo de Desenvolvimento Sustentável n. 5 da Agenda 2030 da ONU[35].

Desse modo, com base nas pesquisas produzidas pela Reunião de Peritos (2016), que concluiu pela necessidade de um enfoque especial sobre a violência baseada em gênero, bem como nos trabalhos sobre a violência contra as mulheres e os homens no mundo do trabalho realizados na 107ª Sessão da Conferência Internacional, a OIT, na 108ª Sessão, adotou

---

33. ORGANIZACIÓN INTERNACIONAL DEL TRABAJO. Oficina Internacional del Trabajo. *Informe VI*: La igualdad de género como ejedel trabajo decente. Disponível em: <https://www.ilo.org/wcmsp5/groups/public/---ed_norm/---relconf/documents/meetingdocument/wcms_106175.pdf>. Acesso em: 25 ago. 2019.
34. INTERNATIONAL LABOUR ORGANIZATION. International Labour Office. *Women at work*: trends 2016. Disponível em: <https://www.ilo.org/wcmsp5/groups/public/---dgreports/---dcomm/---publ/documents/publication/wcms_457317.pdf>. Acesso em: 25 ago. 2019.
35. A Agenda 2030 para o Desenvolvimento Sustentável consiste em um plano de ação para as pessoas, para o planeta e para a prosperidade, que busca fortalecer a paz universal com mais liberdade e erradicar a pobreza em todas as suas formas e dimensões. Adotada em 2015, ela possui 17 Objetivos de Desenvolvimento Sustentável, entre os quais se destaca o Objetivo n. 5, a saber: "alcançar a igualdade de gênero e empoderar todas as mulheres e meninas" (ORGANIZAÇÃO DAS NAÇÕES UNIDAS. *Transformando nosso mundo*: a Agenda 2030 para o Desenvolvimento Sustentável. Disponível em: <https://nacoesunidas.org/wp-content/uploads/2015/10/agenda2030-pt-br.pdf>. Acesso em: 25 ago. 2019).

a Convenção 190, conferindo um tratamento especial à violência e ao assédio em razão de gênero.

Considerando que a violência de gênero compreende a violência física, sexual ou psicológica perpetrada especialmente contra as mulheres, em virtude das relações de poder entre homens e mulheres, como também a violência cometida contra pessoas que não se encaixam nos papéis de gênero socialmente aceitos, convém examiná-las detalhadamente.

5.4.1 Violência e assédio contra as mulheres

O princípio da isonomia pressupõe a igualdade de oportunidades, o respeito à dignidade, bem como o pleno e igualitário exercício dos direitos e liberdades fundamentais por todos os seres humanos. Consagrado em diversos diplomas internacionais[36], o princípio da isonomia constitui norma de *jus cogens*, proibindo a adoção de práticas discriminatórias.

Com o objetivo de promover oportunidades para que mulheres e homens possam ter acesso a um trabalho digno e produtivo, em condições de liberdade, igualdade e dignidade, a OIT consagra a igualdade e a não discriminação em diversos diplomas normativos, como a Convenção sobre a igualdade de remuneração (Convenção 100), a Convenção sobre a discriminação em matéria de emprego e profissão (Convenção 111), a Convenção sobre a proteção à maternidade (Convenção 183)[37], a Convenção relativa à igualdade de oportunidades e de tratamento para trabalhadores e trabalhadoras com responsabilidades familiares (Convenção 156).

Além disso, a Declaração da OIT sobre os Princípios e Direitos Fundamentais no Trabalho, de 1998, reafirma a importância da eliminação da discriminação nas relações de labor, conferindo *status* de *core obligation* às Convenções 100 e 111 da OIT.

Nessa linha de intelecção, de acordo com o art. 1º da Convenção 111 da OIT, discriminação é "toda a distinção, exclusão ou preferência fundada na raça, cor, sexo, religião, opinião política, ascendência nacional ou origem

---

36. A título de exemplo, convém citar a Declaração Universal dos Direitos Humanos (arts. 1º, 2º, 7º), o Pacto Internacional dos Direitos Civis e Políticos (art. 3º), o Pacto Internacional dos Direitos Econômicos, Sociais e Culturais (arts. 2º e 3º), a Convenção Americana dos Direitos Humanos (arts. 1º e 24) e o Protocolo de San Salvador (art. 3º), entre outros instrumentos normativos do sistema global e dos sistemas regionais de proteção aos direitos humanos.

37. Com relação à proteção à maternidade, convém destacar também as Convenções 3 e 103 da OIT, bem como a Recomendação 95.

164

social, que tenha por efeito destruir ou alterar a igualdade de oportunidades ou de tratamento em matéria de emprego ou profissão"[38].

Desse modo, todo e qualquer tratamento desigual, de caráter infundado, em matéria de emprego ou profissão que dificulte ou obstaculize o acesso e a permanência no emprego, a oportunidade de ascensão e formação profissional, a igualdade remuneratória, bem como promova a violência e o assédio, constitui discriminação.

Não obstante o vasto arcabouço normativo internacional[39], os fatores histórico-culturais enraizados na sociedade machista e patriarcal ainda propiciam a discriminação contra a mulher, inclusive nas relações de trabalho. O estereótipo de que a mulher é emocionalmente vulnerável, frágil fisicamente e responsável pelos afazeres domésticos perpetua essa discriminação.

Nesse contexto, verifica-se tanto uma segregação vertical quanto horizontal das mulheres nas relações de labor. A segregação vertical, também conhecida como *teto de vidro* ou *glass ceiling*, consiste na barreira para a ascensão na carreira, em especial para o exercício de cargos de gestão, comando e decisão pelas mulheres. Essa barreira é tão sutil e transparente, mas ainda assim tão forte, que impede que as mulheres avancem na hierarquia corporativa ou institucional[40], sob os falaciosos fundamentos de incapacidade, instabilidade, fragilidade ou dificuldade de conciliar vida familiar e profissional[41].

A segregação horizontal, por sua vez, também denominada *divisão sexual do trabalho*, traduz-se na designação prioritária dos homens à esfera produtiva e das mulheres à esfera reprodutiva, ocasionando, simultaneamente, a apropriação pelos homens das funções com maior valor social

---

38. ORGANIZAÇÃO INTERNACIONAL DO TRABALHO. *Convenção 111*: Discriminação em matéria de emprego e ocupação. Disponível em: <https://www.ilo.org/brasilia/convencoes/WCMS_235325/lang--pt/index.htm>. Acesso em: 25 ago. 2019.
39. Convém citar, ainda, a Convenção sobre a Eliminação de Todas as Formas de Discriminação contra a Mulher (1979) e seu Protocolo Facultativo, no âmbito no sistema global, e a Convenção Interamericana para Prevenir, Punir e Erradicar a Violência contra a Mulher (1994) (Convenção de Belém do Pará), no âmbito do sistema regional interamericano.
40. MINISTÉRIO PÚBLICO DO TRABALHO. *Manual de boas práticas para promoção de igualdade de gênero*. Disponível em: <https://mpt.mp.br/pgt/publicacoes/?atuacao=coordigualdade>. Acesso em: 25 ago. 2019.
41. MINISTÉRIO PÚBLICO DO TRABALHO. *O ABC da violência contra a mulher no trabalho*. Disponível em: <https://mpt.mp.br/pgt/publicacoes/?atuacao=coordigualdade>. Acesso em: 25 ago. 2019.

agregado[42]. Assim, a divisão sexual do trabalho é regida pelo princípio da separação (existem trabalhos de homens e trabalhos de mulheres) e pelo princípio da hierarquia (trabalho de homem vale mais do que trabalho de mulher)[43], acarretando a atribuição de tarefas e lugares sociais diferentes e separados para homens e mulheres, em que a atividade masculina é mais valorizada socialmente e ocupa um papel hierárquico superior[44].

Como bem observa Adriane Reis de Araújo, a socialização diferenciada desde a infância reforça papéis sociais e estereótipos pertinentes a cada gênero, restringe a expressão individual, projeta-se para o trabalho produtivo e funda a divisão sexual do trabalho[45].

Essa divisão fica ainda mais latente quando as mulheres se inserem em atividades ou profissões tipicamente masculinas, como construção civil, vigilância e trabalho nos portos e nas plataformas de extração de petróleo, de modo que, como o discurso que naturaliza a hegemonia masculina não se mostra suficiente, busca-se desqualificar as mulheres que rompem essa barreira, por meio de discriminações indiretas e da prática de assédio[46].

Nesse contexto, as condutas assediadoras podem utilizar mecanismos sutis de discriminação e violência contra a mulher no ambiente laboral, como o *manterrupting*, *broppriating*, *mansplaining*, *gaslighting* e *distracting*. O *manterrupting* consiste na prática de interromper a mulher durante sua fala ou exposição de ideias. O *broppriating* corresponde à apropriação por

---

42. KERGOAT, Danièle. Divisão sexual do trabalho e relações sociais de sexo. In: HIRATA, Helena; LABOIRE, Françoise; LE DOARÉ, Hélène; SENOTIER, Danièle (org.). *Dicionário crítico do feminismo*. São Paulo: Editora Unesp, 2009, p. 67.

43. ARAÚJO, Adriane Reis de. Equidade de gênero no trabalho e o patriarcado: o impacto da violência contra a mulher na desigualdade salarial. In: ARAÚJO, Adriane Reis de; LOPES, Andrea Lino; GURGEL, Maria Aparecida; COELHO; Renata (org.). *Direitos humanos no trabalho pela perspectiva da mulher*. Belo Horizonte: RTM, 2019, p. 379.

44. MINISTÉRIO PÚBLICO DO TRABALHO. *O ABC da violência contra a mulher no trabalho*. Disponível em: <https://mpt.mp.br/pgt/ publicacoes/?atuacao=coordig ualdade>. Acesso em: 25 ago. 2019

45. ARAÚJO, Adriane Reis de. Equidade de gênero no trabalho e o patriarcado: o impacto da violência contra a mulher na desigualdade salarial. In: ARAÚJO, Adriane Reis de; LOPES, Andrea Lino; GURGEL, Maria Aparecida; COELHO; Renata (org.). *Direitos humanos no trabalho pela perspectiva da mulher*. Belo Horizonte: RTM, 2019, p. 378-379.

46. GOSDAL, Thereza Cristina. Direito do trabalho e relações de gênero: avanços e permanências. In: ARAÚJO, Adriane Reis de; MOURÃO, Tânia Fontenele (org.). *Trabalho da mulher*: mitos, riscos e transformação. São Paulo: LTr, 2007, p. 76-77.

um homem, colega ou superior hierárquico, da ideia apresentada por uma mulher. O *mansplaining*, por sua vez, consiste no comportamento masculino de explicar um fato ou uma teoria a uma mulher como se ela não tivesse conhecimento sobre o assunto. O *gaslighting* é a atitude de desqualificar a mulher no ambiente de trabalho. Por fim, o *distracting* (estratégia da distração) é caracterizado por técnicas que buscam desviar a atenção do discurso de uma mulher mediante distrações e informações insignificantes, como sua vestimenta ou condição física[47].

Desse modo, como forma de manter a hierarquia, a divisão sexual laboral e a hegemonia masculina, potencializa-se a violência e o assédio no mundo do trabalho contra as mulheres, em especial por intermédio do assédio sexual e do assédio moral. Em que pese a prática de comportamentos e atos persecutórios geralmente aconteça com as mulheres, não se pode deixar de evidenciar que os homens também podem ser vítimas de condutas assediadoras, embora de forma muito menos frequente.

Nesse sentido, como forma de coibir as práticas abusivas contra mulheres e homens no mundo do trabalho, o art. 1º da Convenção 190 da OIT, alínea "b", conceitua a violência e o assédio em razão de gênero como a *violência e o assédio que são dirigidos contra as pessoas em razão do seu sexo ou gênero, ou que afetam de maneira desproporcional pessoas de um determinado sexo ou gênero, incluído o assédio sexual*[48].

Ademais, trouxe diversas disposições que reforçam o direito de todas as pessoas a um mundo do trabalho livre de violência e assédio, inclusive em razão de gênero. Convém transcrevê-las:

> Art. 6º Todo Membro deve adotar legislação e políticas que garantam o direito de igualdade e não discriminação no emprego e na ocupação, incluindo mulheres trabalhadoras, bem como trabalhadores e outras pessoas pertencentes a um ou mais grupos vulneráveis, ou grupos vulneráveis que são desproporcionalmente afetados pela violência e assédio no mundo do trabalho.

---

47. ARAÚJO, Adriane Reis de. Os desafios para a promoção da igualdade de gênero no trabalho. In: MIESSA, Élisson; CORREIA, Henrique. *Estudos aprofundados Ministério Público do Trabalho*. Salvador: JusPodivm, 2017. v. 3, p. 296.

48. "The term 'gender-based violence and harassment' means violence and harassment directed at persons because of their sex or gender, or affecting persons of a particular sex or gender disproportionately, and includes sexual harassment" (INTERNATIONAL LABOUR ORGANIZATION. International Labour Conference. *Standard Setting Committee*: violence and harassment in the world of work, 2019 [No. 190]. Disponível em: <https://www.ilo.org/wcmsp5/groups/public/---ed_norm/--relconf/documents/meetingdocument/wcms_711570.pdf>. Acesso em: 25 ago. 2019, tradução nossa).

Art. 7º Sem prejuízo do artigo 1º e em conformidade com as suas disposições, todo Membro deverá adotar uma legislação que defina e proíba a violência e o assédio no mundo do trabalho, incluindo violência baseada em gênero e assédio.

Art. 9º Todo Membro deverá adotar uma legislação que exija que os empregadores adotem medidas apropriadas e consistentes com o seu grau de controle para prevenir a violência e o assédio no mundo do trabalho, incluindo a violência baseada no gênero e o assédio[49].

5.4.2 Interseccionalidade e violência de gênero

Quatro distinções conceituais são essenciais para a melhor compreensão do gênero, quais sejam: sexo biológico, identidade de gênero, expressão de gênero e orientação afetivo-sexual.

O *sexo biológico* consiste na relação entre órgãos genitais, cromossomos e hormônios de uma pessoa, de modo a corresponder ao sexo masculino (pênis, testículos e cromossomos XY), sexo feminino (vagina, ovários e cromossomos XX) ou intersexo (variações congenitais de anatomia sexual ou reprodutiva)[50].

O *gênero*, por sua vez, consoante definição de Thereza Gosdal, consiste na "construção social relativa à diversidade biológica"[51]. Desse modo, o gênero está relacionado ao conjunto de aspectos sociais e culturais da identidade, compreendendo comportamentos, preferências, interesses, formas de se vestir, interagir, andar e falar relacionadas ao homem ou à mulher[52]. Destarte, o gênero abrange a identidade de gênero e a expressão de gênero.

---

49. INTERNATIONAL LABOUR ORGANIZATION. International Labour Conference. *Standard Setting Committee*: violence and harassment in the world of work, 2019 (No. 190). Disponível em: <https://www.ilo.org/wcmsp5/groups/public/---ed_norm/---relconf/documents/meetingdocument/wcms_711570.pdf>. Acesso em: 25 ago. 2019, tradução nossa.

50. FARIAS, Márcia Medeiros de. Quem são as mulheres? Identidade, expressão de gênero e orientação afetiva-sexual no trabalho: a necessidade de uma abordagem interseccional. In: ARAÚJO, Adriane Reis de; LOPES, Andrea Lino; GURGEL, Maria Aparecida; COELHO, Renata (org.). *Direitos humanos no trabalho pela perspectiva da mulher*. Belo Horizonte: RTM, 2019, p. 135-136.

51. GOSDAL, Thereza Cristina. Direito do trabalho e relações de gênero: avanços e permanências. In: ARAÚJO, Adriane Reis de; MOURÃO, Tânia Fontenele (org.). *Trabalho da mulher*: mitos, riscos e transformação. São Paulo: LTr, 2007, p. 77.

52. ARAÚJO, Adriane Reis de. Os desafios para a promoção da igualdade de gênero no trabalho. In: MIESSA, Élisson; CORREIA, Henrique. *Estudos aprofundados Ministério Público do Trabalho*. Salvador: JusPodivm, 2017. v. 3, p. 302.

A *identidade de gênero* corresponde à "experiência interna, individual e profundamente sentida que cada pessoa tem em relação ao gênero, que pode, ou não, corresponder ao sexo atribuído no nascimento"[53]. Em outras palavras, reflete o gênero com o qual a pessoa se identifica, independentemente do seu sexo biológico.

Com efeito, com base no conceito de identidade de gênero, podem ser observadas duas categorias: cisgênero e transgênero. As pessoas *cisgênero* são aquelas cuja identidade de gênero coincide com o sexo biológico, ao passo que as pessoas *transgênero* são aquelas que se identificam com o gênero oposto ao seu sexo biológico[54].

Além da identidade, também pode ser vislumbrada a *expressão de gênero*, que consiste na forma como a pessoa se expressa, veste-se, age e interage na sociedade[55]. Sendo assim, o conceito de gênero abarca a identidade e a expressão do indivíduo, estando intimamente relacionado ao direito à autodeterminação, ao autorreconhecimento e à autonomia existencial.

A *orientação afetivo-sexual*, por outro lado, diz respeito ao gênero pelo qual a pessoa experimenta uma profunda atração emocional, afetiva ou sexual[56], podendo ser heterossexual, homossexual, bissexual ou assexual.

Tecidas as encimadas distinções, convém observar que a Convenção 190 da OIT trouxe um conceito amplo de violência e assédio em razão de gênero, englobando não apenas as mulheres cisgênero, mas também as pessoas transgênero, as que possuem uma orientação afetivo-sexual di-

---

53. PRINCÍPIOS DE YOGYAKARTA. *Princípios sobre a aplicação da legislação internacional de direitos humanos em relação à orientação sexual e identidade de gênero.* Disponível em: <https://yogyakartaprinciples.org/>. Acesso em: 30 jul. 2018.

54. ARAÚJO, Adriane Reis de. Os desafios para a promoção da igualdade de gênero no trabalho. In: MIESSA, Élisson; CORREIA, Henrique. *Estudos aprofundados Ministério Público do Trabalho.* Salvador: JusPodivm, 2017. v. 3, p. 302.

55. FARIAS, Márcia Medeiros de. Quem são as mulheres? Identidade, expressão de gênero e orientação afetiva-sexual no trabalho: a necessidade de uma abordagem interseccional. In: ARAÚJO, Adriane Reis de; LOPES, Andrea Lino; GURGEL, Maria Aparecida; COELHO, Renata (org.). *Direitos humanos no trabalho pela perspectiva da mulher.* Belo Horizonte: RTM, 2019, p. 140.

56. A orientação sexual consiste na capacidade de cada pessoa de experimentar uma profunda atração emocional, afetiva ou sexual por indivíduos de gênero diferente, do mesmo gênero ou de mais de um gênero, assim como de ter relações íntimas e sexuais com essas pessoas (PRINCÍPIOS DE YOGYAKARTA. *Princípios sobre a aplicação da legislação internacional de direitos humanos em relação à orientação sexual e identidade de gênero.* Disponível em: <https://yogyakartaprinciples.org/>. Acesso em: 30 jul. 2019).

vergente do padrão heteronormativo, bem como as pessoas não enquadradas no contexto binário de gênero[57], representando, portanto, um importante avanço na salvaguarda do direito ao trabalho digno para todos os seres humanos.

Ademais, a Convenção 190 da OIT, em seu art. 6º, reconhece que os atos de violência e assédio no mundo do trabalho podem atingir trabalhadores pertencentes a variados grupos vulneráveis, *in verbis*:

> Art. 6ª Todo Membro deve adotar legislação e políticas que garantam o direito de igualdade e não discriminação no emprego e na ocupação, incluindo mulheres trabalhadoras, bem como trabalhadores e outras pessoas pertencentes a um ou mais grupos vulneráveis, ou grupos vulneráveis que são desproporcionalmente afetados pela violência e assédio no mundo do trabalho[58].

A Convenção 190 da OIT reconhece, desse modo, a "interseccionalidade", termo desenvolvido por Kimberle Crenshaw[59], dentro do movimento das feministas negras, que se refere à sobreposição de múltiplos fatores de opressão, dominação ou discriminação. Combinam-se, assim, diferentes tipos de discriminação, como a discriminação racial e discriminação de gênero, o que acentua ainda mais a violência de gênero e potencializa a prática de assédio.

---

57. A título exemplificativo, cumpre explicitar o Movimento Queer, que, originado do termo *"queer"* (bizarro ou estranho), questionou o modelo binário de gênero, buscando compreender as mais diversas formas de expressão do indivíduo, sem aderir à divisão binária tradicional de gênero.

58. INTERNATIONAL LABOUR ORGANIZATION. International Labour Conference. *Standard Setting Committee*: violence and harassment in the world of work, 2019 (No. 190). Disponível em: <https://www.ilo.org/wcmsp5/groups/public/---ed_norm/--relconf/documents/meetingdocument/wcms_711570.pdf>. Acesso em: 25 ago. 2019, tradução nossa.

59. "A intersecionalidade sugere que, na verdade, nem sempre lidamos com grupos distintos de pessoas e sim com grupos sobrepostos. Assim, [...], ao sobrepormos o grupo das mulheres com o das pessoas negras, o das pessoas pobres e também o das mulheres que sofrem discriminação por conta da sua idade ou por serem portadoras de alguma deficiência, vemos que as que se encontram no centro – e acredito que isso não ocorre por acaso – são as mulheres de pele mais escura e também as que tendem a ser as mais excluídas das práticas tradicionais de direitos civis e humanos" (CRENSHAW, Kimberle. *A intersecionalidade na discriminação de raça e gênero*. Disponível em: <http://www.acaoeducativa.org.br/fdh/wp-content/uploads/2012/09/Kimberle-Crenshaw.pdf>. Acesso em: 26 ago. 2019).

6

Conclusões

Pode-se afirmar, em síntese, que:

1. O assédio moral laboral é a tortura psicológica perpetrada por um conjunto de ações ou omissões, abusivas e intencionais, praticadas por meio de palavras, gestos e atitudes, de forma reiterada e prolongada, que atingem a dignidade, a integridade física e mental, além de outros direitos fundamentais do trabalhador, comprometendo o exercício do labor e, até mesmo, a convivência social e familiar.

2. O assédio moral é caracterizado pelos seguintes elementos: abusividade da conduta, intencionalidade, habitualidade e ataque à dignidade e aos direitos fundamentais do trabalhador.

3. Podem ser identificadas algumas modalidades de assédio moral, a saber: assédio moral discriminatório, assédio moral individual e assédio moral coletivo, assédio moral estratégico e assédio moral perverso, assim como assédio moral interpessoal e assédio moral organizacional.

4. O assédio moral discriminatório consiste na tortura psicológica perpetrada por um conjunto de condutas abusivas, intencionais, repetidas e prolongadas que têm como motivação circunstâncias raciais ou étnicas, religiosas, etárias, estéticas, de gênero, de orientação sexual, entre outras características ou particularidades do trabalhador.

5. No assédio moral individual, a violência é cometida contra o trabalhador individualmente considerado. Delimitam-se, assim, perfeitamente as figuras de agressor e agredido. O assédio moral coletivo *lato sensu*, por sua vez, compreende o assédio moral individual homogêneo, o assédio moral coletivo em sentido estrito e o assédio moral difuso.

6. O assédio moral estratégico ou motivado é aquele que objetiva uma finalidade específica, como, *v.g.*, expulsar o trabalhador da empresa ou impedir que ele seja promovido. O assédio moral perverso ou imotivado, por seu turno, não apresenta uma razão ou causa específica.

7. O assédio moral interpessoal é um processo repetitivo e prolongado de hostilidade ou isolamento, direcionado a alvos específicos, geralmen-

te uma ou poucas pessoas. O assédio moral organizacional, por seu turno, refere-se à manifestação coletiva do assédio, constituindo um processo de hostilidades, estruturado via política organizacional ou gerencial da empresa, sendo direcionado a todos os trabalhadores indistintamente ou a determinado perfil de empregados.

8. A diferença entre o assédio moral interpessoal e o assédio moral organizacional reside na finalidade, no alvo, no sujeito ativo, na forma de participação da empresa e no contexto em que as condutas estão inseridas, haja vista que o assédio moral organizacional busca alcançar objetivos institucionais da empresa; o alvo das práticas não são trabalhadores específicos, mas sim grande parte dos trabalhadores da empresa ou determinados setores; os assediadores são, via de regra, superiores hierárquicos, prepostos ou gestores; a empresa participa de forma ativa, promovendo e estimulando as práticas de assédio; e as práticas estão inseridas nas políticas e métodos de gestão da empresa.

9. O assédio moral organizacional pode ser conceituado como a tortura psicológica perpetrada por um conjunto de condutas abusivas e reiteradas, que estão inseridas na política gerencial da empresa, dirigidas a todos os trabalhadores indistintamente ou a determinado setor ou perfil de trabalhadores, cuja finalidade é exercer o controle sobre a coletividade e garantir o alcance dos objetivos institucionais, que atinge a dignidade, a integridade física e mental, além de outros direitos fundamentais do trabalhador.

10. A partir do conceito proposto são extraídos seis elementos caracterizadores: abusividade da conduta, habitualidade, contexto organizacional ou gerencial, natureza coletiva do público-alvo, finalidade institucional e ataque à dignidade e aos direitos fundamentais do trabalhador.

11. A abusividade reside nas condutas hostis e perversas, que desqualificam, destroem a autoestima e a dignidade, humilham, constrangem e, inclusive, em decorrência da recusa de comunicação, isolam o trabalhador. Ademais, no assédio moral organizacional as condutas abusivas estão inseridas no contexto estrutural da empresa, encontrando-se precisamente insculpidas na sua política institucional. Para que o assédio moral organizacional seja configurado, faz-se necessária, também, a habitualidade, ou seja, a reiteração e o prolongamento no tempo dos atos assediadores.

12. No assédio moral organizacional, para a consecução dos objetivos e das políticas institucionais, o alvo das condutas assediadoras não são trabalhadores específicos, mas sim todos os trabalhadores indistintamente considerados ou determinado setor ou perfil de trabalhadores.

13. O assédio moral organizacional busca alcançar objetivos institucionais da empresa, como, *v.g.*, aumento da produtividade, redução dos custos ou controle dos trabalhadores. Com efeito, o objetivo central não é destruir a vítima, mas sim promover atitudes gerenciais abusivas oriundas de uma organização que estimula a competitividade e que está estruturada sobre uma dose significativa de perversidade, além de envolver exigências desmedidas, como o cumprimento de metas inatingíveis.

14. Diante da gravidade e abusividade das condutas perpetradas, o assédio organizacional também possui caráter pluriofensivo, pois atinge diversos direitos fundamentais do trabalhador. Os discursos organizacionais, pautados nas necessidades econômicas do mercado, não podem legitimar quaisquer tipos de violências, entre as quais a violência psicológica consubstanciada no assédio moral, que atinge a saúde física e mental do trabalhador, comprometendo seu trabalho, sua convivência social e familiar e, até mesmo, sua vida.

15. As inovações tecnológicas e informacionais transformaram a sociedade e a organização do trabalho. Por meio da robótica e da informática, tornaram-se possíveis o aumento da produção e a melhoria da qualidade dos produtos e serviços. A nova organização laboral, todavia, conquanto tenha ampliado a produtividade, não melhorou as condições de trabalho. Os trabalhadores submetidos a acelerados ritmos sofrem cada vez mais com o estresse, com o controle do método de trabalho e com o comprometimento das relações interpessoais.

16. Com as inovações tecnológicas, visualizou-se um remodelamento da organização do trabalho bancário, sem a respectiva melhoria das condições laborais. Com a redução dos postos de trabalho, operada pela automatização das instituições bancárias e financeiras, o trabalhador vê-se obrigado a se submeter a condições de exploração, a abusivos métodos de gestão e a violência psicológica, ocasionada, principalmente, pelas constantes pressões. O assédio moral organizacional emerge nesse contexto.

17. Pressão para atingir metas, sobrecarga e ritmo acelerado e excessivo de trabalho, segregação dos empregados, desconsideração de aspectos éticos e de segurança, sistema de premiações, divisão de tarefas, divisão do tempo, desenho da estrutura hierárquica, estratégias de controle e extrapolação da jornada de trabalho são algumas formas de organização do trabalho bancário.

18. A atual organização do trabalho nos bancos é marcada principalmente pelos seguintes mecanismos: controle automatizado do trabalhador bancário, constantes pressões por produtividade, imposição de metas

inatingíveis, despreparo dos superiores hierárquicos, excesso de jornada e planos prejudiciais coletivos.

19. Independentemente da posição hierárquica, o trabalhador bancário é monitorado por meio de sistemas informatizados de identificação do operador. Além do controle da jornada de trabalho, o sistema automatizado computa as tarefas realizadas e os resultados obtidos por determinado trabalhador, medindo a sua produtividade instantânea e permanente.

20. Após a reestruturação do setor financeiro, em especial com a tecnologia da informação, a venda de produtos tornou-se uma das atividades centrais do setor bancário. Seguros, cartões de crédito, planos de previdência, planos de capitalização, consórcios, empréstimos e investimentos são alguns dos produtos vendidos pelos bancários. Atrelado a essas vendas está o cumprimento de metas.

21. A progressão na carreira muitas vezes está vinculada ao cumprimento de metas, fato que ocasiona maior pressão e preocupação aos bancários, que extrapolam os seus limites físicos e psíquicos para alcançar os elevados índices de produtividade e conseguir a progressão. Para tanto, muitos bancários excedem as suas jornadas de trabalho, comprometendo a saúde e a convivência social e familiar.

22. Atrelado ao cumprimento de metas, as instituições bancárias geralmente utilizam o sistema de "prendas". Trata-se, em verdade, de um mecanismo punitivo, pautado na ridicularização pública do trabalhador que não alcançou as metas estabelecidas.

23. O setor bancário é um dos setores que mais lucram no Brasil. Em contrapartida, a organização laboral bancária traz uma série de consequências à saúde física e mental dos trabalhadores. A violência psicológica perpetrada por meio do assédio moral organizacional agoniza o trabalhador em silêncio. Como consequências do assédio moral organizacional para a saúde mental do trabalhador podem ser identificados, precipuamente, os seguintes transtornos: estresse, desordem de estresse pós-traumático, síndrome do *burn-out*, depressão e suicídio.

24. O assédio moral organizacional emerge das políticas de gestão e da própria estruturação do trabalho, revelando-se extremamente perverso. Perverso porque enfraquece e isola os trabalhadores, impedindo a solidariedade que os uniria para lutar contra as condições de trabalho indignas. Perverso porque desumaniza e adoece os empregados em silêncio. Perverso porque compromete a saúde física e mental dos trabalhadores, ocasionando, até mesmo, em muitos casos, a sua morte.

25. O assédio moral organizacional também se encontra bastante presente no setor de teleatendimento. Pressão para atingir metas, sobrecarga e ritmo acelerado e intenso de trabalho, rigor excessivo na cobrança,

humilhação dos que não atingem metas, sistema de premiações, pausas mínimas e controladas para uso de sanitário e alto grau de vigilância dos supervisores são algumas formas de organização do trabalho nas empresas de telemarketing.

26. As metas de alta produtividade encontram-se geralmente atreladas ao sistema de premiação e punição, também conhecido como controle por *stick and carrots* (porrete e premiação). Com efeito, o sistema da premiação, principalmente pela classificação em *ranking*, enaltece o operador que cumpriu as metas, estimulando uma forte competitividade, além de tornar o ambiente de trabalho hostil e individualista. Por outro lado, o sistema da punição está pautado na ridicularização pública do trabalhador que não alcançou as metas estabelecidas, sendo, na maioria das vezes, desqualificado, por meio de gestos, palavras, gritos, olhares, advertências, suspensões ou utilização de fantasias.

27. A organização do trabalho no setor de teleatendimento é marcada por um total controle do tempo de labor, das pausas e do modo de execução das atividades (escuta das ligações e monitoramento do *script*), o que lhe retira a liberdade, mantendo-o em intensa e constante vigilância. A pressão por produtividade, a exigência de metas abusivas e o temor das penalizações potencializam o assédio moral organizacional nas empresas de telemarketing, violando gravemente os direitos fundamentais dos trabalhadores.

28. O assédio moral organizacional adoece os trabalhadores em teleatendimento das mais diversas formas. Alarmantes estatísticas de afastamentos e altos índices de rotatividade demonstram a perversidade da organização laboral no setor de telemarketing. Doenças osteomusculares, doenças psíquicas, distúrbios de fonação, distúrbios auditivos e doenças geniturinárias são algumas das doenças geradas nos operadores de *call center*.

29. A disseminação da internet e o advento de aplicativos e plataformas digitais, no contexto de Quarta Revolução Industrial, acarretam o surgimento de um novo modelo de produção, cuja organização do trabalho, alicerçada no *crowdsourcing*, é controlada pela programação ou pelo algoritmo. Sendo assim, o *outsourcing* e o *crowdsourcing* intensificaram as formas atípicas de execução do labor, ancoradas em plataformas eletrônicas e sistemas informatizados, entre as quais se destaca o teletrabalho. As inovações tecnológicas, contudo, possibilitam o surgimento de uma nova modalidade assediadora: o assédio moral virtual ou teleassédio moral.

30. A Lei n. 13.467/2017, com o objetivo de regulamentar o trabalho realizado por intermédio da tecnologia da informação, incluiu o Capítulo II-A na CLT, disciplinando o teletrabalho nos arts. 75-A a 75-E, além de in-

serir o inciso III no art. 62 da CLT. De acordo com o art. 75-B da CLT, o teletrabalho pode ser conceituado como "a prestação de serviços preponderantemente fora das dependências do empregador, com a utilização de tecnologias de informação e de comunicação que, por sua natureza, não se constituam como trabalho externo".

31. Verifica-se que os dois principais traços característicos do teletrabalho são: a) desnecessidade de prestação do labor em um lugar específico; b) utilização de recursos de tecnologia da informação na execução do trabalho.

32. Além dos empregados que exercem atividade externa incompatível com a fixação de horário de trabalho (art. 62, I) e dos exercentes de cargo de gestão (art. 62, II), os teletrabalhadores também estão excluídos da disciplina celetista da duração do trabalho (art. 62, III).

33. O direito fundamental ao trabalho digno somente será alcançado com a limitação da jornada de trabalho. Ademais, a duração razoável do labor constitui norma de saúde, higiene e segurança do trabalho, pois somente com a delimitação da jornada será possível evitar acidentes de trabalho e doenças ocupacionais, garantir o equilíbrio entre a vida familiar e a vida profissional, preservar o trabalhador da fadiga e beneficiar economicamente o empregador com o aumento da produtividade do obreiro.

34. O art. 62, III, da CLT está em descompasso com a realidade, tendo em vista que os atuais avanços tecnológicos conseguem monitorar cada passo do empregado. A desnecessidade de prestação do labor em um lugar específico, com uma maior flexibilidade para definir o horário de trabalho, não torna o teletrabalho incompatível com o controle e a fiscalização da jornada. Além disso, o teletrabalho pode ser exercido sem nenhuma flexibilidade, possuindo horários pré-determinados e fiscalização mediante recursos telemáticos. Existe, portanto, uma total desarmonia entre o contexto fático-tecnológico atual e o art. 62, III, da CLT.

35. Com efeito, a ausência de limitação da jornada de labor possibilita a realização de jornadas superiores a oito horas diárias e 44 horas semanais, comprometendo o direito fundamental à saúde e à integridade física e mental do trabalhador (arts. 5º, V e X, 6º, 7º, XXII, e 196 da CF/1988), além de violar o direito à irredutibilidade salarial (art. 7º, VI, da CF/1988) e o direito à desconexão. Possibilita, ainda, a prática do assédio moral virtual.

36. Em virtude da cultura organizacional de constante conexão e disponibilidade, existe uma pressão por respostas imediatas, independentemente de dia, lugar e horário. É comum, portanto, que o trabalhador responda a *e-mails* de madrugada ou envie mensagens instantâneas ao supervisor fora do horário de trabalho. Quando essa cobrança por conexão

permanente e respostas rápidas é acompanhada de condutas abusivas e hostis, inseridas na política gerencial da empresa, surge o assédio moral organizacional virtual.

37. O *assédio moral virtual*, também denominado assédio moral eletrônico, assédio moral digital, *cyberbullying* laboral, tecnoassédio e teleassédio moral, consiste no assédio moral praticado por meios telemáticos e informatizados.

38. O assédio moral virtual pode ser conceituado como a tortura psicológica perpetrada por um conjunto de ações ou omissões, abusivas e reiteradas, praticadas por meios de comunicação escritos, orais e visuais, por intermédio de plataformas eletrônicas, aplicativos de mensagens instantâneas, correio eletrônico ou sistemas informatizados, que violam os direitos fundamentais do trabalhador.

39. O assédio moral organizacional virtual consiste na tortura psicológica perpetrada por um conjunto de condutas abusivas e reiteradas, praticadas por meios de comunicação escritos, orais e visuais, por intermédio de plataformas eletrônicas, aplicativos de mensagens instantâneas, correio eletrônico ou sistemas informatizados, que estão inseridas na política organizacional e gerencial da empresa, dirigidas a todos os trabalhadores indistintamente ou a determinado setor ou perfil de trabalhadores, cuja finalidade é exercer o controle sobre a coletividade e garantir o alcance dos objetivos institucionais.

40. Como exemplo de condutas abusivas praticadas de forma organizacional e telemática, pode-se citar a cobrança de metas desarrazoadas, geradas pelos próprios sistemas eletrônicos, cujo descumprimento acarreta punições ao teletrabalhador, inclusive com a exposição do seu "fracasso" perante supervisores e demais colegas de trabalho em *e-mails*, em grupos de aplicativos de mensagens instantâneas ou nos sistemas informatizados da própria empresa. A situação torna-se ainda mais hostil nos casos em que a exposição da "incompetência" do empregado nas redes sociais da empresa é acompanhada por palavras depreciativas e humilhantes.

41. Além das metas, as condutas abusivas assediadoras também estão presentes nos mecanismos informatizados de fiscalização do teletrabalhador, que objetivam controlar a jornada e o modo de execução das atividades. Se a utilização desses sistemas for feita de modo desarrazoado, submetendo o empregado a uma vigilância ostensiva, geralmente seguida por mensagens de cobrança ou de desqualificação, restará também caracterizado o assédio moral organizacional virtual.

42. A exigência de conexão permanente e respostas imediatas (telepressão) também ocasiona assédio moral virtual. Isso porque sujeita o teletrabalhador a uma constante pressão para realizar as atividades,

independentemente de lugar, dia ou horário, o que acaba por comprometer seu descanso, lazer e convívio familiar, violando o direito fundamental à desconexão.

43. O direito à desconexão é um direito fundamental implícito, que, com base no art. 5º, § 2º, da CF/1988, decorre do regime e dos princípios constitucionais, sendo extraído do direito à saúde (arts. 6º, 7º, XXII, e 196); direito à vida privada (art. 5º, X); direito ao lazer (art. 6º); direito à limitação da jornada (art. 7º, XIII); direito ao repouso semanal remunerado (art. 7º, XV), direito às férias (art. 7º, XVII); direito à redução dos riscos inerentes ao trabalho (art. 7º, XXII). Ademais, também é extraído da dignidade da pessoa humana e do valor social do trabalho (art. 1º, III e IV), bem como do meio ambiente ecologicamente equilibrado (art. 225), nele incluído o meio ambiente do trabalho (art. 200, VIII).

44. A violação ao direito à desconexão do trabalhador, aliada à telepressão e ao constante monitoramento, viabiliza a prática de assédio moral virtual, muitas vezes ínsito à própria organização do trabalho. Mensagens eletrônicas desqualificando ou apontando as supostas falhas do teletrabalhador enviadas individualmente ou nos grupos corporativos agravam esse quadro. O adoecimento físico e mental do empregado é uma decorrência lógica desse processo, que, inclusive, pode levar à morte do trabalhador. Além do suicídio, muito comum nos casos de assédio moral, tem-se observado atualmente o aumento da incidência do *karoshi*, termo de origem japonesa que significa morte súbita por excesso trabalho.

45. Sendo assim, as previsões legais sobre o teletrabalho inseridas pela Lei n. 13.467/2017 não podem ser aplicadas de modo absoluto, em desconsideração à interpretação sistemática do ordenamento jurídico brasileiro, alicerçada na filtragem constitucional, no diálogo das fontes e na máxima efetividade dos direitos sociolaborais. Ademais, com base na cláusula de abertura dos direitos e garantias fundamentais (art. 5º, § 2º, da CF/1988), os tratados internacionais de direitos humanos devem ser aplicados e utilizados como parâmetro de convencionalidade das normas internas.

46. As disposições previstas nos arts. 62, III, 611-A, VIII, e 611-B, parágrafo único, da CLT não podem constituir uma barreira para a limitação razoável das horas de labor nem servir como justificativa para a precarização das relações de teletrabalho, prática de assédio moral virtual e coisificação do ser humano trabalhador.

47. Uma das principais inovações da Convenção 190 da OIT diz respeito ao tratamento conjunto da violência e do assédio. Com a utilização da expressão "violência e assédio" (*violence and harassment*), o novo diploma internacional apresentou os vocábulos de forma conjugada, ofere-

cendo um único conceito para os referidos fenômenos. Assim, ampliou-se a definição, alargando-se, por conseguinte, a sua incidência. Além do conceito único, a utilização do termo "mundo do trabalho", em vez de "local de trabalho", possibilitou um maior alcance dessa convenção.

48. A expressão "violência e assédio" é o gênero que engloba diversas espécies, como violência sexual, assédio sexual, violência doméstica, violência física, violência psicológica, assédio moral, violência estrutural, assédio organizacional, assédio virtual (*cyberbullying*), violência de gênero e assédio em razão de gênero.

49. Outra importante inovação diz respeito ao único ato. O art. 1º da Convenção 190 da OIT traz uma novidade conceitual ao considerar que a violência e o assédio podem ser configurados como uma única ocorrência.

50. A Convenção 190 da OIT conferiu um tratamento especial à violência e ao assédio em razão de gênero, que compreende a violência física, sexual ou psicológica perpetrada especialmente contra as mulheres, em virtude das relações de poder entre homens e mulheres, como também a violência cometida contra pessoas que não se encaixam nos papéis de gênero socialmente aceitos.

51. A Convenção 190 da OIT trouxe um conceito amplo de violência e assédio em razão de gênero, englobando não apenas as mulheres cisgênero, mas também as pessoas transgênero, as que possuem uma orientação afetivo-sexual divergente do padrão heteronormativo, bem como as pessoas não enquadradas no contexto binário de gênero, representando, portanto, um importante avanço na salvaguarda do direito ao trabalho digno para todos os seres humanos.

52. A Convenção 190 da OIT identifica que os atos de violência e assédio no mundo do trabalho podem atingir trabalhadores pertencentes a variados grupos vulneráveis, reconhecendo a interseccionalidade (sobreposição de múltiplos fatores de opressão, dominação ou discriminação), o que acentua ainda mais a violência de gênero e potencializa a prática de assédio.

179

Referências

AGUIAR, André Luiz Souza. *Assédio moral*: o direito à indenização pelos maus-tratos e humilhações sofridos no ambiente do trabalho. 2. ed. São Paulo: LTr, 2006.

ALEXY, Robert. *Teoria dos direitos fundamentais*. 2. ed. Trad. Virgílio Afonso da Silva. São Paulo: Malheiros, 2011.

ALKIMIN, Maria Aparecida. *Assédio moral na relação de trabalho*. Curitiba: Juruá, 2009.

ARAÚJO, Adriane Reis de. Equidade de gênero no trabalho e o patriarcado: o impacto da violência contra a mulher na desigualdade salarial. In: ARAÚJO, Adriane Reis de; LOPES, Andrea Lino; GURGEL, Maria Aparecida; COELHO; Renata (org.). *Direitos humanos no trabalho pela perspectiva da mulher*. Belo Horizonte: RTM, 2019.

_____. *O assédio moral organizacional*. São Paulo: LTr, 2012.

_____. O resgate da cidadania na empresa: reflexões sobre o sistema de metas e assédio moral. In: FARAH, Bruno Leal. *Assédio moral e organizacional*: novas modulações do sofrimento psíquico nas empresas contemporâneas. São Paulo: LTr, 2016.

_____. O uso instrumental do assédio moral pelas organizações. In: SOBOLL, Lis Andréa Pereira (org.). *Violência psicológica no trabalho e assédio moral*. São Paulo: Casa do Psicólogo, 2008.

_____. Os desafios para a promoção da igualdade de gênero no trabalho. In: MIESSA, Élisson; CORREIA, Henrique. *Estudos aprofundados Ministério Público do Trabalho*. Salvador: JusPodivm, 2017. v. 3.

AULER, Sabrina. Sob pressão: cobrança excessiva e metas de produção podem estar adoecendo os bancários. *Proteção*: revista mensal de saúde e segurança do trabalho, Novo Hamburgo, RS, ano XXIII, jan. 2010.

ÁVILA, Rosemari Pedrotti de. *As consequências do assédio moral no ambiente de trabalho*. São Paulo: LTr, 2009.

BARBER, Larissa; SANTUZZI, Alecia. Please Respond ASAP: Workplace Telepressure and Employee Recovery. *Journal of Occupational Health Psychology*, 2014. Disponível em: <https://www.researchgate.net/publication/267753716_Please_Respond_ASAP_Workplace_Telepressure_and_Employee_Recovery>. Acesso em: 22 set. 2018.

BARROS, Alice Monteiro de. *Curso de direito do trabalho*. São Paulo: LTr, 2010.

BARROSO, Luís Roberto. *Curso de direito constitucional contemporâneo*: os conceitos fundamentais e a construção do novo modelo. 7. ed. São Paulo: Saraiva, 2018.

BASTOS, Mariana Candini. *Teletrabalho, subordinação e seus reflexos*: uma análise comparada entre Brasil e Portugal. Curitiba: Juruá, 2017.

BENEVIDES-PEREIRA, Ana Maria T. A síndrome de *burnout*. In: FERREIRA, Januário Justino (coord.). *Saúde mental no trabalho*: coletânea do Fórum de Saúde e Segurança no Trabalho do Estado de Goiás. Goiânia: Cir Gráfica, 2013.

BERNARDES, Pablo Ferreira. Síndrome de *burn-out* – considerações iniciais. In: MENDANHA, Marcos Henrique; BERNARDES, Pablo Ferreira; SHIOZAWA, Pedro. *Desvendando o* burn-out: uma análise interdisciplinar da síndrome do esgotamento profissional. São Paulo: LTr, 2018.

BRASIL. Decreto n. 6.523, de 31 de julho de 2008. Regulamenta a Lei n. 8.078, de 11 de setembro de 1990, para fixar normas gerais sobre o Serviço de Atendimento ao Consumidor – SAC. *Diário Oficial [da] República Federativa do Brasil*. Brasília, DF. Disponível em: <http://www.planalto.gov.br/ccivil_03/_ato2007-2010/2008/decreto/d6523.htm>. Acesso em: 4 ago. 2018.

_____. Decreto n. 6.949, de 25 de agosto de 2009. Promulga a Convenção Internacional sobre os Direitos das Pessoas com Deficiência e seu Protocolo Facultativo, assinados em Nova York, em 30 de março de 2007. *Diário Oficial [da] República Federativa do Brasil*. Brasília, DF. Disponível em: <http://www.planalto.gov.br/ccivil_03/_Ato2007-2010/2009/Decreto/D6949.htm>. Acesso em: 26 fev. 2020.

_____. Lei n. 10.224 de 15 de maio de 2001. Altera o Decreto-Lei n. 2.848, de 7 de dezembro de 1940 – Código Penal, para dispor sobre o crime de assédio sexual e dá outras providências. *Diário Oficial [da] República Federativa do Brasil*. Brasília, DF. Disponível em: <http://www.planalto.gov.br/ccivil_03/Leis/LEIS_2001/L10224.htm>. Acesso em: 13 abr. 2014.

_____. Lei n. 11.340, de 7 de agosto de 2006. Cria mecanismos para coibir a violência doméstica e familiar contra a mulher, nos termos do § 8º do art. 226 da Constituição Federal, da Convenção sobre a Eliminação de Todas as Formas de Discriminação contra as Mulheres e da Convenção Interamericana para Prevenir, Punir e Erradicar a Violência contra a Mulher; dispõe sobre a criação dos Juizados de Violência Doméstica e Familiar contra a Mulher; altera o Código de Processo Penal, o Código Penal e a Lei de Execução Penal; e dá outras providências. *Diário Oficial [da] República Federativa do Brasil*. Brasília, DF. Disponível em: <http://www.planalto.gov.br/ccivil_03/_ato2004-2006/2006/lei/l11340.htm>. Acesso em: 13 abr. 2014.

_____. Lei n. 12.288, de 20 de julho de 2010. Institui o Estatuto da Igualdade Racial. *Diário Oficial [da] República Federativa do Brasil*. Brasília, DF. Disponível em: <http://www.planalto.gov.br/CCivil_03/_Ato2007-2010/2010/Lei/L12288.htm>. Acesso em: 25 jul. 2018.

_____. Lei n. 12.984, de 2 de junho de 2014. Define o crime de discriminação dos portadores do vírus da imunodeficiência humana (HIV) e doentes de Aids. *Diário Oficial [da] República Federativa do Brasil*. Brasília, DF. Disponível em: <http://www.planalto.gov.br/ccivil_03/_ato2011-2014/2014/lei/l12984.htm>. Acesso em: 3 jul. 2018.

_____. Lei n. 13.146, de 6 de julho de 2015. Institui a Lei Brasileira de Inclusão da Pessoa com Deficiência (Estatuto da Pessoa com Deficiência). *Diário Oficial [da] República Federativa do Brasil*. Brasília, DF. Disponível em: <http://www.planalto.gov.br/CCiVil_03/_Ato2015-2018/2015/Lei/L13146.htm>. Acesso em: 31 jul. 2018.

_____. Lei n. 13.185, de 6 de novembro de 2015. Institui o Programa de Combate à Intimidação Sistemática (*Bullying*). *Diário Oficial [da] República Federativa do Brasil*. Brasília, DF. Disponível em: <http://www.planalto.gov.br/ccivil_03/_ato2015-2018/2015/lei/L13185.htm>. Acesso em: 22 set. 2018.

_____. Lei n. 8.078, de 11 de setembro de 1990. Dispõe sobre a proteção do consumidor e dá outras providências. *Diário Oficial [da] República Federativa do Brasil*. Brasília, DF. Disponível em: <http://www.planalto.gov.br/ccivil_03/leis/l8078.htm>. Acesso em: 19 abr. 2014.

_____. Ministério do Trabalho. *Norma Regulamentadora 17*. Disponível em: <http://trabalho.gov.br/images/Documentos/SST/NR/NR17.pdf>. Acesso em: 4 ago. 2018.

_____. Presidência da República. Lei n. 11.340, de 7 de agosto de 2006. Cria mecanismos para coibir a violência doméstica e familiar contra a mulher, nos termos do § 8º do art. 226 da Constituição Federal, da Convenção sobre a Eliminação de Todas as Formas de Discriminação contra as Mulheres e da Convenção Interamericana para Prevenir, Punir e Erradicar a Violência contra a Mulher; dispõe sobre a criação dos Juizados de Violência Doméstica e Familiar contra a Mulher; altera o Código de Processo Penal, o Código Penal e a Lei de Execução Penal; e dá outras providências. *Diário Oficial [da] República Federativa do Brasil*. Brasília, DF. Disponível em: <http://www.planalto.gov.br/ccivil_03/_Ato2004-2006/2006/Lei/L11340.htm>. Acesso em: 20 ago. 2019.

_____. Supremo Tribunal Federal. Ação Direta de Inconstitucionalidade n. 4.275. Relator: Ministro Marco Aurélio. Brasília, DF, 1º de março de 2018. *Diário de Justiça Eletrônico*. Disponível em: <http://redir.stf.jus.br/estfvisualizadorpub/jsp/consultarprocessoeletronico/ConsultarProcessoEletronico.jsf?seqobjetoincidente=2691371>. Acesso em: 31 jul. 2018.

_____. Supremo Tribunal Federal. Recurso Extraordinário n. 466.343-1 São Paulo. Relator: Ministro Cezar Peluso. Brasília, DF, 3 de dezembro de 2008.

Diário de Justiça Eletrônico. Disponível em: <http://www.stf.jus.br/imprensa/pdf/re466343.pdf>. Acesso em: 8 maio 2018.

_____. Supremo Tribunal Federal. Recurso Extraordinário n. 845.779/SC. Relator: Ministro Luís Roberto Barroso. Brasília, DF, 19 de novembro de 2015. *Diário de Justiça Eletrônico*. Disponível em: <http://www.stf.jus.br/portal/jurisprudenciaRepercussao/verAndamentoProcesso.asp?incidente=465 7292&numeroProcesso=845779&classeProcesso=RE&numeroTema=778>. Acesso em: 31 jul. 2018.

_____. Tribunal Regional do Trabalho da 3ª Região. Processo n. 0001260-82.2011.5.03.0143. Relator: Desembargador Heriberto de Castro, 11ª Turma. *DEJT* 6-12-2012. Disponível em: <http://as1.trt3.jus.br/consulta/detalhe-Processo1_0.htm?conversationId=14143761>. Acesso em: 24 set. 2018.

_____. Tribunal Superior do Trabalho. *2ª Semana do TST*: alterações, cancelamentos e novas súmulas do Tribunal Superior do Trabalho. Disponível em: <http://www.tst.jus.br/documents/10157/2b196ee1-5d44-43ea-b197-51ba0e30da21>. Acesso em: 17 abr. 2014.

_____. Tribunal Superior do Trabalho. Processo n. 999-36.2015.5.20.0004. Relator: Ministro Luiz Philippe Vieira de Mello Filho, 7ª Turma. *DEJT* 4-5-2018. Disponível em: <http://aplicacao4.tst.jus.br/consultaProcessual/resumo-Form.do?consulta=1&numeroInt=233129&anoInt=2016>. Acesso em: 5 ago. 2018.

_____. Tribunal Superior do Trabalho. Processo n. 243000-58.2013.5.13.0023. Relatora: Ministra Maria Cristina Irigoyen Peduzzi, Subseção I Especializada em Dissídios Individuais. *DEJT* 22-9-2017. Disponível em: <http://aplicacao4.tst.jus.br/consultaProcessual/resumoForm.do?consulta=1&numeroInt=241821&anoInt=2014>. Acesso em: 31 jul. 2018.

BRITO FILHO, José Cláudio Monteiro de. *Discriminação no trabalho*. São Paulo: LTr, 2002.

CALLEJO, José Maria Garcia. *Protección jurídica contra el acoso moral en el trabajo o la tutela de la dignidad del trabajador*. Madrid: Federación de Servicios Públicos de Madrid, 2004.

CALVO, Adriana. *O direito fundamental à saúde mental no ambiente de trabalho*: o combate ao assédio moral institucional – visão dos tribunais trabalhistas. São Paulo: LTr, 2014.

CANOTILHO, José Joaquim Gomes. *Direito constitucional e teoria da Constituição*. 7. ed. Coimbra: Almedina, 2011.

CANOTILHO, José Joaquim Gomes; MOREIRA, Vital. *Constituição da República Portuguesa*. Coimbra: Coimbra Editora, 2009.

CASTELLS, Manuel. *A sociedade em rede – a era da informação*: economia, sociedade e cultura. Trad. Roneide Venâncio Majer. 8. ed. São Paulo: Paz e Terra, 2001. v. 1.

CASTRO, Cláudio Roberto Carneiro de. *O que você precisa saber sobre o assédio moral nas relações de emprego*. São Paulo: LTr, 2012.

CERQUEIRA, Vinícius da Silva. *Assédio moral organizacional nos bancos*. São Paulo: LTr, 2015.

CORTE INTERAMERICANA DE DIREITOS HUMANOS. *Opinión Consultiva OC-24/17*. Disponível em: <http://www.corteidh.or.cr/docs/opiniones/seriea_24_por.pdf>. Acesso em: 31 jul. 2018.

COSTA, Marcelo Freire Sampaio. *Eficácia dos direitos fundamentais entre particulares*: juízo de ponderação no processo do trabalho. São Paulo: LTr, 2010.

CRENSHAW, Kimberle. *A intersecionalidade na discriminação de raça e gênero*. Disponível em: <http://www.acaoeducativa.org.br/fdh/wp-content/uploads/2012/09/Kimberle-Crenshaw.pdf>. Acesso em: 26 ago. 2019.

CUNHA JÚNIOR, Dirley da. *Curso de direito constitucional*. 3. ed. Salvador: JusPodivm, 2009.

DE STEFANO, Valerio. *The rise of the "just-in-time workforce"*: On-demand work, crowdwork and labour protection in the "gig-economy". Janeiro, 2016. Disponível em: <http://www.ilo.org/wcmsp5/groups/public/---ed_protect/--protrav/---travail/documents/publication/wcms_443267.pdf>. Acesso em: 20 ago. 2018.

DEJOURS, Christophe. *A loucura do trabalho*: estudo de psicopatologia do trabalho. 6. ed. São Paulo: Cortez, 2015.

DELGADO, Gabriela Neves. *Direito fundamental ao trabalho digno*. São Paulo: LTr, 2015.

DELGADO, Maurício Godinho. Constituição da República, Estado Democrático de Direito e direito do trabalho. *Revista de Direito do Trabalho, RDT* 147, p. 93-121, 2012.

_____. *Curso de direito do trabalho*. São Paulo: LTr, 2017.

_____. Direitos fundamentais na relação de trabalho. *Revista de Direitos e Garantias Fundamentais*, n. 2, p. 11-39, 2007.

DELGADO, Maurício Godinho; DELGADO, Gabriela Neves. *Reforma trabalhista no Brasil*: com os comentários da Lei n. 13.467/2017. São Paulo: LTr, 2017.

DIMOULIS, Dimitri; MARTINS, Leonardo. *Teoria geral dos direitos fundamentais*. São Paulo: Revista dos Tribunais, 2011.

EGE, Harald. *Mobbing*: che cos'è il terrore psicologico sul posto di lavoro. Disponível em: <http://www.proteo.rdbcub.it/article.php3?id_article=85>. Acesso em: 5 abr. 2013.

ESTRADA, Manuel Martín Pino. Teletrabalho: conceitos e a sua classificação em face aos avanços tecnológicos. In: COLNAGO, Lorena de Mello Rezende; CHAVES JUNIOR, José Eduardo de Resende; ESTRADA, Manuel Martín Pino (coord.). *Teletrabalho*. São Paulo: LTr, 2017.

FARIAS, Márcia Medeiros de. Quem são as mulheres? Identidade, expressão de gênero e orientação afetiva-sexual no trabalho: a necessidade de uma abordagem interseccional. In: ARAÚJO, Adriane Reis de; LOPES, Andrea Lino; GURGEL, Maria Aparecida; COELHO, Renata (org.). *Direitos humanos no trabalho pela perspectiva da mulher*. Belo Horizonte: RTM, 2019.

FERREIRA, João Batista. Violência e assédio moral no trabalho: patologias da solidão e do silêncio. In: SOBOLL, Lis Andréa Pereira (org.). *Violência psicológica no trabalho e assédio moral*. São Paulo: Casa do Psicólogo, 2008.

FOUCAULT, Michel. *Vigiar e punir*: nascimento da prisão. Trad. Raquel Ramalhete. 20. ed. Petrópolis: Vozes, 1999.

G1. Lucro dos maiores bancos do Brasil no 1º trimestre é o maior desde 2015. *G1 Economia*. Disponível em: <https://g1.globo.com/economia/noticia/lucro-dos-maiores-bancos-do-brasil-no-1o-trimestre-e-o-maior-desde-2015.ghtml>. Acesso em: 2 ago. 2018.

GOMES, Lília. Exploração, insatisfação e muito lucro: empresas têm resultados recordes à custa de péssimas condições de trabalho dos operadores de teleatendimento. *Labor*: revista do Ministério Público do Trabalho, Brasília, ano II, n. 4, p. 35-39, 2014.

GOSDAL, Thereza Cristina. Direito do trabalho e relações de gênero: avanços e permanências. In: ARAÚJO, Adriane Reis de; MOURÃO, Tânia Fontenele (org.). *Trabalho da mulher*: mitos, riscos e transformação. São Paulo: LTr, 2007.

GOSDAL, Thereza Cristina; SOBOLL, Lis Andrea Pereira *et al.* Assédio moral organizacional: esclarecimentos conceituais e repercussões. In: SOBOLL, Lis Andrea Pereira; GOSDAL, Thereza Cristina. *Assédio moral interpessoal e organizacional*. São Paulo: LTr, 2009.

GUEDES, Márcia Novaes. *Terror psicológico no trabalho*. São Paulo: LTr, 2003.

GUGEL, Maria Aparecida. A pessoa com deficiência e o direito à acessibilidade no mundo do trabalho: a atribuição do MPT na implementação dos direitos do trabalhador com deficiência. In: MIESSA, Élisson; CORREIA, Henrique. *Estudos aprofundados Ministério Público do Trabalho*. Salvador: JusPodivm, 2017. v. 3.

HAZAN, Ellen Mara Ferraz. A falta de estabilidade no emprego e o desemprego como fatores de risco para a saúde mental do trabalhador. In: FERREIRA, Januário Justino (coord.). *Saúde mental no trabalho*: coletânea do Fórum de Saúde e Segurança no Trabalho do Estado de Goiás. Goiânia: Cir Gráfica, 2013.

HELOANI, Roberto. Quando alguém se mata no trabalho, o que está querendo dizer? In: BARRETO, Margarida; NETTO, Nilson Berenchtein; PEREIRA, Lourival Batista. *Do assédio moral à morte em si*: significados do suicídio no trabalho. São Paulo: Matsunaga, 2011.

HELOANI, Roberto; BARRETO, Margarida. *Assédio moral*: gestão por humilhação. Curitiba: Juruá, 2018.

HIRIGOYEN, Marie-France. *Assédio moral*: a violência perversa no cotidiano. 6. ed. Rio de Janeiro: Bertrand Brasil, 2003.

_____. *Mal-estar no trabalho*: redefinindo o assédio moral. Rio de Janeiro: Bertrand Brasil, 2002.

INTERNATIONAL LABOUR ORGANIZATION. Conditions of Work and Equality Department. *Final report*: Meeting of Experts on Violence against Women and Men in the World of Work. Disponível em: <http://cite.gov.pt/pt/destaques/complementosDestqs2/Relat_violencia.pdf>. Acesso em: 18 ago. 2019.

_____. International Labour Conference. *Standard Setting Committee*: violence and harassment in the world of work, 2019 (No. 190). Disponível em: <https://www.ilo.org/wcmsp5/groups/public/---ed_norm/---relconf/documents/meetingdocume nt/wcms_711570.pdf>. Acesso em: 15 ago. 2019.

_____. International Labour Conference. *Report V(2A)*: ending violence and harassment in the world of work. Disponível em: <https://www.ilo.org/wcmsp5/groups/public/---ed_norm/---relconf/documents/meetingdocument/wcms_675567.pdf>. Acesso em: 16 ago. 2019.

_____. International Labour Conference. *Violence and Harassment Convention*, 2019 (No. 190). Disponível em: <ttps://www.ilo.org/wcmsp5/groups/public/---ed_norm/---relconf/documents/meetingdocume nt/wcms_711570.pdf>. Acesso em: 16 ago. 2019.

_____. International Labour Office, Geneva. *Application of International Labour Standards 2018*: Report of the Committee of Experts on the Application of Conventions and Recommendations. International Labour Conference, 107th Session, 2018. Disponível em: <https://www.ilo.org/wcmsp5/groups/public/---ed_norm/---relconf/documents/ meetingdocument/wcms_617065.pdf>. Acesso em: 18 set. 2018.

_____. International Labour Office. *Women at work*: trends 2016. Disponível em: <https://www.ilo.org/wcmsp5/groups/public/---dgreports/---dcomm/---publ/documents/publication/wcms_457317.pdf>. Acesso em: 25 ago. 2019.

KERGOAT, Danièle. Divisão sexual do trabalho e relações sociais de sexo. In: HIRATA, Helena; LABOIRE, Françoise; LE DOARÉ, Hélène; SENOTIER, Danièle (org.). *Dicionário crítico do feminismo*. São Paulo: Editora Unesp, 2009.

LEYMANN, Heinz. The content and development of mobbing at work. *European Journal of Work and Organizational Psychology*, p. 165-184, 1996.

LIMA FILHO, Francisco das Chagas. *O assédio moral nas relações laborais e a tutela da dignidade humana do trabalhador*. São Paulo: LTr, 2009.

LIMA, Ana Lúcia Coelho de. *Dispensa discriminatória na perspectiva dos direitos fundamentais*. São Paulo: LTr, 2009.

LORENZ, Konrad. *Sobre la agresión*: el pretendido mal. 8. ed. Madrid: Siglo XXI Editores, 2005.

MARMELSTEIN, George. *Curso de direitos fundamentais*. 7. ed. São Paulo: Atlas, 2018.

MARTINEZ, Luciano. *Curso de direito do trabalho*: relações individuais, sindicais e coletivas do trabalho. 7. ed. São Paulo: Saraiva, 2016.

MAZZUOLI, Valerio de Oliveira. *Curso de direitos humanos*. Rio de Janeiro: Forense; São Paulo: Método, 2014.

MELO, Geraldo Magela. *A reconfiguração do direito do trabalho a partir das redes sociais digitais*. São Paulo: LTr, 2018.

MELO, Sandro Nahmias; RODRIGUES, Karen Rosendo de Almeida Leite. *Direito à desconexão do trabalho*: com análise crítica da reforma trabalhista (Lei n. 13.467/2017). São Paulo: LTr, 2018.

MINISTÉRIO PÚBLICO DO TRABALHO. *Assédio moral em estabelecimentos bancários* (Cartilha). Brasília: Coordigualdade, 2013.

_____. *Assédio moral*: sofrimento e humilhação no ambiente de trabalho (Cartilha). Salvador: PRT5, ASCOM, 2011.

_____. *Manual de boas práticas para promoção de igualdade de gênero*. Disponível em: <https://mpt.mp.br/pgt/publicacoes/?atuacao=coordigualdade>. Acesso em: 25 ago. 2019.

_____. *O ABC da violência contra a mulher no trabalho*. Disponível em: <https://mpt.mp.br/pgt/publicacoes/?atuacao=coordigualdade>. Acesso em: 25 ago. 2019.

MOUSINHO, Ileana Neiva. Os transtornos mentais relacionados ao trabalho e a atuação do Ministério Público do Trabalho. In: MIESSA, Élisson; CORREIA, Henrique. *Estudos aprofundados Ministério Público do Trabalho*. Salvador: JusPodivm, 2015. v. 2.

MUÇOUÇAH, Renato de Almeida Oliveira. *Assédio moral coletivo nas relações de trabalho*. São Paulo: LTr, 2011.

NETTO, Nilson Berenchtein. A morte proibida do trabalhador – Análise histórico-social das relações entre suicídio e trabalho. In: BARRETO, Margarida; NETTO, Nilson Berenchtein; PEREIRA, Lourival Batista. *Do assédio moral à morte em si*: significados do suicídio no trabalho. São Paulo: Matsunaga, 2011.

NUNES, Talita Camila Gonçalves. *A precarização no teletrabalho*: escravidão tecnológica e impactos na saúde física e mental do trabalhador. Belo Horizonte: RTM, 2018.

ORGANISATION INTERNATIONALE DU TRAVAIL. Conférence internationale du Travail. *Commission normative*: violence et harcèlement dans le monde du travail 2019 (No. 190). Disponível em: <https://www.ilo.org/wcmsp5/groups/public/---ed_norm/---relconf/documents/meetingdocument/wcms711570.pdf>. Acesso em: 18 ago. 2019.

ORGANIZAÇÃO DAS NAÇÕES UNIDAS. *Transformando nosso mundo*: a Agenda 2030 para o Desenvolvimento Sustentável. Disponível em: <https://nacoesunidas.org/wp-content/uploads/2015/10/agenda2030-pt-br.pdf>. Acesso em: 25 de ago. 2019.

ORGANIZAÇÃO INTERNACIONAL DO TRABALHO. Conferência Internacional do Trabalho, 107ª Sessão, 2018. *Relatório V(1)*: Acabar com a violência e o assédio contra mulheres e homens no mundo do trabalho. Disponível em: <http://cite.gov.pt/pt/destaques/complementosDestqs2/Violencia_Assedio_Relatorio_V1_OIT_2018.pdf>. Acesso em: 18 ago. 2019.

_____. *Convenção 111*: Discriminação em matéria de Emprego e Ocupação. Disponível em: <https://www.ilo.org/brasilia/convencoes/WCMS_235325/lang--pt/index.htm>. Acesso em: 25 ago. 2019.

_____. *Trabalho decente*. Disponível em: <https://www.ilo.org/brasilia/temas/trabalho-decente/lang--pt/index.htm>. Acesso em: 15 ago. 2019.

ORGANIZAÇÃO MUNDIAL DA SAÚDE. *Constituição da Organização Mundial da Saúde*. Documentos básicos, suplemento da 45. ed., out. 2006. Disponível em: <https://www.who.int/governance/eb/who_constitution_sp.pdf?ua=1>. Acesso em: 29. nov. 2019.

ORGANIZACIÓN INTERNACIONAL DEL TRABAJO. Conferencia Internacional del Trabajo. *Comisión normativa*: violencia y acoso en el mundo del trabajo, 2019 (No. 190). Disponível em: <https://www.ilo.org/wcmsp5/groups/public/---ed_norm/---relconf/documents/meetingdocument/wcms_711719.pdf>. Acesso em: 16 ago. 2019.

_____. Oficina Internacional del Trabajo. *Informe VI*: la igualdad de género como eje del trabajo decente. Disponível em: <https://www.ilo.org/wcmsp5/groups/public/---ed_norm/---relconf/documents/meetingdocument/wcms_106175.pdf>. Acesso em: 25 ago. 2019.

PACHECO, Mago Graciano de Rocha. *O assédio moral no trabalho*: o elo mais fraco. Coimbra: Almedina, 2007.

PAMPLONA FILHO, Rodolfo. Assédio sexual: questões conceituais. In: FERREIRA, Januário Justino (coord.). *Saúde mental no trabalho*: coletânea do Fórum de Saúde e Segurança no Trabalho do Estado de Goiás. Goiânia: Cir Gráfica, 2013.

_____. *O assédio sexual na relação de emprego*. São Paulo: LTr, 2011.

PAMPLONA FILHO, Rodolfo; ANDRADE FILHO, Luiz Carlos Vilas Boas. A torre de babel das novas adjetivações do dano. *Revista Direito UNIFACS*, n. 176, fev. 2015. Disponível em: <https://revistas.unifacs.br/index.php/redu/article/viewFile/3477/2491>. Acesso em: 24 set. 2018.

PAMPLONA FILHO, Rodolfo; FERNANDEZ, Leandro. Tecnologia da informação e as relações de trabalho no Brasil: o teletrabalho na Lei n. 13.467/17. *Revista Direito UNIFACS*, n. 216, ago. 2018. Disponível em: <https://revistas.unifacs.br/index.php/redu/article/view/5461>. Acesso em: 18 set. 2018.

PAMPLONA FILHO, Rodolfo; WYZYKOWSKI, Adriana; BARROS, Renato da Costa Lino de Goes. *Assédio moral laboral e direitos fundamentais*. São Paulo: LTr, 2016.

PÉREZ LUÑO, Antonio Enrique. *Los derechos fundamentales*. Madrid: Tecnos, 2005.

PINTO, José Augusto Rodrigues. *Tratado de direito material do trabalho*. São Paulo: LTr, 2007.

_____. Viagem em torno da segurança e da saúde no trabalho. In: FERREIRA, Januário Justino (coord.). *Saúde mental no trabalho*: coletânea do Fórum de Saúde e Segurança no Trabalho do Estado de Goiás. Goiânia: Cir Gráfica, 2013.

PIOVESAN, Flávia. *Temas de direitos humanos*. São Paulo: Saraiva, 2010.

PORTUGAL. *Código do Trabalho*. Disponível em: <http://cite.gov.pt/pt/legis/CodTrab_indice.html>. Acesso em: 22 ago. 2018.

PRATA, Marcelo Rodrigues. *Anatomia do assédio moral no trabalho*: uma abordagem transdisciplinar. São Paulo: LTr, 2008.

_____. *Assédio moral no trabalho sob novo enfoque*: cyberbullying, "indústria do dano moral", carga dinâmica da prova e o futuro CPC. Curitiba: Juruá, 2014.

PRINCÍPIOS DE YOGYAKARTA. *Princípios sobre a aplicação da legislação internacional de direitos humanos em relação à orientação sexual e identidade de gênero*. Disponível em: <https://yogyakartaprinciples.org/>. Acesso em: 30 jul. 2018.

REIS, Odete Cristina Pereira. A atividade de teleatendimento dez anos após a regulamentação do Ministério do Trabalho para o setor (Anexo II da Norma Regulamentadora 17). In: FILGUEIRAS, Vitor Araújo. *Saúde e segurança do trabalho no Brasil*. Brasília: Gráfica Movimento, 2017.

RESEDÁ, Salomão. *O direito à desconexão*: uma realidade no teletrabalho. Disponível em: <http://www.egov.ufsc.br/portal/sites/default/files/anexos/23040-23042-1-PB.pdf>. Acesso em: 18 set. 2018.

SANTOS, Claiz Maria Pereira Gunça dos. A proibição do uso de barba no meio ambiente laboral: uma modalidade de discriminação estética. In: SILVA, Wanise Cabral; MISAILIDIS, Mirta Gladys Lerena Manzo de; BARBATO, Maria Rosaria (org.). *Direito do trabalho*. Florianópolis: FUNJAB, 2012.

_____. Assédio moral organizacional nas instituições bancárias. *Revista da Escola Nacional da Inspeção do Trabalho*, ano 2, 2018. Disponível em: <https://enit.trabalho.gov.br/revista/index.php?journal=RevistaEnit&page=issue&op=view&path%5B%5D=2>. Acesso em: 25 ago. 2019.

_____. *Comissão da verdade no Brasil e justiça de transição*: direito à verdade e à memória. Curitiba: Juruá, 2016.

SARLET, Ingo Wolfgang. *A eficácia dos direitos fundamentais*: uma teoria geral dos direitos fundamentais na perspectiva constitucional. Porto Alegre: Livraria do Advogado, 2011.

_____. Notas sobre a dignidade da pessoa humana na jurisprudência do Supremo Tribunal Federal. In: SARMENTO, Daniel; SARLET, Ingo Wolfgang. *Direitos fundamentais no Supremo Tribunal Federal*: balanço e crítica. Rio de Janeiro: Lumen Juris, 2011.

SARLET, Ingo Wolfgang; MARINONI, Luiz Guilherme; MITIDIERO, Daniel. *Curso de direito constitucional*. 7. ed. São Paulo: Saraiva, 2018.

SARMENTO, Daniel. *Direitos fundamentais e relações privadas*. Rio de Janeiro: Lumen Juris, 2004.

SCHIER, Paulo Ricardo. *Filtragem constitucional*: construindo uma nova dogmática jurídica. Porto Alegre: Sérgio Antônio Fabris editor, 1999.

SCHWAB, Klaus. *The fouth industrial revolution*. Davos: World Economic Forum, 2016.

SEGUNDA JORNADA DE DIREITO MATERIAL E PROCESSUAL DO TRABALHO. *Enunciado n. 58*. Disponível em: <http://www.jornadanacional.com.br/listagem-enunciados-aprovados-vis1.asp>. Acesso em: 2 ago. 2018.

SELIGMANN-SILVA, Edith. Psicopatologia no trabalho: aspectos contemporâneos. In: FERREIRA, Januário Justino (coord.). *Saúde mental no trabalho*: coletânea do Fórum de Saúde e Segurança no Trabalho do Estado de Goiás. Goiânia: Cir Gráfica, 2013.

SILVA JÚNIOR, Hédio. *Direito e igualdade racial – aspectos constitucionais, civis e penais*: doutrina e jurisprudência. São Paulo: Juarez de Oliveira, 2002.

SILVA NETO, Manoel Jorge e. *A teoria jurídica do assédio e sua fundamentação constitucional*. São Paulo: LTr, 2012.

_____. *Curso de direito constitucional*. 8. ed. São Paulo: Saraiva, 2013.

SILVA, Ana Emilia Andrade Albuquerque da. *Discriminação racial no trabalho*. São Paulo: LTr, 2005.

SILVA, Homero Batista Mateus da. *Comentários à reforma trabalhista*. São Paulo: Revista dos Tribunais, 2017.

SILVA, Leonardo Rabelo de Matos; FIGUEIRA, Hector Luiz Martins. Metamorfoses das relações laborais: o teletrabalho no tsunami neoliberal brasileiro. *Revista do Tribunal Regional do Trabalho 3ª Região*, n. 96, jul./dez. 2017.

SILVA, Virgílio Afonso da. *Direitos fundamentais*: conteúdo essencial, restrições e eficácia. São Paulo: Malheiros, 2014.

SOARES, Ricardo Maurício Freire. *O princípio constitucional da dignidade da pessoa humana*. São Paulo: Saraiva, 2010.

SOBOLL, Lis Andréa Pereira. Assédio moral no Brasil: a ampliação conceitual e suas repercussões. In: SOBOLL, Lis Andréa Pereira (org.). *Violência psicológica no trabalho e assédio moral*. São Paulo: Casa do Psicólogo, 2008.

_____. *Assédio moral/organizacional*: uma análise da organização do trabalho. São Paulo: Casa do Psicólogo, 2008.

SOBOLL, Lis Andrea Pereira; EBERLE, André Davi *et al*. Situações distintas do assédio moral. In: SOBOLL, Lis Andrea Pereira; GOSDAL, Thereza Cristina. *Assédio moral interpessoal e organizacional*. São Paulo: LTr, 2009.

SOUZA, Ilan Fonseca de; BARROS, Lidiane de Araújo; FILGUEIRAS, Vitor Araújo. *Saúde e segurança do trabalho*: curso prático. Brasília: ESMPU, 2017.

SOUZA, Terezinha Martins dos Santos. Formas de gestão e acumulação flexível: o assédio moral. In: BARRETO, Margarida; NETTO, Nilson Berenchtein; PEREIRA, Lourival Batista. *Do assédio moral à morte em si*: significados do suicídio no trabalho. São Paulo: Matsunaga, 2011.

SUPIOT, Alain. *Homo Juridicus. Essai sur la fonction anthropologique du droit.* Paris: Seuil, 2005.

THOME, Candy Florencio. *O assédio moral nas relações de emprego*. São Paulo: LTr, 2008.

UN WOMEN. The Virtual Knowledge Centre to End Violence against Women and Girls. *Definition of domestic violence.* Disponível em: <http://www.endvawnow.org/en/articles /398-definition-of-domestic-violence.html?next= 399>. Acesso em: 19 ago. 2019.

UNITED STATES. *The Constitution of the United States.* The Bill of Rights & All Amendments. Disponível em: <http://constitutionus.com/>. Acesso em: 8 maio 2018.

VIEIRA, Carlos Eduardo Carrusca. *Assédio*: do moral ao psicossocial. Curitiba: Juruá, 2008.

WORLD HEALTH ORGANIZATION. *Constitution of the World Health Organization*, 1946.

ZAPF, Dieter. Organisational, work group related and personal causes of mobbing/bullying at work. *International Journal of Manpower*, v. 20, p. 70-85, 1999.